www.ingramcontent.com/pod-product-compliance
Lightning Source LLC
Chambersburg PA
CBHW070135080526
44586CB00015B/1706
* 9 7 8 1 9 2 7 9 9 8 9 0 8 *

احبار کی کتاب (تفسیر)

اَحبار

تفسیر

مصنف :- ایف - وین - میکلائیڈ

مترجم :- عمانوایل داؤد (دیوان)

LIGHT TO MY PATH BOOK DISTRIBUTION
Sydney Mines, Nova Scotia, CANADA

Copyrights

احبار کی کتاب (تفسیر)

Leviticus

Copyright © 2010 by F. Wayne Mac Leod
Published by Light To My Path Book Distribution
153 Atlantic Street, Sydney Mines, Nova Scotia, CANADA B1V 1Y5
All rights reserved. No part of this book may be reproduced or transmitted in any form or by any means without written permission of the author.
All Scripture quotations, unless otherwise specified, are taken from the New International Version of the Bible (Copyright © 1973, 1978, 1984 International Bible Society. Used with permission of Zondervan Bible Publishers, All rights reserved.)

فہرست مضامین

احبار کی کتاب (تفسیر)

پیش لفظ   صفحہ نمبر

تعارف

9	1:- سوختنی قربانی
16	2:- اناج کا نذرانہ
23	3:- سلامتی کا ذبیحہ
28	4:- نادانستہ خطاؤں کے چڑھاوے
36	5:- مُجرم کی قربانی
41	6:- نذرانوں کے تعلق سے قوانین (حصہ اوّل)
47	7:- نذرانوں کے تعلق سے قوانین (حصہ دوئم)
54	8:- ہارُون اور اُس کے بیٹوں کی مخصوصیت
61	9:- خدا اپنا جلال ظاہر کرتا ہے
68	10:- ندب اور ابیہو سے ایک سبق
78	11:- پاک اور ناپاک جانور
86	12:- بچے کی پیدائش
95	13:- جلدی بیماریوں اور پھپھوندی کے بارے قوانین
104	14:- جلدی بیماریوں اور پھپھوندی سے پاک ٹھہرائے جانے کی رسومات
113	15:- جسم سے ناپاک اخراج

احبار کی کتاب (تفسیر)

16:۔ یومِ کفارہ 120

17:۔ قربانیوں اور خون کھانے کے بارے قوانین 128

18:۔ جنسی روّیوں پر قابو پانے والے قوانین 133

19:۔پاک رہو 141

20:۔ مخصوص گناہوں کی سزا 156

21:۔کاہنوں کے لئے تقاضے 164

22:۔ خدا کے لئے مخصُوص چیزوں کا احترام 173

23:۔ مقدس مجمع 183

24:۔ خدا کا مقدس اور اُس کا قدُوس نام 190

25:۔ ساتواں سال اور یوبلی 196

26:برکتیں اور لعنتیں 204

27:۔ منتوں کے بارے قوانین 213

پیش لفظ

کئی ایک لحاظ سے احبار کی کتاب بڑی اہمیت کی حامل ہے۔ اوّل، اِس کتاب سے ہمیں خداوند

احبار کی کتاب (تفسیر)

یسوع مسیح کے صلیبی کام اور اُس کے مقصد کو سمجھنے کے لئے فہم و ادراک حاصل ہوتا ہے جس سے ہمارے اندر شکر گزاری اور خداوند کی تعریف اور حمد و ثنا جوش مارنے لگتی ہے۔ عہدِ عتیق کی قربانیاں خداوند یسوع مسیح کے صلیبی کام کی منتظر تھیں۔ عہدِ عتیق کی قربانیوں کے وسیلہ سے ہم خداوند کے کام کو زیادہ سے زیادہ سمجھ پاتے ہیں۔ دوئم۔ احبار کی کتاب میں بیان کردہ قوانین ہمیں یہ سکھاتے ہیں کہ خدا اپنے لوگوں سے کیا توقعات کرتا ہے۔ یہ سچ ہے کہ مسیح کی صلیب کے سبب سے سب کچھ یکسر بدل جاتا ہے۔ خدا کے آئین و احکام سے ہمیں اس طرزِ زندگی کے بارے میں سیکھنے کو بہت کچھ ملتا ہے جس کا خدا اپنے لوگوں سے تقاضا کرتا ہے۔ آخری بات، احبار کی کتاب میں بیان کردہ آئین و احکام ہمیں خدا کے بارے میں بہت کچھ سکھاتے ہیں۔ جب ہم یہ سیکھتے ہیں کہ وہ ہم سے کون سی چیزوں کا تقاضا کرتا ہے، تو اس سے ہمیں اُس کے کردار کے بارے جانکاری ملتی ہے۔ ہمیں اس بات کا فہم و ادراک حاصل ہوتا ہے کہ خدا کون ہے اور کون کون سی ایسی چیزیں ہیں جو اُس کے ساتھ ہماری رفاقت میں رکاوٹ کا باعث ہوتی ہیں۔ اِس علم و معرفت سے خدا کے ساتھ ہماری رفاقت میں گہرائی پیدا ہو نا شروع ہو جاتی ہے۔

احبار کی کتاب عہدِ عتیق کا ایک اہم حصہ ہے۔ اِس کتاب کے مطالعہ کا مقصد اور ہدف یہ ہے کہ قارئین اور از خود میں بھی خدا کے کردار اور اُس کے مقاصد کو اپنی زندگی میں سمجھ سکوں۔ میرا ایمان ہے کہ اِس کتاب کے مطالعہ سے قارئین اکرام خدا کی قُربت اور محبت میں مضبوط ہوتے چلے جائیں گے کیونکہ اِس کتاب سے اُنہیں اِس بات کا فہم حاصل ہوتا ہے کہ خداوند یسوع مسیح کی شخصیت میں خدا تعالیٰ نے اُن کے لئے کیسے بڑے کام سر انجام دیئے ہیں۔

احبار کی کتاب کا تعارف

مصنف:۔

روایتی طور پر مردِ خدا موسیٰ کو ہی احبار کی کتاب کا مصنف خیال کیا جاتا ہے۔ حالانکہ کتاب واضح طور پر اِس بات کو بیان نہیں کرتی۔ تاہم یہ بات اظہر من الشمس ہے کہ اِس کتاب میں بیان کردہ شریعت خداوند نے موسیٰ ہی کو دی تھی۔ یہ جملہ "خداوند نے موسیٰ سے کہا۔" بار بار اِس کتاب میں دہرایا گیا ہے۔ خداوند یسوع مسیح اور رسولوں نے بھی عہدِ عتیق کے قوانین اور ضوابط کو موسیٰ کی شریعت کے طور پر ہی بیان کیا ہے۔ (دیکھیں، لوقا 22:2 اور اعمال 39:13، 1کرنتھیوں 9:9 اور عبرانیوں 28:10) ممکن ہے کہ خدا کی طرف سے ملنے والے کلام کو قلمبند کرنے کے لئے موسیٰ کے پاس ایک سیکریٹری موجود ہو، تاہم بنی اسرائیل کے لئے خدا نے براہ راست موسیٰ پر ہی یہ باتیں ظاہر کی تھیں۔

پس منظر

بنی اسرائیل کو مُلکِ مصر کی غلامی سے رہائی مل گئی تھی۔ جب وہ مُلکِ مصر سے روانہ ہوئے تو اُس وقت اُنہیں خدا کا علم و فہم تھا اور نہ ہی اُن کے پاس کوئی شریعت موجود تھی۔ مُلکِ مصر کے مذہب کا اُن پر بہت حد تک اثر موجود تھا۔ اُن کے باپ دادا کے خدا کی طرف اُن کی رہنمائی کرنے کے لئے اُن کے پاس نہ تو کاہن تھے اور نہ ہی اُن کے پاس کوئی شریعت اور کلام۔ اُنہیں خدا کے تقاضوں کا علم تھا اور نہ ہی وہ اپنے خدا سے واقف تھے۔

اِس کتاب کا مرکزی خیال پاکیزگی ہے۔ خدا نے اپنے لوگوں کو اپنی مانند پاک ہونے کے لئے بلایا تھا۔ (احبار 44:11اور45۔2:19۔7:20 اور 26آیت ۔ 21:6) اِس کتاب میں جس پاکیزگی کا ذکر خدا نے کیا ہے، وہ ساری زندگی سے متعلق ہے۔ جسمانی صفائی، جنسی روّیے، دل کا روّیہ، روحانی وفاداری، سماجی تعلقات یا ماحول کا خیال رکھنا وغیرہ کو اِس کتاب میں خدا کی پاکیزگی

کی تعریف کے طور پر بیان کیا گیا ہے۔

دَورِ حاضرہ میں کتاب کی اہمیت

احبار کی کتاب عہدِ عتیق کے ایمانداروں کو خدا کے تقاضوں کے بارے میں تعلیم دینے کے سبب سے ایک اہم کتاب ہے۔ اگرچہ ہم خداوند یسوع مسیح کی موت اور مُردوں میں سے جی اُٹھنے کے بعد موسوی شریعت کے تابع نہیں ہیں، احبار کی کتاب بیان کرتی ہے کہ کس طرح حقیقی پاکیزگی زندگی کے ہر حصہ پر اثر انداز ہوتی ہے۔ احبار کی کتاب ظاہر کرتی ہے کہ "سنڈے کرسچن" نام کی کوئی چیز وجود نہیں رکھتی۔

کہنے کا یہ مطلب ہے کہ خدا یہ چاہتا ہے کہ ہم اپنے کام کاج کی جگہ پر، اپنے خلوت خانوں یا گھروں میں ہر لمحہ، ہر روز اور ہر گھڑی اُس کے ساتھ ایک زندہ اور مستعد رشتہ اور تعلق رکھتے ہوئے زندگی بسر کریں۔ اُسے ہمارے ذہن میں چلنے والے خیالوں اور دل کے روّیوں کی فکر ہے۔ ہم اپنے ماتحت کام کرنے والوں، خاندان یا پھر اپنے ماحولیات سے کیسا برتاؤ کرتے ہیں۔ حقیقی پاکیزگی ہر اُس کام پر اثر انداز ہوتی ہے جو ہم بطور خدا کے پیروکار کرتے ہیں۔

احبار کی کتاب ہمیں خدا کے عدل و انصاف کے بارے میں بھی تعلیم دیتی ہے۔ خدا ہمیں ہمارے اعمال و افعال کا ذمہ دار ٹھہراتا ہے۔ لازم ہے کہ ہر ایک گناہ کی سزا دی جائے یا پھر اُسے قربانی کے خون سے ڈھانپا جائے۔ گناہ، ناپاکی یا بدنیتی کو کسی بھی صورت میں بھی نظر انداز نہیں کیا جائے گا۔ خدا کا یہ تقاضا ہے کہ اُس کے لوگ اُس کے معیار کے مطابق زندگی بسر کریں یا پھر اپنے اعمال و افعال کا خمیازہ بھگتیں۔ احبار کی کتاب بڑے پُر زور انداز سے بے انصافی اور گناہ کی سزا کی بات کرتی ہے۔ اِس کتاب کے کچھ حصے نافرمان لوگوں پر خدا کی لعنت کے لئے بھی مختص کئے گئے ہیں۔ خدا کے ساتھ ہمارے رشتے اور تعلق میں گناہ ایک رکاوٹ بن جاتا ہے۔ احبار کی

کتاب آج کے دَور میں گناہ کی رکاوٹ کا بھی ذکر کرتی ہے اور یہ ظاہر کرتی ہے کہ اگر ہم خدا کو جاننا اور اُس کی راہوں پر چلنا چاہتے ہیں تو گناہ کو نظر انداز نہیں کیا جا سکتا۔

اِس کتاب کے شروع سے آخر تک ہمیں خدا کا رحم و ترس اور اُس کی طرف سے معافی بھی دیکھنے کو ملتی ہے۔ ہم اِس کتاب کا مطالعہ اِس بات کو نظر انداز کرتے ہوئے نہیں کر سکتے کہ خدا نے ہمارے گناہ کو ڈھانپنے کے لئے کس قدر کاوِش کی۔ گناہ کی معافی کے لئے خدا کی طرف سے قربانی کا انتظام و انصرام یہ ظاہر کرتا ہے کہ خدا اپنے لوگوں سے کبھی بھی دستبردار نہ ہوا۔ اُن کے لئے خدا کی محبت اِس قدر زبردست اور گہری تھی کہ وہ اُنہیں معاف کرنا اور اُن کے ملک کو بحال کرنا چاہتا تھا۔

کتاب ہذاہ میں بیان کردہ قربانیاں خدا کے بیش بہا فضل اور اپنے لوگوں کے لئے اُس کے صبر و تحمل کی نشاندہی کرتی ہے کہ کس طرح اُس نے اُن کی معافی کا بندوبست کیا۔

یہ قربانیاں خداوند یسوع مسیح کے اُس عظیم کام کی طرف بھی اشارہ کرتی ہے کہ جتنے اُس کی قربانی کو یہ مانتے ہوئے تسلیم کریں گے کہ اُن کے گناہوں کی معافی کے لئے وہ قربان ہوا، گناہوں کی معافی اور ہمیشہ کی زندگی پائیں گے۔

باب 1

سوختنی قربانی

احبار 1:1-17 پڑھیں

یہاں پر ہم خدا کو خیمہ اجتماع میں موسیٰ سے ہم کلام ہوتے دیکھتے ہیں۔ اُس روز خدا نے موسیٰ سے باتیں کرتے ہوئے اُسے اُن بہت سی قربانیوں کے بارے میں ہدایات دیں جو بنی اسرائیل نے اُس کے حضور پیش کرنا تھیں۔ (2 آیت) اِن قربانیوں اور ہدیہ جات کا تقاضا از خود خدا نے کیا تھا۔ اِس کتاب میں خدا کا کلام اور قواعد و ضوابط انسانی اختراع نہیں بلکہ یہ سب کچھ خدا کی طرف سے ملا۔ اگرچہ موسیٰ نے یہ کلام لوگوں تک پہنچایا اور اُسے قلمبند کیا۔ تاہم اِس کتاب کا حقیقی مصنف خدا ہی ہے۔ خدا نے اپنے لوگوں سے اِن سب چیزوں کا تقاضا کیا۔

احبار کی کتاب کے پہلے سات ابواب میں، پانچ مختلف اقسام کی قربانیاں تھیں جو یہودی ایماندار خدا کے حضور گزران سکتے تھے۔ سوختنی قربانی (احبار 1) اناج کے نذرانے کی قربانی (احبار 2) سلامتی کے ذبیحے قربانی (احبار 3) نادانستہ خطاؤں کے چڑھاوے (احبار 4 باب 1 آیت اور 5 باب 13 آیت) اور پھر جُرم کی قربانی (احبار 5:14 اور 7:6) اس باب میں ہم جائزہ لیں گے کہ خدا نے مُوسیٰ کو سوختنی قربانی کے بارے میں کیا بتایا۔ جس جانور کو سوختنی قربانی کے طور پر گزرانا جاتا تھا، لازم طور پر اُسے بے عیب اور نر ہونا چاہئے تھا۔ (3 آیت) یہاں پر تین اہم نکات پر میں بات کرنا چاہوں گا۔

اوّل۔ جانور کو گلہ میں سے ہونا چاہئے تھا۔ اِس کا مطلب ہے کہ سوختنی قربانی گزراننے والے کو اُس کے لئے ایک قیمت چکانا تھی۔ وہ کسی بھی آوارہ جنگلی جانور کو پکڑ کر قربانی گزران نہیں سکتے تھے۔ صرف وہی جانور خداوند کے حضور قابلِ قبول تھا جس کی پالنا، نگہداشت اور پرورش قربانی

گزراننے والے نے از خود کی ہوتی تھی۔ جب داؤد نے 2 سموئیل 24:22- 24 میں آروناہ سے بیل لے کر گزرانے تو سُنیں کہ وہ کیا کہتا ہے۔ کیونکہ داؤد اِس بات کو بخوبی سمجھتا تھا۔

"آروناہ نے داؤد سے کہا میرا مالک بادشاہ جو کچھ اُسے اچھا معلوم ہو لے کر چڑھائے۔ دیکھ سوختنی قربانی کے لئے بیل ہیں اور دائیں چلانے کے اوزار اور بیلوں کا سامان ایندھن کے لیے ہیں۔ یہ سب کچھ اَے بادشاہ ارُوناہ بادشاہ کی نذر کرتا ہے اور ارُوناہ نے بادشاہ سے کہا کہ خداوند تیرا خدا تجھ کو قبول فرمائے۔ تب بادشاہ نے اروناہ سے کہا نہیں بلکہ میں ضرور قیمت دے کر اُس کو تجھ سے خریدوں گا اور میں خداوند اپنے خدا کے حضور ایسی سوختنی قربانیاں نہیں گذرانوں گا جن پر میرا کچھ خرچ نہ ہوا ہو۔ سو داؤد نے وہ کھلیان اور وہ بیل چاندی کی پچاس مثقالیں دے کر خریدے۔"

خدا توقع کرتا ہے کہ ہماری قربانیاں قیمت ادا کر کے گزرانی جائیں۔ یاد کریں کہ اُس نے ایک بڑی قیمت ادا کر کے اپنے بیٹے کو ہمارے لئے قربان کیا۔ اگرچہ نجات ہمارے لئے خدا کی مُفت بخشش ہے تاہم اُس کے ساتھ ایک تعلق اور رشتے میں زندگی گزرانے کے لئے ہمیں قیمت ادا کرنا پڑتی ہے۔ خداوند یسوع مسیح نے اپنے شاگردوں سے توقع کی کہ وہ اپنی صلیب اُٹھا کر اُس کے پیچھے ہولیں۔

"اُس وقت یسوع نے اپنے شاگردوں سے کہا کہ اگر کوئی میرے پیچھے آنا چاہے تو اپنی خودی کا انکار کرے اور اپنی صلیب اُٹھائے اور میرے پیچھے ہولے۔" (متی 24:16)

قربانی کی زندگی اپنی مرضی کا چناؤ نہیں ہے۔ بلکہ یہ خداوند کی طرف سے تقاضا اور توقع تھی۔ خدا نے اِس بات کا تقاضا کیا کہ بنی اسرائیل، خواہ مرد، خواہ عورت قیمت ادا کرتے ہوئے اُس کے حضور قربانی گزرانیں۔ خدا نے موسیٰ کو سکھایا کہ بنی اسرائیل کی طرف سے لائی جانے والی سوختنی قربانی ایک حقیقی قربانی ہونی چاہئے۔ خدا آج بھی ہم سے یہ توقع کرتا ہے کہ ہم ایسا ہی

دل اور روّیہ اپنائیں۔ سوختنی قربانی کے لئے دوسرا تقاضا یہ تھا کہ وہ بے عیب ہو۔ خدا نے یہ توقع کی کہ اِس کے لئے اپنی بہترین چیزوں میں سے قربانی اور ہدیہ جات اُس کے حضور پیش کریں۔ وہ اپنے نذرانے اور قربانیاں ایسے بیمار اور زخمی جانوروں کی لا رہے تھے جنہیں وہ اپنے لئے بھی استعمال نہیں کر سکتے تھے۔ اُن کا یہ روّیہ خدا کے سامنے توہین آمیز تھا۔ اُن کا خدا تو اُن کی بہترین چیزوں میں سے ہدیہ اور قربانیوں کا مستحق تھا۔ وہ آج بھی ہم سے یہی توقع کرتا ہے۔

تیسرا تقاضا ہمیں 3 آیت میں نظر آتا ہے۔ اور وہ یہ کہ جانور بے عیب نر ہو۔ یاد رہے کہ یہ قربانیاں آنے والی چیز کی تصویر تھیں۔ غور کریں۔ " بے عیب نر" خداوند یسوع مسیح اِس زمین پر ایک مرد (نّر) کے طور پر آیا۔ اُس نے کامل زندگی بسر کی اور ہمارے گناہوں کے لئے قربانی کے برّہ کے طور پر قربان ہو گیا۔ مذبح پر لایا جانے والا بے عیب نر اِس بات کی تصویر کشی تھا کہ ایک کامل شخص آکر ہمارے گناہوں کے لئے اپنی جان کا فدیہ دے گا۔

3-4 آیات پر غور کریں۔ اِس قربانی کو خیمہ اجتماع میں لایا جانا تھا۔ قربانی گزراننے والے نے اُس جانور کے سر پر اپنے ہاتھ رکھنے تھے تا کہ اُس کی طرف سے کفارہ ہو اور یہ قربانی اُس کی طرف سے مقبول ٹھہرے۔ جانور کے سر پر ہاتھ رکھنے سے عبادت گزار اُس جانور کے ساتھ مشابہت پیدا کرتا تھا جس کی قربانی گزرانی جاتی تھی۔ وہ علامتی طور پر اپنے جُرم کو اُس جانور پر منتقل کر دیتا تھا جو اُس کی جگہ پر قربان ہوتا تھا۔ خداوند یسوع مسیح نے جو کچھ ہمارے لئے سر انجام دیا، یہ سب کچھ اُس کی خوبصورت اور زبردست تصویر ہے۔ اُس نے ہماری خطاؤں کو اپنے اُوپر لے کر خود کو ہمارے لئے قربان کر دیا تا کہ ہمارا فدیہ ہو۔ مقصد یہی تھا کہ ہمارے گناہ معاف ہو جائیں اور خدا باپ کے ساتھ ہمارا ٹوٹا ہوا رشتہ بحال ہو جائے۔

اگر قربان کیا جانے والا جانور جوان بیل ہوتا تو اُسے قربان کر کے ہارون کے بیٹوں نے اُس کا خون لے کر اُسے مذبح کے چوگرد چھڑکنا ہوتا تھا۔ (5 آیت) پھر اُس جانور کی کھال اُتار کر اُس کے

ٹکڑے کئے جاتے تھے۔ (6 آیت) ہارون اور اُس کے بیٹے مذبح پر کی آگ کو جلاتے تھے اور جانور کے کاٹے گئے ٹکڑوں کو لے کر اُنہیں مذبح پر ترتیب دیتے تھے۔ قربانی کی اس مخصوص حالت میں، سب کچھ، حتیٰ کہ سر اور چربی بھی جلادی جاتی تھی۔ جلانے سے پہلے جسم کے اندرونی اعضاؤں اور ٹانگوں کو دھویا جاتا تھا تاکہ اُن کے اُوپر کوئی گوبر وغیرہ نہ رہ جائے۔ اِن تمام تقاضوں کو پورا کیا جاتا تھا تاکہ اُس قربانی کی راحت انگیز خوشبو خداوند کے حضور پہنچے۔
(9 آیت) بالفاظ دیگر خداوند اِس قربانی کو قبول کرلے۔
غور کریں کہ اِس قربانی کی خوشبو راحت انگیز خوشبو ہوتی تھی جو کہ خداوند کے حضور پہنچتی تھی۔ اِس کا مطلب یہ ہے کہ خدا اِن قربانیوں سے خوشنود ہوتا تھا۔ اگرچہ ہمارے پاس ہر ایک چیز خدا ہی کی دی ہوئی ہے۔ تاہم ہر وہ قربانی جو ہم اس کے حضور گزرانتے ہیں، وہ اُس کی نظر میں ہوتی ہے۔ در حقیقت، ہماری خدمت اور قربانیوں سے خدا دل شاد ہوتا ہے۔ میرے لئے تو یہ بات بہت حیرت انگیز ہے۔ جو کچھ ہمیں خدا کی طرف سے ملا ہے، اور بے شک سبھی کچھ اُسی کا ہے، تو پھر خدا کیونکر ان چیزوں کو اُس کے حضور گزراننے سے خوش ہوتا ہے؟ وہ ہمارے دل کے روّیوں کو دیکھتا ہے، جس محبت سے ہم کچھ بھی خدا کے حضور قربان کرتے ہیں، اُسے دیکھ کر اُس کا دل شاد ہوتا ہے۔
سوختنی قربانی کے لئے جوان بیل کا ہونا ضروری نہیں تھا۔ یہ کوئی بھیڑ یا بکری بھی ہو سکتی تھی۔
(10 آیت) اِس صورت میں نر اور بے عیب جانور کا ہونا ضروری تھا۔ یہ جانور مذبح کے شمالی جانب ذبح کیا جاتا تھا۔ جوان بیل کی طرح ہارون کے بیٹے اس نر بھیڑ یا بکرے کا خون لے کر اُسے مذبح کے چوگرد چھڑک دیتے تھے۔ (11 آیت) سوختنی قربانی کے جانور کو بھی ٹکڑوں میں کاٹا جاتا تھا۔ آلودگی اور ہر طرح کی گندگی دُور کرنے کی غرض سے اندرونی اعضاؤں کو دھویا جاتا تھا، سر اور چربی اور تمام کاٹے گئے ٹکڑوں کو خداوند کے حضور جلادیا جاتا تھا۔

سوختنی قربانی کے طور پر جلایا جانے والا تیسرا جانور، کبوتر یا قُمری تھا۔ عین ممکن ہے کہ بنی اسرائیل میں کچھ ایسے لوگ بھی ہوں جنہیں بھیڑ یا بکرا لانے کی توفیق یا مقدوُر حاصل نہ ہو۔ ایسے لوگ کبوتر یا قُمری بھی سوختنی قربانی کے طور پر خدا کے حضور گزران سکتے تھے۔ کاہن اُس پرندے کی گردن مذبح پر مروڑ دیتا تھا، اُس کے پرّوں سے پکڑ کر اُس جانور کو چیر دیتا تھا۔

(17 آیت) پھر اُس جانور کو مذبح پر جلا دیا جاتا تھا۔ اُس پرندے کا خون مذبح کے پہلو بہا دیا جاتا تھا۔ (15 آیت) اُس کے پوٹے کو آلائش سمیت لے جا کر مذبح کی مشرقی سمت میں راکھ کی جگہ میں ڈال دے۔ (16 آیت)

غور کریں کہ یہ چھوٹی قربانی بھی خدا کے حضور راحت انگیز خوشبو کے طور پر پہنچتی تھی۔

(17 آیت) خدا کسی جوان بیل کی قربانی کی طرح اس کبوتر یا قُمری سے بھی خوش ہوتا تھا، یہ بھی اُس کے حضور راحت انگیز خوشبو کے طور پر قبول ہوتی تھی۔ کسی بھی ہدیے، قربانی یا نذرانے کا حُجم خُدا کے لئے اہمیت کا حامل نہیں ہوتا۔ خدا کے حضور تو یہ بات اہمیت کی حامل ہے کہ جو کچھ بھی اُس کے حضور گزرانا جائے، پورے دل کی خوشی سے گزرانا جائے۔

ایک دن خداوند یسوع مسیح ہیکل میں چندہ ڈالنے والوں کو دیکھ رہے تھے۔ اِس موقع پر خداوند یسوع مسیح کی شاگردوں کے ساتھ ہونے والی گفتگو کو مقدس مرقس نے بیان کیا ہے۔

"پھر وہ ہیکل کے خزانہ کے سامنے بیٹھا دیکھ رہا تھا کہ لوگ ہیکل کے خزانہ میں پیسے کس طرح ڈالتے ہیں اور بہتیرے دولت مند بہت کچھ ڈال رہے تھے۔ اتنے میں ایک کنگال بیوہ نے آکر دو دمڑیاں یعنی ایک دھیلا ڈالا۔ اُس نے اپنے شاگردوں کو پاس بلا کر اُن سے کہا میں تم سے سچ کہتا ہوں کہ جو ہیکل کے خزانہ میں ڈال رہے ہیں اِس کنگال بیوہ نے اُن سب سے زیادہ ڈالا۔ کیونکہ سبھوں نے اپنے مال کی بہتات سے ڈالا مگر اِس نے اپنی ناداری کی حالت میں جو کچھ اُس کا تھا یعنی اپنی ساری روزی ڈال دی۔" (مرقس 12:41-44)

خداوند نے بیوہ کی اُس قربانی کو دیکھا تو دولت مند لوگوں کی قربانیوں سے بڑھ کر اُسے بیوہ کی قربانی سے دلی خوشی ہوئی۔ خدا معاشرے میں ہر طبقہ کے لوگوں کے لئے رزق اور وسائل فراہم کرتا ہے۔ امیر اور غریب سبھی خدا کے دل کو شاد کر سکتے ہیں۔ سبھی کے پاس ہدیہ لانے کے لئے وسائل موجود تھے۔ سبھی خدا کی طرف سے معافی اور اُس کی قبولیت کو حاصل کرنے کے لئے خدا کے حضور کچھ نہ کچھ لا سکتے تھے۔ خدا لوگوں کو ہماری طرح نہیں دیکھتا۔ وہ یہ نہیں دیکھتا کہ کس کے پاس کتنا مال و دولت ہے یا فلاں شخص کتنا اثر ورسوُخ رکھتا ہے۔ وہ کسی بھی بڑے ہدیے کو چھوٹے پر ترجیح نہیں دیتا۔ وہ تمام ہدیہ جات اور نذرانوں کو ایک ہی نظر سے دیکھتا ہے بشرطیکہ وہ دل کی خوشی سے اُس کے حضور لائے گئے ہوں۔

سوختنی قربانی کے تعلق سے ایک اور بیان کے ساتھ میں اِس باب کو اختتام پذیر کرنا چاہوں گا۔ یہ وہ واحد قربانی ہوتی تھی جسے پورے طور پر جلا دیا جاتا تھا۔ ایک اور قربانی جسے جُزوی طور پر جلایا جاتا تھا اس پر بھی ہم آنے والے صفحات میں بات کریں گے۔ یہ ہر ایک چیز کی مکمل قربانی کی نمائندگی کرتی تھی۔ کسی بھی چیز کو پیچھے نہیں رکھا جاتا تھا۔ سبھی کچھ مذبح پر رکھ دیا جاتا تھا۔ کیا آج آپ سبھی کچھ مذبح پر رکھنے کے لئے تیار ہیں؟ کیا آپ سبھی کچھ اُس کے حضور انڈیل دیں گے اور اُسے اپنی زندگی کا مکمل اختیار دیں گے؟ کیا آپ مکمل طور پر اُس کے ہاتھوں میں آجانے کے لئے تیار ہوں گے؟ کیا آپ اُس کی خوشنودی کے لئے خود کو پورے طور پر اُس کے حضور قربان کر دیں گے؟ ایسی ہی قربانی اُس کے حضور راحت انگیز خوشبو کے طور پر پہنچتی ہے اور وہ اِس سے دل شاد ہوتا ہے۔ کیا آپ خود کو پورے طور پر اُس کے حضور بخوشی و رضا قربان کرتے ہوئے اُس کے دل کو شاد کریں گے؟

چند غور طلب باتیں

☆۔ آج آپ خدا کے حضور کیسی قربانیاں گزران رہے ہیں؟

☆۔ کیا آپ اپنا بہترین وقت اور وسائل خدا کے حضور پیش کر رہے ہیں یا پھر اپنی فرسودہ اور غیر ضروری چیزیں اُس کے حضور لاتے ہیں؟

☆۔ کیا ہمارے ہدیے کا چھوٹا یا بڑا ہونا اہمیت کا حامل ہے؟ کون سی چیز ہدیے کو خدا کے حضور قابل قبول بناتی ہے؟

☆۔ آپ کو اس حقیقت سے کیا خوشی ملتی ہے کہ ہمارے ہدیہ جات خدا کے حضور خوشی اور شادمانی کا باعث ہوتے ہیں؟ اِس سے ہمیں خدا کے حضور قبولیت کے تعلق سے کیا سیکھنے کو ملتا ہے؟

چند اہم دُعائیہ نکات

☆۔ خداوند سے فضل اور توفیق چاہیں کہ آپ پورے طور پر اپنی زندگی اور وسائل اُس کے حضور پیش کر سکیں۔

☆۔ خدا سے ایسے وقتوں کے لئے معافی مانگیں جب آپ دل کی خوشی کے ساتھ اُس کے حضور کچھ لانے سے قاصر رہے۔

☆۔ خداوند کی شکر گزاری کریں کہ وہ ہمارے ہدیہ جات اور قربانیوں کو قبول کر لیتا ہے، خواہ وہ بڑی ہو یا پھر چھوٹی قربانی ہو۔

☆۔ خداوند کی شکر گزاری کریں کہ وہ بغیر کسی ہچکچاہٹ کے ہمارے گناہوں کی معافی کے لئے خود کو قربان کرنے کے لئے تیار ہو گیا۔

باب 2

اَناج کا نذرانہ

احبار2:1-14 پڑھیں

دوسرا نذرانہ جس کے تعلق سے خدا نے ہدایات دیں وہ اناج کا نذرانہ ہے۔ اناج کا یہ ہدیہ اور نذرانہ دوسرے ہدیوں سے مختلف ہے کیونکہ اِس میں خون نہیں بہایا جاتا تھا۔ اناج کا ہدیہ کئی ایک مختلف طریقوں سے خدا کے حضور لایا جاسکتا تھا۔

کچا اَناج

کچا اناج بھی خدا کے حضور ہدیہ کے طور پر پیش کیا جاسکتا تھا۔ اِس طرز کے ہدیہ کے اناج کو پہلے پیس کر آٹا بنایا جاتا تھا۔ اِس آٹے پر تیل اور لُبان کا آمیزہ رکھ کر اُسے کاہن کے پاس لے جایا جاتا تھا۔ یہ بات دلچسپی کی حامل ہے کہ کاہن اور بادشاہوں کو تیل سے مسح کیا جاتا تھا جو کہ اِس بات کی علامت ہوتی تھی کہ وہ خداوند کے لئے الگ اور مخصوص ہو گئے ہیں۔ مکاشفہ 8:5 بخور کو مقدسوں کی دُعاؤں کو عُود سے بھرے ہوئے سونے کے طور پر بیان کیا گیا ہے۔ اناج کے ہدیہ پر اِن دو چیزوں کے ڈالے جانے کی اپنی ایک اہمیت ہے۔

2 آیت ہمیں بتاتی ہے کہ کاہن کو مُٹھی بھر میدہ، تیل اور لبان لے کر مذبح پر جلانا ہوتا تھا۔ یہ مُٹھی بھر اناج یادگاری کا حصہ کہلاتا تھا جو کہ خداوند کو دیا جاتا تھا۔ بقیہ اناج ہارون اور اُس کے بیٹوں کا ہوتا تھا۔ اِس طریقہ سے بھی کاہنوں کو اُن کی خدمات کی انجام دہی کا اَجر دیا جاتا تھا۔

اِس کے برعکس سوختنی قربانی پورے طور پر خداوند کے حضور پیش کی جاتی تھی۔ اناج کے نذرانے کا تھوڑا سا حصہ مذبح پر جلایا جاتا تھا جبکہ بقیہ حصہ کاہنوں کا ہوتا تھا۔ ہو سکتا ہے کہ کچھ

لوگوں کے ذہنوں میں یہ سوال آئے کہ کاہن صرف مُٹھی بھر اناج ہی مذبح پر کیوں چڑھاتے اور باقی خود رکھ لیتے تھے.

3 آیت ہم پر واضح کرتی ہے کہ یہ خدا کی طرف سے مقرر تھا کہ کاہن اِس اناج کے ہدیہ اور نذرانہ میں سے حصہ پائیں۔ خدا کے نزدیک اُس کے حضور پیش کیا گیا اناج کا حصہ اور کاہنوں کو دیا گیا حصہ دونوں ہی برابر پاک اور مقدس ٹھہرتے تھے۔

کاہنوں کو دئے جانے والے اناج کے ہدیے کا حصہ مذبح پر جلائے گئے حصہ کی طرف مقدس اور پاک ہوتا تھا۔ عہدِ جدید میں بھی اِس اصول کا اطلاق ہوتا ہے۔ متی 45:25 میں خداوند یسوع مسیح نے فرمایا۔

" میں تم سے سچ کہتا ہوں کہ جب تم نے اِن سب سے چھوٹوں میں سے کسی کے ساتھ یہ سلوک نہ کیا تو میرے ساتھ نہ کیا اور یہ ہمیشہ کی سزا پائیں گے مگر راستباز ہمیشہ کی زندگی۔ "

اس سے پہلے متی 42:10 میں خداوند یسوع مسیح نے اُن لوگوں کی بات کی جو اُس کے شاگردوں کی خدمت کرتے ہیں۔

"اور جو کوئی شاگرد کے نام سے ان چھوٹوں میں سے کسی کو صرف ایک پیالہ ٹھنڈا پانی ہی پلائے گا میں تم سے سچ کہتا ہوں وہ اپنا اجر ہر گز نہ کھوئے گا۔"

احبار 2:2 پر غور کریں کہ اس ہدیے کا جزوی حصہ مذبح پر جلایا جاتا تھا اور کچھ حصہ کاہنوں کو دیا جاتا تھا۔ خداوند کے حضور مذبح پر جلایا جانے والا اناج راحت انگیز خوشبو کے طور پر خدا کے حضور پہنچتا تھا۔ خدا کے خدام یعنی کاہنوں کو دینے سے بھی خدا کے لوگ خدا ہی کو دے رہے ہوتے تھے، وہ اُس کے کام کے لئے دے رہے ہوتے تھے جو کاہن اُس کے حضور سرانجام دیتے تھے۔

پکائے ہوئے اناج کا نذرانہ

اناج کے ہدیے کی دوسری قسم پکا ہوا اناج تھا جو خدا کے لوگ اُس کے حضور لا سکتے تھے۔ اناج کے ہدیہ کی صورت میں، اناج کو پیس کر آٹا بنایا جاتا تھا۔ اِس میں تیل شامل کیا جاتا تھا، اس کی چپاتیاں بنائی جاتی تھیں۔ یہ بے خمیری روٹیاں ہوتی تھیں۔ (4 آیت) 1 کرنتھیوں 5:6-8 میں پولس رسول خمیر کو گناہ کے ساتھ تشبیہ دیتے ہیں۔ کرنتھس کی کلیسیا کو لکھتے ہوئے اُس نے بیان کیا۔

"تمہارا فخر کرنا خوب نہیں۔ کیا تم نہیں جانتے کہ تھوڑا سا خمیر سارے گندھے ہوئے آٹے کو خمیر کر دیتا ہے؟ پرانا خمیر نکال کر اپنے آپ کو پاک کر لو تا کہ تازہ گندھا ہوا آٹا بن جاؤ۔ چنانچہ تم بے خمیر ہو کیونکہ ہمارا بھی فسح یعنی مسیح قربان ہوا۔ پس آؤ ہم عید کریں۔ نہ پرانے خمیر سے اور نہ بدی اور شرارت کے خمیر سے بلکہ صاف دلی اور سچائی کی بے خمیر روٹی سے۔"

اس مفہوم میں خمیر گناہ کی علامت تھا۔ خدا کے لوگوں کے ہدیہ جات کو خمیر سے پاک ہونا تھا۔ اِس تعلق سے بھی یہ بڑی اہمیت کا حامل ہے کہ جب خدا کے لوگ مُلکِ مصر سے روانہ ہوئے تو وہ اپنے ساتھ بے خمیری روٹیاں لے کر آئے تھے کیونکہ اُن کے پاس وقت ہی نہیں تھا کہ وہ اپنے گندھے ہوئے آٹے کو خمیر دے پاتے۔ ہو سکتا ہے کہ مُلکِ مصر سے خدا کی طرف سے رہائی کی یاد دلانے کے لئے بھی بے خمیری روٹیاں پکانے کے لئے کہا گیا ہو۔ اور یہ ایک طرح سے بنی اسرائیل کی ممنونیت کو ظاہر کرتا ہو کہ خدا نے اُنہیں غلامی کے جوئے سے رہائی بخشی۔

اناج کا ہدیہ توے پر بھی پکایا جا سکتا تھا یا پھر اُسے کڑاہی میں بھی تلا جا سکتا تھا۔ اُسے کسی بھی طور پر پکا کر اُس دَور کے لوگوں کے لئے قابلِ قبول حالت میں پیش کیا جا سکتا تھا۔ یہ پکا ہوا اناج کاہن کے پاس لایا جاتا تھا جو اسے مذبح پر لے کر جاتا تھا۔ وہ یادگاری کا حصہ الگ کر کے اُسے مذبح پر جلا دیتا اور بقیہ حصہ اپنے لئے رکھ لیتا تھا۔ (8-10)

ہم پہلے ہی اس بات کو دیکھ چکے ہیں کہ ،توے کے پکے ہوئے یا کڑاہی کے تلے ہوئے اناج میں کسی طرح کے کوئی خمیر شامل کرنے کی ممانعت تھی۔

غور کریں، 11 آیت میں شہد کسی بھی اس ہدیہ میں لانا بالکل منع تھا جو آگ سے جلایا جانا ہوتا تھا۔اِس کے لئے اِن آیات میں کوئی وجہ بیان نہیں کی گئی اور نہ ہی اِس بات کا کوئی واضح اشارہ ملتا ہے کہ کیوں خدا نے اِس کی ممانعت فرمائی۔ شہد اکثر و بیشتر دولت اور خوشحالی کی علامت کے طور پر بھی ہمارے سامنے آتا ہے۔ خروج 8:3 میں خدا نے اپنے لوگوں کو بتایا کہ وہ اُنہیں ایسی سرزمین دینے کو ہے جہاں پر " دودھ اور شہد" بہتا ہے۔ خدا کے حضور لایا جانے والا نذرانہ بالکل سادہ ہونا چاہئے تھا۔ خدا کے لوگوں کو اُس کی مصنوعی سجاوٹ نہیں کرنا تھی۔ خداوند یسوع مسیح بھی اس دُنیا میں ایک سادہ سے انسان کے طور پر آئے۔ اگر وہ چاہتا تو وہ ایک بادشاہ کے طور پر بھی آسکتا تھا جس کے پاس پر آسائش زندگی یا ہر طرح کا مال و دولت ہوتی لیکن وہ اِس دُنیا میں بالکل سادگی سے آیا۔اِس طرح سے اناج کا نذرانہ خدا کے حضور گزرانا جاتا تھا۔

13 آیت ہمیں بتاتی ہے کہ اناج کے ہدیہ میں نمک بھی شامل کیا جاتا تھا۔ نمک کا کام صفائی کرنا تھا۔ نمک پاک کرتا اور چیزوں کو محفوظ کرلیتا ہے۔ نمک کے سبب سے خوراک بنی اسرائیل کے لئے محفوظ ہو جاتی تھی اور خراب نہیں ہونے پاتی تھی۔ یہ بات عہدِ عتیق سے " نمک کے عہد" سے بھی عیاں ہے۔(دیکھیں گنتی 19:18، 2 تواریخ 5:13)

بالکل ایسے ہی جس طرح نمک ایک نذرانے کو محفوظ کرلیتا تھا، اِسی طرح عہد کا خدا بھی اپنے لوگوں سے کئے گئے وعدوں کی پاسداری کرتا ہے۔ جس طرح نمک کے سبب سے خوراک خراب نہیں ہونے پاتی تھی، اسی طرح خدا بھی چاہتا تھا کہ اُس کے لوگ اُس کے لئے پاک اور اُس سے وفادار رہیں۔

اناج کا نذرانہ فصل کے پہلے پھلوں کے طور پر

اناج کے نذرانے کی آخری قسم ایک ایسا ہدیہ ہوتا تھا جسے فصل کے پہلے پھلوں سے شکر گزاری کے ہدیہ کے طور پر لایا جاتا تھا۔ نئے اناج کو الگ اور صاف کر کے آگ پر بُھونا جاتا تھا۔ اس بھنے ہوئے اناج پر تیل اور لبان ڈالا جاتا تھا اور بُھنا ہوا اناج کاہن کے پاس لایا جاتا تھا۔ کاہن اُس میں سے مٹھی بھر لے کر اُسے یادگاری کے حصہ کے طور پر الگ کر کے خداوند کے حضور مذبح پر آگ میں جلادیا کرتا تھا۔ باقی بچ جانے والا اناج کا اُن کا حصہ ہوتا تھا۔

ان ہدیہ جات کے تعلق سے قواعد وضوابط بالکل واضح تھے۔ یہ ہدیہ بغیر خمیر کے ہونا چاہئے تھا جو کہ کاملیت کی علامت ہے۔ اُسے کوٹا جاتا تھا،، اور خداوند کے حضور لایا جاتا تھا۔ خداوند یسوع مسیح اگرچہ بے گناہ تھا، اُسے بھی مارا کوٹا اور ہمارے گناہ کے فدیہ کے طور پر صلیب پر لٹکادیا گیا۔ اس نذرانہ کو تیل اور بخور سے مسح کیا جاتا تھا۔ تیل اور بخور کسی چیز کی تقدیس کے لئے استعمال کئے جاتے تھے اور یہ روح القدس کے کام کی علامات تھے۔ خداوند یسوع مسیح کو بھی روح سے معمور کر کے ہمارے گناہوں کی قربانی کے لئے الگ اور مخصوص کیا گیا۔

کسی بھی سوختنی قربانی میں شہد شامل نہیں کیا جاتا تھا بلکہ بڑی سادی سے یہ قربانی خداوند کے حضور گزرانی جاتی تھی۔ خداوند یسوع مسیح بھی اس دُنیا کے مال ومتاع کو لے کر اس دُنیا میں ایک بادشاہ کے طور پر آسکتا تھا۔ لیکن اُس نے ایک سادہ سے شخص کے طور پر اِس دُنیا میں آنے کا چناؤ کیا۔ وہ لوگوں کے درمیان عام سا شخص بن کر چلتا پھرتا رہا۔ اُس نے سادہ زندگی بسر کی، اُس کے پاس نہ تو اپنا گھر تھا اور نہ ہی دُنیا کا مال ودولت۔ تمام قربانیاں نمک سے نمکین کی جاتی تھیں۔ یہ نمک پاکیزگی اور خالص پن کو ظاہر کرتی تھی۔ اس میں محفوظ رکھنے کی صلاحیت پائی جاتی تھی۔

خداوند یسوع مسیح نے سادہ، پاک اور ایسی زندگی بسر کی جو خدا کے حضور مقبول اور منظور تھی۔ وہ

اس گناہ بھری دُنیا میں رہا لیکن کبھی بھی دُنیا کی آلودگی اُس پر اثر انداز نہ ہوئی۔ وہ ایک کامل قربانی کے طور پر ہمارے گناہوں کے لئے صلیب پر خداباپ کے حضور قربان ہو گیا۔
اگرچہ یہ ہدیہ جات خدا کے حضور اُس کے دئے ہوئے کی شکر گزاری کے طور پر لائے جاتے تھے۔ تاہم یہ سارے ہدیہ جات اُس دن کی طرف اشارہ تھے جب اِس جہان کے گناہوں کے لئے ایک کامل اور پاک قربانی صلیب پر گزرانی جانا تھی۔

چند غور طلب باتیں

☆۔اناج کا نذرانہ عہدِ عتیق کے دیگر ہدیہ جات سے کس طرح مختلف ہے؟

☆۔اگرچہ اناج کے نذرانہ میں خون شامل نہیں ہوتا تھا تو بھی یہ کس طرح خداوند یسوع مسیح کی ہمارے گناہوں کے لئے کامل قربانی کی طرف اشارہ کرتا ہے؟

☆۔خداوند کے حضور کس طرح کے اناج کے نذرانے چڑھائے جاسکتے تھے؟

☆۔اناج کا نذرانہ ہمیں یہ بھی سکھاتا ہے کہ ہم دوسروں کو دینے سے خداوند کو بھی دیتے ہیں۔ آج ہمارے اِرد گرد کس طرح کی ضروریات دکھائی دیتی ہیں؟ آپ کس طرح آگے بڑھ کر اُن ضروریات کو پورا کرسکتے ہیں؟

چند اہم دُعائیہ نکات

☆۔خداوند سے رہنمائی چاہیں کہ آپ کس طرح اپنے اِرد گرد محتاجوں اور ضرورتمندوں کی مدد کرسکتے ہیں؟

☆۔چند لمحات کے لئے غور کریں کہ کس طرح خدا ہمارے سب کچھ کا مالک اور اِس لائق ہے کہ ہم اپنا سبھی کچھ بخوشی اور رضا اُس کے حضور لے کر آئیں۔خداوند کی شکر گزاری کریں کہ وہ ہماری پرستش اور ستائش کا بھی مستحق ہے۔

☆۔چند لمحات کے لئے خداوند کی اُس قربانی کے لئے شکر گزاری کریں جو اُس نے ہمارے لئے دی۔ اُس کی شکر گزاری کریں کہ وہ ہمارے لئے ایک کامل اور پاک قربانی کے طور پر خداوند کے حضور قربان ہو گیا تا کہ ہمیں خدا باپ کے قریب لے آئے۔

باب 3

سلامتی کا ذبیحہ

احبار 3:1-17 پڑھیں

اَب تک ہم سوختنی قربانی اور اناج کے نذرانے کا جائزہ لے چکے ہیں۔ تیسری قسم کی قربانی جو خدا کے لوگ گزران سکتے تھے وہ سلامتی کا ذبیحہ تھا۔ یہ عمومی طور پر خداوند کے حضور شکر گزاری کے طور پر لایا جاتا تھا۔ اِس باب میں ہم تین اقسام کے جانوروں کا جائزہ لیں گے جو خدا کے حضور سلامتی کے قربانی کے طور پر لائے جاسکتے تھے۔

ریوڑ میں سے جانور

پہلی قسم کا جانور جو خداوند کے حضور سلامتی کی قربانی کے طور پر گزرانا جاسکتا تھا وہ گلہ میں سے ایک جانور یعنی بیل ہو سکتا تھا۔ پہلے باب میں سوختنی قرنی کا تقاضا ایک نر جانور ہوتا تھا۔ جبکہ سلامتی کے ذبیحہ کے لئے ایسا کوئی تقاضا نہیں تھا۔ سلامتی کا ذبیحہ لانے والے اپنے گلہ میں سے نر یا مادہ جانور کو لا سکتے تھے۔ تاہم یہ لازمی تھا کہ اِس بات کو یقینی بنانے کے لئے کہ جانور میں کوئی عیب یا نقص نہیں ہے۔ جانور کا معائنہ کیا جائے

خدا کا یہ تقاضا تھا کہ اُس کے لوگ اُس کے حضور بے عیب اور بے نقص جانور قربانی کے طور پر لے کر آئیں۔ یہ بہت اہم ہے کہ ہم اِس تقاضے کی اہمیت کے بارے میں جانیں۔ جانور کے بے نقص اور بے عیب ہونے کے پیچھے دو وجوہات تھیں۔

اوّل، اس سے خدا کی عزت اور تعظیم کا اظہار کرنا تھا۔ آئیں سُنیں کہ خدا نے ملاکی 6:1- 8 میں

اپنے لوگوں سے کیا کہا۔

"رَب الافواج تم کو فرماتا ہے، اَے میرے نام کی تحقیر کرنے والے کاہنو! بیٹا اپنے باپ کی اور نوکر اپنے آقا کی تعظیم کرتا ہے۔ پس اگر میں باپ ہوں تو میری عزت کہاں ہے؟ اور اگر آقا ہوں تو میرا خوف کہاں ہے؟ پر تم کہتے ہو ہم نے کس بات میں تیرے نام کی تحقیر کی؟ تم میرے مذبح پر ناپاک روٹی گذرانتے ہو اور کہتے ہو کہ ہم نے کس بات میں تیری توہین کی؟ اِسی میں جو کہتے ہو خداوند کی میز حقیر ہے۔ جب تم اندھے کی قربانی کرتے ہو تو کچھ برائی نہیں! اور جب لنگڑے اور بیمار کو گذرانتے ہو تو کچھ نقصان نہیں! اب یہی اپنے حاکم کی نذر کر۔ کیا وہ تجھ سے خوش ہو گا اور تو اُس کا منظورِ نظر ہو گا؟ رب الافواج فرماتا ہے۔"

ملاکی کے مذکورہ حوالہ میں خدا اپنے لوگوں کی مذمت کرتا ہے۔ کیونکہ وہ اُس کے حضور عیب دار جانور قربان کرنے کے سیلہ سے اُس کے نام کی تقدیس نہیں کر رہے تھے بلکہ اُس کے نام کو حقیر جان رہے تھے۔ جو کچھ ہمارے پاس ہے، اُس میں سے خدا اپنے لئے بہترین حصہ چاہتا ہے۔ بہترین سے کچھ بھی کم تر دینا خدا کی اہانیت کرنے کے مترادف ہے۔ قربان گاہ پر پیش کئے جانے والے جانور کے بے عیب ہونے کی دوسری وجہ بھی ہے۔ یہ جانور آنے والے وقت میں خداوند یسوع مسیح کی اُس قربانی کی تصویر تھے جو اُس نے کوہِ کلوری پر بنی نوع انسان کے گناہوں کے لئے دینی تھی۔ عبرانیوں 15:4 خداوند یسوع مسیح کو بے عیب شخصیت کے طور پر بیان کرتا ہے۔

"کیونکہ ہمارا ایسا سردار کاہن نہیں جو ہماری کمزوریوں میں ہمارا ہمدرد نہ ہو سکے بلکہ وہ سب باتوں میں ہماری طرح آزمایا گیا تو بھی بے گناہ رہا۔"

مسیح بے عیب برہ تھا۔ اس کی قربانی بھی کامل قربانی تھی۔ مذبح پر قربان کئے جانے والے جانور خداوند یسوع مسیح کی شخصیت میں کامل اور عظیم قربانی کے عکاس تھے۔ یہی وجہ ہے کہ اُنہیں بے عیب ہونا تھا۔ اگر قربان کیا جانے والا جانور گلہ میں سے لیا جاتا، اُسے خیمہ اجتماع میں لاکر کاہن کو

پیش کیا جاتا تھا۔ قربانی پیش کرنے والا شخص اس جانور پر اپنے ہاتھ رکھتا تو اُسے ذبح کیا جاتا تھا۔ جانور پر ہاتھ رکھنا اِس بات کی علامت تھا کہ وہ شخص اپنے گناہوں کو اُس جانور پر لاد رہا ہے جو اُس کے گناہوں کی سزا اپنے اُوپر لے کر اپنی جان فدیہ میں دے گا۔ جانور قربانی گزراننے والے شخص کی طرف سے قربان ہو جاتا تھا۔ ایک بار پھر یہ اُس سارے کام کی خوبصورت تصویر ہے جو ہمارے خداوند یسوع نے ہمارے لئے سر انجام دیا۔ اُس نے ہمارے گناہ اپنے اُوپر لے کر ہماری جگہ پر اپنی جان قربان کر دی۔ قربان شدہ جانور کا لہو مذبح کے اِرد گرد چھڑکا جاتا تھا۔ پھر اُس جانور کی چیر پھاڑ کر کے، چربی، گردے اور جگر پر کے حصے یعنی جھلی وغیرہ الگ کر کے اُسے خداوند کے مذبح پر جلا دیا جاتا تھا۔

گلہ میں سے جانور

بنی اسرائیل اپنے گلہ میں سے بھی بھیڑیں اور بکریاں خداوند کے حضور لا سکتے تھے۔ اگر گلہ میں سے کوئی جانور خداوند کے حضور پیش کیا جاتا تھا تو یہ بے عیب مادہ یا نر ہو سکتا تھا۔

احبار 7 باب ہمیں سلامتی کی قربانی کے قواعد و ضوابط اور مقصد کا مزید فہم و ادراک عطا کرتا ہے۔ اگرچہ ہم بعد میں اس پر بات چیت کریں گے۔ تاہم چند ایک نکات کا یہاں پر بیان ہمارے مطالعہ کے لئے مفید ہو گا۔ سلامتی کا ذبیحہ خداوند کے حضور شکر گزاری کے طور پر لایا جاتا تھا۔ (احبار 7:11-12) یا پھر یہ مانی گئی منت کی تکمیل کے لئے بھی ہوتا تھا۔ (احبار 7:16) خدا کی طرف سے یہ تقاضا تھا کہ قربانی کا گوشت اُسی دن کھا لیا جائے جس دن وہ قربانی خدا کے حضور پیش کی جائے۔ (احبار 7:15) اگر یہ کسی منت کی قربانی ہوتی، تو اُسے دوسرے دن بھی کھا کر ختم کیا جا سکتا تھا۔ (7:16) اُس وقت کے بعد بچ جانے والے گوشت کو جلا دیا جاتا تھا۔

ہم یہاں پر سلامتی کے ذبیحہ میں قربانی اور کھانا اکٹھے دیکھتے ہیں۔ جانور کا ایک حصہ قربانی کے

طور پر پیش کر دیا جاتا، جبکہ ایک حصہ کھایا جاتا تھا۔ اگر جانور کے گوشت کو اُسی دن کھا کر ختم کیا جانا تھا تو پھر اکیلا شخص ایسا نہیں کر سکتا تھا۔ ظاہری بات ہے کہ دوسرے لوگ بھی اُس گوشت کے کھانے میں شریک ہوتے تھے۔ یہ ایک پُر مسرت موقع ہوتا تھا۔ شکر گزاری کی قربانی خدا کے حضور پیش کر دی جاتی اور اَب خدا کے لوگ آپس میں خوشی خوشی دوسروں کے ساتھ مل کر اُسے اکٹھے کھاتے تھے۔

خدا کے حضور سلامتی کی قربانی اُنہیں باہم مل کر خدا کی نیکی اور بھلائی کی یاد منانے کا موقع فراہم کرتی تھی۔ وہ جانور کے گوشت کا ایک حصہ خدا کے حضور پیش کرنے اور باقی گوشت آپس میں باہم مل کر کھا لیتے تھے۔ اِس سے مراد اُنہیں اِس بات کی یاددہانی کرانی تھی کہ اُن کا ایمان اُن تک محدُود نہیں بلکہ وہ اُس ایمان کو دوسروں کے ساتھ بھی شئیر کر سکتے ہیں۔

متی 5:14-16 میں ہم پڑھتے ہیں۔

" تم دُنیا کے نور ہو۔ جو شہر پہاڑ پر بسا ہے وہ چھپ نہیں سکتا۔ اور چراغ جلا کر پیمانہ کے نیچے نہیں بلکہ چراغ دان پر رکھتے ہیں تو اُس سے گھر کے سب لوگوں کو روشنی پہنچتی ہے۔ اسی طرح تمہاری روشنی آدمیوں کے سامنے چمکے تاکہ وہ تمہارے نیک کاموں کو دیکھ کر تمہارے باپ کی جو آسمان پر ہے تمجید کریں۔"

خدا ہماری زندگی کے لئے یہی مقصد رکھتا ہے کہ ہماری روشنی دوسرے لوگوں کے سامنے چمکے تاکہ وہ بھی آسمانی باپ کی نیکی اور بھلے کاموں کو دیکھ کر اُس کی تمجید اور ستائش کر سکیں۔ کیا آپ خدا کی نیکی اور بھلائی کے لئے خوشی مناتے ہیں؟ کیا آپ خدا کی دی ہوئی برکات دوسروں میں بانٹتے ہیں تاکہ وہ آپ کے خدا کی نیکی اور بھلائی کو جان سکیں؟ عہدِ عتیق میں سلامتی کی قربانی اِس بات کو ممکن بناتی تھی۔ خدا ہم پر اپنا فضل کرے تاکہ ہم اپنے اِرد گرد لوگوں کے درمیان اُس کی نیکی اور بھلائی کو شئیر کر سکیں۔

چند غور طلب باتیں

☆۔ خداوند کے حضور قربان کئے جانے والے جانور کا بے عیب ہونا کیونکر ضروری تھا؟

☆۔ جانور کے ذبح کرنے سے پہلے قربانی پیش کرنے والا اپنے ہاتھ اُس جانور پر کھتا تھا۔ یہ عمل کس چیز کو پیش کرتا ہے اور یہ عمل خداوند کے اُس کام کے بارے میں ہمیں کیا سکھاتا ہے جو اُس نے ہمارے لئے سرانجام دیا ہے؟

☆۔ سلامتی کی قربانی خدا کے لوگوں کو موقع فراہم کرتی تھی کہ وہ اُس کی نیکی اور بھلائی کو دوسروں کے ساتھ ایک جشن کی صُورت میں منا سکیں۔ آپ کس طرح سے اپنے اِرد گرد کے لوگوں کے درمیان خدا کی نیکی اور بھلائی کو شئیر کرتے ہیں؟

☆۔ یہ قربانی اپنے ایمان کو دوسروں کے ساتھ شئیر کرنے کے بارے میں ہمیں کیا تعلیم دیتی ہے؟

چند اہم دُعائیہ نکات

☆۔ خداوند کی شکر گزاری کریں کہ وہ آپ کے گناہ کے لئے ایک کامل قربانی تھا۔

☆۔ چند لمحات کے لئے خدا کی طرف سے ملنے والی اچھی نعمت و برکات پر غور کریں۔ اپنی زندگی میں اُن برکات کے لئے خداوند کی شکر گزاری کریں۔

☆۔ خداوند سے مزید فضل اور توفیق چاہیں تاکہ آپ اِرد گرد کے لوگوں کے درمیان اُس کی نیکی اور بھلائی کو شئیر کر سکیں۔

باب 4

نادانستہ خطاؤں کے چڑھاوے

احبار 4:1-5 اور 13 باب پڑھیں

ایک اور قسم کی قربانی جو خداوند کے حضور گزارنی جا سکتی تھی وہ تھی نادانستہ خطاؤں کے چڑھاوے۔ اِس کے عنوان یا موضوع ہی سے ظاہر ہے کہ یہ قربانی اُس وقت گزارنی جاتی تھی جب کوئی شخص گناہ میں گر جاتا تھا اور اُسے خداوند کی طرف سے معافی کی ضرورت ہوتی تھی۔ غور کریں۔ 1 آیت سے یہ ظاہر ہے کہ یہ خطا یا گناہ غیر ارادی ہوتا تھا۔ احبار 5:1-4 میں ہمارے لئے اِس گناہ کی قسم کو مثال کے طور پر درج کیا گیا ہے۔

پہلی مثال اُس شخص کی ہے جو عوام الناس میں کسی مقدمے کی گواہی نہ دے حالانکہ اُس کے پاس اہم اور ضروری معلومات ہوتی تھیں جو اُس مقدمے کے فیصلے میں مددگار ثابت ہو سکتی ہوں۔ (احبار 5:1) درحقیقت ایسا شخص اپنی خاموشی سے انصاف کے حصول کی راہ میں رکاوٹ بن رہا تھا۔ ہو سکتا ہے کہ وہ خوف کے سبب سے خاموش ہو اور کچھ بولنے سے انکار کرے۔ ہو سکتا ہے کہ خوف کے سبب سے نہ بولنے سے مجرم بری ہو جائے اور بے گناہ شخص ناجائز طور پر الزام کی زد میں آ جائے۔ شاید وہ شخص نہ چاہتے ہوئے بھی انصاف کے حصول کی راہ میں رکاوٹ بن جائے۔ اور بے گناہ کو مُجرم ٹھہرا دے۔

احبار 5:2 میں نادانستہ گناہ کی ایک اور مثال دیکھنے کو ملتی ہے۔ یہاں پر ایک شخص کسی ناپاک چیز کو چھُو لیتا ہے۔ ہو سکتا ہے کہ معمولاتِ زندگی میں اُس نے اتفاقاً کسی ایسی چیز کو چھُو لیا ہو جو شرعی

طور پر ناپاک ہو یعنی کسی جانور کی لاش کو۔ اگر چہ ارادی طور پر وہ کوئی بُرا کام نہیں کرنا چاہتا تھا تو بھی اُس نے کسی ایسی چیز کو چھُو لیا جس کو چھونا واجب نہیں تھا اور یوں وہ گناہ کا مرتکب ہو گیا۔ جب اُسے اِس حقیقت کا علم ہوا کہ اُس نے کسی ناپاک چیز کو چھُو لیا ہے، تو پھر ضرورت تھی کہ وہ اپنی پاکیزگی کے لئے گناہ کی قربانی گزرانے۔ (احبار 3:5)

ایک آخری مثال ایسے شخص کی ہے جو جلد بازی میں کوئی منت مان لیتا ہے۔ (احبار 4:5) بعد ازاں احساس ہونے پر کہ اُس نے غلطی سے یا جلد بازی سے کوئی منت مان لی ہے جس پر وہ پورا نہیں اُتر سکتا۔ تو ایسی صورت میں بھی وہ شخص کسی ایسے وعدے کو کرنے کے سبب سے مُجرم ٹھہرتا ہے جسے وہ پورا نہیں کر سکتا۔

ہم خروج 5:1-4 سے سیکھتے ہیں کہ اِس قسم کے گناہوں کی اقسام جن کا ازالہ گناہ یا خطا کی قربانی سے ہوتا تھا ایسے گناہ دانستہ گناہ تھے یا بھُول چوک سے ہو جانے والے گناہ تھے۔ (خواہ کوئی بھی وجہ ہو، جو بھی خطا یا گناہ ہو گیا ہو اس کے لئے خطا کی قربانی دینا پڑتی تھی) لاپرواہی کا گناہ۔ (بیوقوفی سے کوئی وعدہ کر بیٹھنا) ضرورت یا جہالت کی وجہ سے گناہ جیسا کہ کسی لاش کو چھُو لینا۔

ہمارے لئے یہاں پر اس بات کو جاننا اور سمجھنا بہت اہم ہے کہ خواہ ہماری نیت گناہ کرنا نہ بھی ہو اور نادانستہ طور پر یا پھر بھُول چُوک سے کوئی گناہ ہو جائے، ہم پھر بھی خدا کے حضور گنہگار ٹھہرتے ہیں۔ مثال کے طور پر بنی اسرائیل کے خیمہ میں کسی مُردہ جانور کے پائے جانے پر غور کریں۔ کس طرح سے اُس لاش کو ٹھکانے لگایا جائے؟ کسی نہ کسی شخص کو اُس گلتی سڑتی لاش سے چھٹکارا پانے کے لئے خود کو ناپاک کرنا پڑتا تھا۔ خیمہ اجتماع سے لاش کو ہٹانے والے کی نیت یہی ہوتی تھی کہ وہ گندگی کو خیمہ گاہ سے دُور کر دے تو کوئی ناپاکی اُن کے درمیان نہ رہے۔ لیکن لاش کو چھو جانے سے وہ شخص خدا کے حضور گنہگار ٹھہرتا تھا اور اُسے گناہ کی قربانی لانے کی ضرورت ہوتی تھی۔

گناہ تو گناہ ہے چاہے اُس کے پیچھے نیت بُری نہ بھی ہو۔ آپ اپنے گناہ سے بے خبر ہوتے ہوئے بھی گناہ کے مجرم ٹھہرتے ہیں۔ ہم خدا کی طرف سے اس لئے کسی گناہ کی سزا سے بچ نہیں جاتے کہ ہم نے کسی نیک مقصد کے لئے وہ خطا یا گناہ کیا ہے اور نہ ہی ہمیں اِس بنا پر گناہ کی سزا سے چھوٹ ملتی ہے کیونکہ ہمیں پتہ ہی نہیں تھا کہ یہ گناہ ہے۔ بعض اوقات گناہ آلودہ جہان میں رہنے کی وجہ سے بھی ہم گناہ میں گر جاتے ہیں۔ ہمیں ایسی چیزیں دیکھنے کو ملتی ہیں جنہیں دیکھنا ہمارے ارادے اور نیت میں شامل نہیں ہوتا۔ ہم ایسی باتیں کہہ جاتے ہیں جو ہم سمجھ رہے ہوتے ہیں کہ وہ دُرست ہیں لیکن بعد ازاں ہمیں علم ہوتا ہے کہ وہ غلط اور غیر مناسب تھیں۔ ہم غلط فیصلہ جات کرتے ہیں، اکثر ہم اپنے وعدوں کو وفا کرنے سے بھی قاصر رہتے ہیں۔ ایسے تمام گناہوں کے لئے بھی ہمیں خدا کے حضور سے معافی کی ضرورت ہوتی ہے۔ اگرچہ ایسے گناہ نادانستہ نہیں ہوتے اور نہ ہی اُن کے پیچھے باغیانہ روّیہ اور سوچ ہوتی ہے تاہم ایسے گناہ بھی ہمیں ناپاک کر دیتے ہیں۔ گناہ کی قربانی ایسے ہی گناہوں کے لئے تھی جو بھول چوک سے ہو جاتے تھے۔ یہ قربانی ایسا وسیلہ بنتی تھی جس کے ذریعہ سے خدا روزمرہ زندگی میں ناپاکی اور روحانی آلودگی کو پاک کر سکتا تھا۔

احبار 4 باب میں خاص طور پر ایک بات دلچسپی کی حامل ہے اور وہ ہے کہ گناہ کی قربانی کی قسم جو خدا کے حضور لائی جاتی تھی اِس کا انحصار معاشرے میں اُس فرد کے کردار پر بھی ہوتا تھا۔ آئیں اِس بات کو مختصر طور پر دیکھیں۔

کاہن (احبار 4:3-12)

اگر نادانستہ گناہ کرنے والا شخص کاہن ہوتا تو اُسے خداوند کے حضور قربانی کے طور پر ایک بے عیب جوان بیل لانا ہوتا تھا۔ بیل کی کھال، گوشت اور پچھلی ٹانگیں اور گوبر کو خیمہ سے باہر لے

جا کر جلا دیا جاتا تھا۔ (4:11-12)

پوری برادری (احبار4:13-21)

اگر پوری برادری کسی گناہ کی مرتکب ہو جاتی، اگرچہ اُس وقت اُنہیں اپنے گناہ کا علم نہیں ہوتا تھا۔ تاہم پھر بھی وہ اپنے اعمال اور افعال کے ذمہ دار ہوتے تھے۔ جب اُنہیں اپنے جُرم کا علم ہو جاتا تھا، تو اُنہیں ایک بے عیب جوان بیل خیمہ اجتماع میں لانا ہوتا تھا۔ برادری کے بزرگ اُس کے سر پر اپنے ہاتھ رکھتے تھے، اِس کا علامتی طور پر یہ مطلب ہوتا تھا کہ لوگوں کے گناہ اُس بیل پر لاد دیئے گئے ہیں۔ بیل کو ذبح کر دیا جاتا اور اُس کا خون خیمہ اجتماع میں لایا جاتا تھا۔ کاہن اپنی انگلی خون میں ڈبو کر پردے کے سامنے خداوند کے حضور سات بار چھڑکتا تھا۔ خون کو بخور کی قربان گاہ کے سینگوں پر بھی لگایا جاتا تھا۔ جو کہ خیمہ اجتماع میں تھی۔ باقی بچ جانے والے خون کو صحن میں سوختنی قربانی کے مذبح کے پایہ پر بھی لگایا جاتا تھا۔ چربی کو گوشت سے الگ کر کے مذبح پر جلایا جاتا تھا، پچھلی ٹانگیں، کھال، اندرونی اعضا اور گوبر کو باہر لے جا کر جلا دیا جاتا تھا۔

برادری کا سردار (احبار4:22-26)

اگر برادری کے قائد سے نادانستہ گناہ ہو جاتا اور جب اُسے اپنے گناہ کے تعلق سے آگاہی ہوتی تو پھر اُسے خداوند کے حضور بے عیب بکرا لانا ہوتا تھا۔ گناہ کی دیگر قربانیوں کی طرح برادری کا سردار بکرے کے سر پر اپنے ہاتھ رکھتا جو کہ اِس بات کی علامت تھا کہ اُس کا گناہ اُس پر لاد دیا گیا ہے۔ اُس جانور کو ذبح کیا جاتا اور اُس کا خون مذبح کے سینگوں پر چھڑک دیا جاتا تھا، باقی بچ جانے والے خون کو مذبح کے پایہ پر انڈیل دیا جاتا تھا۔ چربی کو مذبح پر جلایا جاتا تھا۔ غور کریں کہ برادری کے سردار کو گناہ کی معافی کے لئے گزرانی جانے والی قربانی مختلف تھی۔ اِس قربانی کا خون خیمہ اجتماع میں نہیں لے جایا جاتا تھا اور اُس کی قربانی کاہن کی قربانی سے قدرے مختلف اور

چھوٹی ہوتی تھی۔

عام آدمی

اگر معاشرے میں کوئی فردِ واحد نادانستہ طور پر کوئی گناہ کر بیٹھتا تو جب اُسے اپنے گناہ کا علم ہو جاتا تھا تو اُسے ایک بکری یا ایک برّہ گناہ کی قربانی کے لئے لانا ہوتا تھا۔ (احبار 4:28،4:32) بکری یا برہ، اُن میں سے کوئی بھی لانے کی صورت میں اِس بات کا خاص خیال رکھا جاتا تھا کہ وہ بے عیب ہو۔ جس طرح گناہ کی دیگر قربانیوں کے معاملہ میں تھا، فرد واحد کو قربانی کے جانور کی موت کے ساتھ مشابہت پیدا کرنے کے لئے اُس کے سر پر ہاتھ رکھنا ہوتے تھے۔ جس کا علامتی طور پر یہ مطلب ہوتا تھا کہ اُس شخص کا گناہ اُس جانور پر لاد دیا گیا ہے۔ جانور کو ذبح کر کے اُس کا خون مذبح کے سینگوں پر لگایا جاتا تھا باقی خون مذبح کے پایہ پر انڈیل دیا جاتا تھا۔ چربی کو گوشت سے الگ کر کے اُسے مذبح پر جلا دیا جاتا تھا جو کہ خداوند کے حضور فردِ واحد کے گناہوں کی معافی کے لئے قربانی ہوتی تھی۔(4:31)

احبار 5:5 ہمیں بتاتا ہے کہ معافی کے لئے صرف قربانی ہی ایک تقاضا نہیں تھا۔ جب کسی شخص کو اپنے گناہ کا علم ہو جاتا تھا تو پھر لازم تھا کہ وہ اُس کا اعتراف و اقرار بھی کرے۔

اور جب وہ اِن باتوں میں سے کسی میں مجُرم ہو تو جس اَمر میں اُس سے خطا ہوئی ہے، وہ اُس کا اقرار کرے۔

خدا اِس بات کی توقع کرتا تھا کہ گناہ کی قربانی لانے والا فردِ واحد اپنے گناہ کا اقرار کرے جو اُس سے سرزد ہو گیا ہے۔ عین ممکن ہے کہ ہم خدا کی طرف سے معافی حاصل کرنے کے لئے اِس بات کا اقرار کرتے ہوئے کہ ہم گنہگار ہیں اپنے آپ کو راستباز اور پاک ظاہر کریں، لیکن ایک ایک اور نام بنام کر کے اپنے گناہوں کا اقرار کرنا ایک مختلف بات ہے۔ خدا چاہتا ہے کہ اُس کے

لوگ، مخلص طور پر اُس کی معافی کے طلبگار ہو کر اُس کے حضور آئیں اور اپنی ناکامیوں اور گناہوں کا واضح طور پر اقرار اور اعتراف کریں۔

غریب

بنی اسرائیل کے درمیان ایسے لوگ بھی تھے جو اپنے جُرم کی معافی کے لئے برّہ لانے کی توفیق نہ رکھتے تھے۔ ایسے لوگوں کو بھی اپنے گناہوں کی معافی کے لئے کچھ نہ کچھ لانے کی ضرورت ہوتی تھی۔ اگر ایسے لوگ برّہ فراہم کرنے سے قاصر ہوتے، تو پھر وہ دو قُمریاں یا دو کبوتر لا سکتے تھے۔ (7:5) یہ پرندے کاہن کے پاس لائے جاتے جو اُن کی گردنیں مروڑ دیتا اور پھر اُنہیں چیر دیتا تھا۔ وہ ایک پرندے کا خون مذبح پر چھڑک دیتا اور باقی بچ جانے والے خون کو مذبح کے پایہ پر انڈیل دیا جاتا تھا۔ دوسرے پرندے کو مذبح پر گناہ کی قربانی کے طور پر خداوند کے حضور پیش کر دیا جاتا۔ یوں، غریب لوگوں کو اُن کے گناہ کی معافی ملتی تھی۔ (10:5)

ایسے لوگ جو اِس قدر غریب ہوتے تھے کہ دو قمریاں یا دو کبوتر بھی نہیں لا سکتے تھے، وہ ایفہ کا دسواں حصہ میدہ لا سکتے تھے۔ (دو لیٹر) احبار 11:5 پر غور کریں۔ اناج کی قربانی کی صورت میں اُس میدے پر تیل نہیں انڈیلا جاتا تھا۔ تیل تو کسی چیز کو مخصوص کرنے کے لئے استعمال کیا جاتا تھا۔ لیکن یہاں پر تو ایسی کوئی صورتحال نہیں تھی۔ یہ میدہ گناہ کی قربانی کے طور پر چڑھایا جاتا تھا۔ نہ کہ کسی چیز کو مخصوص کرنے کے لئے۔ یہ ہدیہ بھی کاہن کے پاس لایا جاتا۔ وہ اُسے لے کر ایک حصہ یادگاری کے طور پر لے لیتا اور بقیہ گناہ کی قربانی کے لئے مذبح پر جلا دیتا تھا۔ باقی حصہ کاہن کا ہوتا تھا۔ (12:5-13)

جرم کی قربانی خدا نے اپنے لوگوں کو نادانستہ گناہوں سے معافی پانے کے لئے ایک وسیلہ کے طور پر فراہم کی۔ خدا نے معاشرے کے ہر ایک شخص کے لئے گناہوں کی معافی کا انتظام کیا۔

سبھی معافی پاسکتے تھے۔ خواہ امیر یا پھر غریب سبھی کے لئے معافی پانے کا ایک طریقہ وضع کیا گیا تھا۔ روز بروز لوگ کسی نہ کسی طور سے ناپاک ہو جاتے، وہ اپنے وعدوں کو وفا کرنے میں ناکام رہتے، وہ ایسی چیزوں کو چھُو لیتے تھے، جنہیں چھُونا رواں نہیں تھا۔ وہ اپنی ذمہ داریاں پوری کرنے میں بھی ناکام ہو جاتے تھے۔ وہ ایسی باتیں کہہ جاتے جو اُنہیں کہنا رواں نہیں ہوتی تھیں۔ وہ ایسی چیزیں بھی دیکھ لیتے تھے جو اُنہیں دیکھنا واجب نہیں ہوتا تھا۔ روز مرّہ کی زندگی میں وہ کئی ایک چیزوں کو دیکھنے، کئی ایک کاموں کو کرنے اور پھر کئی ایک باتوں کے سبب سے ناپاک ہوتے رہتے تھے۔ اُن کی انسانی کمزوریاں اُنہیں خدا کے حضور ناکام بنا دیتی اور وہ اُس کے مقصد اور معیار سے دُور چلے جاتے۔ اُنہیں اپنی ناکامیوں، اور گناہوں سے مسلسل پاک ہونے اور خدا کے حضور سے معافی پانے کی ضرورت تھی۔ خدا نے جُرم کی قربانی میں اس معافی اور بحالی کو رکھا ہوا تھا۔

چند غور طلب باتیں

☆۔ کیا آپ نے اپنے گناہوں کے لئے کبھی بہانے بازی سے کام لیا ہے؟ اپنے اعمال و افعال کو جائز قرار دینے کے لئے آپ کس طرح کے بہانے تراشتے ہیں؟ اُن بہانوں کے تعلق سے یہ باب ہمیں کیا تعلیم دیتا ہے؟

☆۔ یہ کس قدر اہم ہے کہ ہم اپنے اعمال و افعال کی ذمہ داری قبول کر لیں؟

☆۔ احبار 4 اور 5 باب کئی طرح کی قربانیوں کا ذکر کرتا ہے جو کہ کسی شخص کی معاشرے میں حیثیت کے مطابق گزرانی جاتی تھیں۔ ایک عام شخص کی بہ نسبت کاہن کو یہ بڑی قربانی گزراننا ہوتی تھی۔ اس سے ہمیں اِس ذمہ داری کے تعلق سے کیا سیکھنے کو ملتا ہے جو خدا نے روحانی

قائدین پر رکھی ہوئی ہے؟

☆۔جب کوئی شخص جرم کی قربانی خدا کے حضور لاتا تھا تو اس سے توقع کی جاتی تھی کہ وہ اپنے جُرم کا باقاعدہ اعتراف واقرار کرے۔ہمارے لئے یہ کس قدر اہم ہے کہ ہم اپنے گناہوں کا نام لے کر خداوند کے سامنے اقرار کریں؟ کیا آپ سے کبھی یہ گناہ ہوا کہ آپ نے عملی طور پر اپنے گناہوں کا خدا کے حضور اقرار تو کیا لیکن نام لے کر خاص طور پر اُن گناہوں کا اقرار واعتراف نہ کیا جو آپ سے سرزد ہوئے تھے؟

☆۔خدا کے کلام کا یہ حصہ خدا کی طرف سے روزمرہ کی بنیاد پر گناہوں کی معافی اور اُن سے پاک ہونے کی اہمیت کے بارے میں کیا تعلیم دیتا ہے؟

چند اہم دُعائیہ نکات

☆۔خداوند سے ایسے وقتوں کے لئے معافی مانگیں جب آپ نے اپنے گناہ کے لئے بہانے تراشے اور اُس کے لئے ذمہ داری لینے سے انکار کیا۔

☆۔خداوند کی شکرگزاری کریں کہ اُس نے خداوند یسوع مسیح کے وسیلہ سے ہمارے گناہوں کی معافی کا انتظام وانصرام کر دیا ہے۔

☆۔خداوند سے دُعا کریں کہ وہ کوئی ایسے گناہوں کو آپ پر آشکارہ کرے جو آپ سے نادانستہ طور پر سرزد ہوا ہے۔

ایسے گناہوں کا اقرار واعتراف کرنے کے لئے خداوند کے حضور جُھکیں اور اُس سے معافی مانگیں۔

باب 5

جُرم کی قربانی

احبار 5:14-6:7 پڑھیں

احبار کی کتاب کے اِس حصہ میں جس آخری قربانی کا ذکر کیا گیا ہے وہ ہے جُرم کی قربانی۔ احبار 15:5 پر غور کریں کہ جُرم کی قربانی خدا کی مقدس چیزوں کے خلاف گناہ کرنے کی وجہ سے گزرانی جاتی تھی۔ بالفاظ دیگر، جُرم کی قربانی ایسے گناہوں کے مرتکب ہونے کی صورت میں گزرانی جاتی تھی جو خدا کے لئے مخصوص چیزوں کے خلاف کئے جاتے تھے۔ اِس میں خیمہ اجتماع کی چیزیں یا وہ قربانیاں تھیں جو خداوند کے حضور لائی جاتی تھیں۔ احبار 6 باب ہمیں بتاتا ہے کہ جُرم کی قربانی سے ایسے شخص کو بھی معافی ملتی تھی جو اپنے ہمسایہ کی جائیداد و املاک کے تعلق سے غیر ذمہ دارانہ روّیہ اپناتا تھا۔ جُرم کرنے والا اِس قربانی کی قیمت ادا کرتا تھا، یہ قربانی خداوند یا کسی دوسرے شخص کی ملکیت چیز کے خلاف گناہ کرنے کی وجہ سے گزرانی جاتی تھی۔

پاک چیزوں میں تقصیر

جب کوئی شخص نادانستہ طور پر کسی ایسی چیز کو نقصان پہنچاتا یا آلودہ کر دیتا جو خدا کے لئے مخصوص کی گئی ہوتی تھی تو پھر اُسے اپنے گلہ میں سے ایک مینڈھا قربانی کے لئے لانا ہوتا تھا۔ غور کریں کہ یہ ایک " ہرجانہ " کے طور پر لایا جاتا تھا۔ (15 آیت) کاہن ہی اُس نقصان کا تخمینہ لگاتا تھا۔ اور گنہگار شخص ایک مینڈھا اور تخمینہ لگائی گئی رقم جو نقصان کی تلافی کے طور پر ہوتی تھی لے کر آتا تھا۔ اُسے مقررہ قیمت کے ساتھ پانچواں حصہ بھی ملانا ہوتا تھا۔ وہ یہ سب کچھ ہرجانے کے طور پر

کاہن کے پاس لاتا تھا۔ مینڈھے کو قربان کر دیا جاتا اور پھر فردِ واحد کے گناہ کی تلافی اور معافی ہو جاتی تھی۔

نادانستہ گناہ

17 آیت بہت ہی توجہ طلب ہے، خداوند نے موسیٰ سے کہا کہ اگر کوئی شخص کوئی ایسا کام کرے جو ممنوع قرار دیا گیا ہو، " خواہ اُسے معلوم بھی نہ ہو۔ " وہ اُس کام کو کرنے کا سزاوار ہو گا اور اُسے اس کی ذمہ داری قبول کرنا ہو گی۔ ایوب کی کتاب میں ایک دلچسپ کہانی موجود ہے، ایوب ایک راست باز شخص تھا۔ جس کے بیٹے ہمیشہ ہی خداوند کے ساتھ نہیں چلتے تھے۔ ایوب کے بچے باری باری اپنے بھائیوں کی دعوت کرتے تھے اور اپنی بہنوں کو بھی اُن دعوتوں میں مدعو کرتے تھے۔ ایوب کو ڈر ہوتا تھا کہ کہیں اُن دعوتوں کے دوران اُس کے بچوں نے خداوند کے خلاف کوئی گناہ نہ کر لیا ہو۔ پس وہ اُن کی طرف سے خدا کے حضور قربانی گزرانتا تھا۔ ایوب 1:4-5

ایوب کو یہاں پر کسی مخصوص گناہ کے بارے میں علم نہیں ہوتا تھا۔

"اُس کے بیٹے ایک دوسرے کے گھر جایا کرتے تھے اور ہر ایک اپنے دن پر ضیافت کرتا تھا اور اپنے ساتھ کھانے پینے کو اپنی تینوں بہنوں کو بلوا بھیجتے تھے۔ اور جب اُن کی ضیافت کے دن پورے ہو جاتے، تو ایوب اُنہیں بلوا کر پاک کرتا اور صبح کو سویرے اُٹھ کر اُن سبھوں کے شمار کے موافق، سوختنی قربانیاں چڑھاتا تھا، کیونکہ ایوب کہتا تھا کہ شاید میرے بیٹوں نے کچھ خطا کی ہو اور اپنے دل میں خدا کی تکفیر کی ہو۔ " یہ تھا ایوب کا کہنا، اگرچہ اُسے کسی خاص گناہ کا علم نہیں ہوتا تھا۔ پھر بھی وہ خدا کے حضور اُن کے لئے قربانی گزرانتا تھا۔

خداوند یسوع مسیح کی خدمت کے تعلق سے ایک زبردست اور پُر قدرت حقیقت یہ ہے کہ اُس کی قربانی ہمارے تمام گناہوں، بشمول، ماضی، حال اور مستقبل، نادانستہ اور دانستہ گناہوں کو

ڈھانپتی ہے۔ ہم عبرانیوں 27:7 میں پڑھتے ہیں۔ کہ یسوع ہمارا سردار کاہن ہے۔
جب کوئی شخص اپنے کسی نادانستہ گناہ کے لئے جُرم کی قربانی لے کر آتا تھا تو اُسے اپنے گلہ سے مینڈھا لانا ہوتا تھا۔ اُس مینڈھے کا بے عیب ہونے کے ساتھ ساتھ قیمتی ہونا بھی ضروری ہوتا تھا۔ کاہن اس مینڈھے کو فردِ واحد کی خطا کے لئے خداوند کے حضور قربانی کے طور پر گزرانتا تھا۔

ہمسائے کی جائیدادو املاک کو نقصان پہنچانا یا اُس کا گم ہو جانا

احبار 6:1-7 ہمارے سامنے ایک ایسے فردِ واحد کی مثال ہے جو اپنے ہمسایہ کی کسی ایسی چیز کے تعلق سے وفادار اور دیانتدار نہ رہا اور اُسے دھوکہ دیا جو اُس کے سپرد کی گئی تھی۔ ہو سکتا ہے کہ اُس نے کسی نہ کسی طرح سے اپنے ہمسایہ کو دھوکہ دیا ہو۔ (2 آیت) ہم 3 آیت میں ایک ایسے شخص کی مثال دیکھتے ہیں جسے اپنے ہمسایہ کی کھوئی ہوئی چیز مل گئی اور اُس نے اُس کے تعلق سے جھوٹ بولا۔ ہو سکتا ہے کہ اُسے اپنے ہمسایہ کی کوئی کھوئی چیز مل گئی ہو اور اُس نے اُسے اپنے پاس ہی رکھ لیا ہو اور اُس چوری کو چھپانے کے لئے اُس نے جھوٹ بول دیا ہو۔
ایسے ہی کسی بھی معاملہ میں فردِ واحد خدا کے حضور مُجرم ٹھہرتا تھا۔ شریعت اِس بات کا تقاضا کرتی ہے کہ وہ چرائی گئی چیز، گم شدہ چیز جو مل گئی ہو، یا پھر دھوکے سے لی گئی چیز واپس کی جائے۔ مُجرم کو وہ چیز واپس ہی نہ کرنا تھی بلکہ اُس کی قیمت کا پانچواں حصہ بھی اس کے ساتھ شامل کرنا ہوتا تھا۔ اسے اپنے جُرم کی قربانی کے لئے ایک مینڈھا بھی کاہن کے پاس لانا ہوتا تھا۔ اُس مینڈھے کو جُرم کی قربانی کے طور پر خداوند کے حضور پیش کیا جاتا تھا تاکہ اُس شخص کو معافی مل سکے۔ غور کریں کہ اِس جُرم کی قربانی کے دو پہلو تھے۔ ایک پہلو تو خداوند کے حضور سے معافی مل جانے کے تعلق سے تھا۔ ایک مینڈھا لایا جاتا اور اُسے جُرم کو ڈھانپنے کے لئے قربانی کے

طور پر خداوند کے حضور پیش کیا جاتا۔ دوسرا پہلو ذمہ داری قبول کرنے اور اصل مالک کو اُس کی چیز واپس کرنے یا ہرجانہ بھرنے کے تعلق سے ہے۔ اُس سے ناراض شخص کے ساتھ تعلقات بحال ہوجاتے تھے اور مُجرم کے خدا کے ساتھ بھی تعلقات بحال اور اچھے ہوجاتے تھے۔

مقدس لوقا کی معرفت لکھی گئی کتاب میں، ہمارے پاس ایک بیان ہے جس میں خداوند یسوع مسیح زکائی نام کے ایک محصول لینے والے شخص سے ملتے ہیں۔ محصول لینے والے کی حیثیت سے زکائی ایک ایسے شخص کی واضح مثال ہے جسے خداوند کے حضور جُرم کی قربانی لے کر آنے کی ضرورت تھی۔ اُس نے بہت سے لوگوں سے دھوکہ دہی کے ساتھ روپیہ پیسہ ہتھالیا تھا۔ جب خداوند یسوع مسیح کے ساتھ اُس کی ملاقات ہوئی تو اُسے اپنے گناہ کا احساس ہوا۔ اُسے احساس ہوگیا کہ وہ غلط ہے اور اُسے اپنے جُرم کی معافی کے لئے کچھ کرنے کی ضرورت ہے۔ مقدس لوقا کی معرفت لکھی گئی انجیل 8:19 کے مطابق اپنے جُرم کی قائلیت کے تعلق سے اُس کے ردِ عمل کو دیکھیں۔

"اور زکائی نے کھڑے ہو کر خداوند سے کہا، اَے خداوند دیکھ میں اپنا آدھا مال غریبوں کو دیتا ہوں اور اگر کسی کا کچھ ناحق لے لیا ہے۔ تو اُس کو چوگنا ادا کرتا ہوں۔"

زکائی نے اپنے گناہ کی ذمہ داری قبول کرنے کا عملی مظاہرہ لوٹی گئی رقم واپس کرنے کے ارادے اور اعلان سے کیا۔ اعتراف واقرار کی دُعا ہی کافی نہیں ہے۔ جُرم کی قربانی کے تعلق سے شریعت اِس بات کا بھی تقاضا کرتی تھی کہ ایماندار نے اگر کسی کا کوئی نقصان کیا ہے تو اُس کا ہرجانہ بھر دے یا پھر اگر کسی سے کچھ لیا ہے تو واپس کرے۔ دو تعلقات اور مراسم کی بحالی درکار ہوتی تھی۔ اوّل۔ ایماندار کا اعتراف کرکے خدا کے ساتھ اپنا تعلق بحال کرنا بھی ضروری ہوتا ہے تاکہ اُسے معافی مل سکے۔ دوئم۔ ایک ایماندار کا اپنے بھائی یا بہن کے ساتھ بھی اپنے تعلقات معمول پر لانا ضروری ہے۔ درحقیقت، اُس وقت تک ہمارے تعلقات خدا کے ساتھ دُرست ہو نہیں سکتے جب

تک ہمارے بھائیوں اور بہنوں کے ساتھ ہمارے تعلقات بحال نہ ہو جائیں۔

چند غور طلب باتیں

☆۔اپنے اعمال و افعال کی ذمہ داری لینے کے تعلق سے یہ حوالہ ہمیں کیا تعلیم دیتا ہے؟

☆۔کیا خدا کے حضور اپنے گناہ کا اعتراف کرنا ہی کافی ہوتا ہے؟ اپنے بھائیوں اور بہنوں کے ساتھ اپنے تعلقات کی بحالی کے تعلق سے یہ حوالہ ہمیں کیا تعلیم دیتا ہے؟

☆۔کسی نقصان کا ہرجانہ بھر دینا کس طرح ہمارے بھائیوں بہنوں کے ساتھ شکستہ اور ناراض تعلقات کی بحالی میں مدد کرتا ہے؟

☆۔کیا کچھ ایسے لوگ ہیں جن کے ساتھ تعلقات بحال کرنے کی ضرورت ہے؟ وہ کون سے لوگ ہیں؟ اُن کے ساتھ کشیدگی ختم کر کے دُرست تعلقات بحال کرنے کے لئے آپ کو کیا کرنے کی ضرورت ہے؟

چند اہم دُعائیہ نکات

☆۔خداوند سے دُعا کریں کہ اپنے اعمال و افعال کی ذمہ داری لینے میں آپ کی مدد کرے۔ خداوند سے ایسے وقتوں کے لئے بھی معافی مانگیں جب آپ نے اپنے کسی بھائی کے مال و جائیداد کو کوئی نقصان پہنچایا اور ذمہ داری لینے سے کنی کتراتے رہے۔

☆۔خداوند سے دُعا کریں کہ وہ کسی ایسے بھائی یا بہن کو آپ پر ظاہر کرے جس کے ساتھ آپ کو تعلقات بحال کرنے کی ضرورت ہے۔ خداوند سے یہ بھی دریافت کریں کہ آپ کو تعلقات کی بحالی کے لئے کیا کرنے کی ضرورت ہے؟

باب 6

نذرانوں کے تعلق سے قوانین (حصہ اوّل)

احبار 6:8-30 پڑھیں

اَب تک ہم نے مختلف اقسام کے نذرانوں اور قربانیوں کے تعلق سے دیکھا ہے جو خداوند کے حضور لائی جاسکتی تھیں۔ کتاب کے اِس اگلے حصہ میں ہم اِن مختلف اقسام کے نذرانوں کے تعلق سے خدا کے تقاضوں کو تفصیل سے دیکھیں گے۔

سوختنی قربانی (احبار 6:8-13)

ہم نے سب سے پہلے سوختنی قربانی پر بات کی تھی۔ سوختنی قربانی کو مکمل طور پر آگ میں جلایا جاتا تھا۔ خدا نے موسیٰ کو ہدایت کی تھی (9 آیت) کہ یہ سوختنی قربانی رات بھر مذبح پر رہے جب کہ آگ بھی مسلسل جلتی رہے۔ یہ اِس لئے تھا تاکہ اِس بات کو یقینی بنایا جائے کہ قربانی مکمل طور پر جل جائے اور کچھ بھی باقی نہ بچے۔ صبح کے وقت، کاہن نے اپنا کتان کا لباس اور زیرِ جامہ پہن کر راکھ کو مذبح پر سے ہٹانا ہوتا تھا۔ اِس طرح کی راکھ کو مذبح کے پیچھے ایک ڈھیر کی صورت میں رکھا جاتا تھا۔ جب ساری راکھ ہٹادی جاتی تھی تو پھر کاہن اپنا کہانت کا لباس اُتار کر دوسرا لباس زیب تن کر لیتا تھا اور پھر وہ راکھ کو خیمہ کے باہر کسی پاک جگہ پر لے جاتا تھا۔ اِس راکھ کو کسی ناپاک جگہ پر نہیں رکھا جاتا تھا کیونکہ یہ خداوند کے حضور پیش کی گئی قربانی کا بقیہ حصہ ہوتا تھا۔

12-13 آیات پر غور کریں کہ مذبح پر آگ جلتی بلکہ مسلسل جلتی رہتی تھی اور کبھی بھی بجھنے نہ

پاتی تھی۔ دراصل یہ گناہ کی قربانی کی مسلسل ضرورت کی علامت تھی۔ خداوند یسوع مسیح کی قربانی سے قطعی مختلف، خدا کے لوگوں کی خطاؤں اور گناہوں کو ڈھانپنے کے لئے مسلسل قربانیاں گزرانی جاتی تھیں۔

اناج کا نذرانہ (احبار 6:14-23)

جب اناج کا ہدیہ خداوند کے حضور لایا جاتا تھا، کاہن اُس میں سے مٹھی بھر میدہ، تیل اور لبان لے کر اُسے خداوند کے حضور قربانی کے طور پر جلا دیتا تھا۔ اِس ہدیہ کا باقی حصہ خداوند کی طرف سے کاہن کا ہوتا تھا۔ اگرچہ اناج کا بقیہ ہدیہ کاہنوں کا ہوتا تھا، تاہم اُس کے استعمال کے تعلق سے خدا نے کئی ایک بندشیں لگائی ہوئی تھیں۔

اوّل۔ اناج کا یہ ہدیہ بغیر خمیر کھایا جاتا تھا۔ بنی اسرائیل اپنی روٹی میں خمیر استعمال کرتے تھے۔ لیکن میدے کا یہ ہدیہ، تیل اور بخور خداوند اور اُس کے کاہن کو دیا جاتا تھا۔ اس میں خمیر شامل نہیں کیا جانا تھا۔ خمیر تو گناہ کی علامت ہوتا تھا۔ (1 کرنتھیوں 8:5) اِس ہدیہ کو بالکل پاک اور خالص رہنا تھا۔ اسے کسی بھی ملاوٹ سے پاک اور صاف ہونا تھا۔ (17 آیت)

اناج کے ہدیہ کا وہ حصہ جو کاہن کو دیا جاتا تھا، اس کے تعلق سے خداوند کی طرف سے یہ تقاضا بھی تھا کہ اُسے خیمہ اجتماع کے صحن میں پاک جگہ پر کھایا جائے۔ (16 آیت) اناج کے اس ہدیہ کو خیمہ اجتماع کے باہر لے جانے کی اجازت نہیں تھی۔ یہ خداوند کے حضور پاک ہدیہ ہوتا تھا۔ اُس کی قدر و اہمیت کو برقرار رکھنے کے لئے کوئی بھی طریقہ اختیار نہیں کیا جاتا تھا۔ اُسے عام روٹی نہیں سمجھا جاتا تھا۔

سوئم۔ ہارون کے گھرانے کے صرف مرد ہی اناج کے اُس ہدیہ کو کھا سکتے تھے۔ اِس کا معنی یہ ہوا کہ اُن کی بیویاں اُس روٹی میں سے نہیں کھا سکتی تھیں۔ یہ ہدیہ صرف اور صرف کاہنوں کے لئے

ہی مخصوص تھا۔

چہارم۔ 18 آیت ہمیں بتاتی ہے کہ اس روٹی کو چھُونے والا پاک ہو جاتا تھا۔ خداوند یسوع مسیح نے جو کچھ ہمارے لئے سر انجام دیا ہے یہ اُس کی خوبصورت تصویر ہے۔ ہم یوحنا 33:6 میں پڑھتے ہیں۔

"کیونکہ خدا کی روٹی وہ ہے جو آسمان سے اُتر کر دُنیا کو زندگی بخشتی ہے۔"

خداوند یسوع مسیح زندگی کی روٹی ہے۔ وہ اُن سب کو زندگی بخشتا ہے جو اُس کے پاس آتے ہیں۔ اُس کے پاس آنے والے پاک اور صاف ہو جاتے ہیں۔ اُن کے گناہ معاف ہو جاتے ہیں، وہ روٹی جسے کاہن کھاتے تھے، خداوند یسوع مسیح کے پاک اور معاف کرنے والے کام کی علامت تھی۔ اناج کے نذرانہ کے تعلق سے جسے کاہن کی مخصوصیت کے وقت گزرانا جاتا تھا خداوند کا ایک آخری تقاضا تھا۔ کاہن کو اپنا اناج کا نذرانہ مذبح پر لانا ہوتا تھا۔ اُسے ایفہ کا دسواں حصہ میدہ لانا ہوتا تھا(دولیٹر) اُس آٹے کو توے پر تیل کے ساتھ پکایا جاتا تھا۔ آدھا صبح کے وقت اور آدھا شام کے وقت۔ اِس کے نتیجہ میں جو روٹی پکتی تھی اُس کے ٹکڑے کر لیے جاتے تھے۔ اُسے خدا کے حضور لا کر مذبح پر جلا دیا جاتا تھا۔ اناج کے ہدیہ کی صورت میں جو خداوند کے حضور کاہن کی مخصوصیت کے وقت لایا جاتا تھا، اُسے کھایا نہیں جاتا تھا۔ بلکہ سارے کا سارا اناج خداوند کے حضور جلا دیا جاتا تھا۔ اناج کا ہدیہ پاک ہوتا تھا۔ اُس کے ساتھ بڑی عقیدت سے پیش آیا جاتا تھا۔ خدا نے صرف اپنے کاہنوں کو اجازت اور یہ شرف بخشا تھا کہ وہ اُس روٹی میں سے کھائیں۔ اُسے بھی مخصوص اور خاص جگہ پر کھایا جاتا تھا اور قطعی طور پر اُسے عام روٹی کے طور پر نہیں لیا جاتا تھا۔

خطا کی قربانی (احبار 6:24-29)

گناہ کی قربانی اُن لوگوں کے لئے گزرانی جاتی تھی جو نادانستہ طور پر خدا کے حکموں کی نافرمانی کر گزرتے تھے۔ ایسی قربانی کو صحن میں ذبح کیا جاتا تھا۔ یاد رہے کہ اُس قربانی کے کچھ حصے قربان گاہ پر جلائے جاتے تھے۔ قربانی کا باقی حصہ کاہن کا ہوتا تھا۔ 26 آیت پر غور کریں کہ کاہن کو قربانی کے وہ حصے کھانے ہوتے تھے جنہیں قربان نہیں کیا جاتا تھا۔

گناہ کی قربانی خیمہ کے صحن میں کھائی جاتی تھی۔ اُسے باہر نہیں لے جایا جاتا تھا۔ ایک بار پھر یاد رہے کہ یہ قربانی خداوند کے لئے مخصوص ہوتی تھی۔

اناج کے ہدیہ کی طرح، گناہ کی قربانی کے گوشت کو چھُونے والے لوگ پاک ٹھہرتے تھے۔ جو کچھ خداوند یسوع مسیح نے ہمارے لئے سرانجام دیا ہے، یہ اُس کی خوبصورت تصویر ہے۔ اُس کی موت اُن سب کو پاک ٹھہراتی ہے جو اُس کے پاس آتے ہیں۔

27 آیت پر غور کریں۔ اُس قربان کئے گئے جانور کا خون بھی پاک ہوتا تھا۔ جب قربانی کرتے وقت لباس پر خُون کی چھینٹیں پڑ جاتیں، تو پھر اُس لباس کو بھی پاک جگہ پر دھویا جاتا تھا۔ ایسا بالکل نہیں تھا کہ کاہن وہ لباس گھر لے جا کر دھوئے۔ لباس پر خُون کا ایک قطرہ بھی گر جاتا تو اُسے بڑی احتیاط سے پاک جگہ پر دھویا جاتا کیونکہ وہ خُون بھی خداوند کے حضور پاک ٹھہرتا تھا۔

اگر گوشت جُرم کی قربانی کے طور پر گزرانا اور اُسے مٹی کے برتن میں پکایا جاتا تھا تو پھر اُس برتن کو دوبارہ کبھی استعمال میں نہیں لایا جاتا تھا۔ استعمال کے بعد اُسے توڑ دیا جاتا تھا۔ اگر جانور کا گوشت پیتل کے برتن میں پکایا جاتا تھا تو پھر اُس برتن کو پانی میں اچھے طریقہ سے مانجھ کر صاف کیا جاتا تھا۔

کاہن کے گھرانے کے مرد ہی اُس قربانی کے گوشت کو کھا سکتے تھے۔ (29 آیت) یہ قربانی

خداوند کے حضور پاک ہوتی تھی اور صرف جو اِس خدمت کے لئے مخصوص اور پاک کئے گئے ہوتے تھے اُس کا گوشت کھا سکتے تھے۔

30 آیت پر غور کریں کہ ایک قربانی جسے پاک مقام پر لوگوں کے کفارہ کے لئے لایا جاتا تھا اِس قدر پاک سمجھی جاتی تھی کہ اُسے کاہن بھی کھا نہیں سکتے تھے۔ ایسی قربانیوں کو مکمل طور پر جلایا جاتا تھا۔ اِن آئین و احکام سے ہم یہ سیکھتے ہیں کہ خدا کا یہ تقاضا ہے کہ وہ چیزیں جو اُس کے نام کی ستائش اور پرستش کے لئے استعمال کی جاتی ہیں اُس کے لئے مخصوص کر دی جائیں۔ جو چیزیں خداوند کے لئے پاک ٹھہرائی جاتی تھیں اُنہیں کسی طور پر بھی عام سمجھا اور نہ ہی اُنہیں کسی طور پر آلودہ کیا جاتا تھا۔

چند غور طلب باتیں

☆۔ اس حوالہ میں ہم خداوند کے لئے مخصوص چیزوں کے ساتھ مخصوص روّیہ اپنانے کے تعلق سے کیا سیکھتے ہیں؟ کیا اِس اصول کا اطلاق آج بھی ہوتا ہے؟

☆۔ مذبح پر آگ ہر وقت جلتی رہنا ہوتی تھی۔ یہ اصول اور طریقِ کار خدا کے لوگوں کے گناہوں کی مسلسل قربانی کی ضرورت کے تعلق سے کیا بیان کرتا ہے؟ یہ سب کچھ اُس وقت کیسے بدل گیا جب خداوند یسوع مسیح نے ہمارے گناہوں کے لئے اپنی ہی جان قربان کر دی؟

☆۔ اناج کے ہدیہ یا جُرم کی قربانی کو چُھونے والے شرعی طور پر پاک ہو جاتے تھے۔ اس سے ہم خداوند یسوع مسیح کے اُس کام کے تعلق سے کیا سیکھتے ہیں جو اُس نے ہمارے لئے گناہ کی قربانی دینے سے کیا ہے؟

☆۔ جُرم کی قربانی اور اناج کا ہدیہ جو کاہن کے پاس لایا جاتا تھا اسے صرف وہی کھا سکتے تھے

جنہیں خدا نے اپنے لئے کاہن ہونے کے لئے مخصوص کیا ہوتا تھا۔ ہمارے دَور میں خداوند کی عشا میں حصہ لینے والوں کے لئے کون سے تقاضے ہیں؟

☆۔ آج کے دَور میں خداوند کے لئے مقدس چیزوں کو حقیر جاننے یا اُن کے لئے عقیدت ظاہر نہ کرنے کے لئے ہم سے کون سے کام سرزد ہو سکتے ہیں؟

چند اہم دُعائیہ نکات

☆۔ خداوند سے توفیق چاہیں کہ آپ اُس کی اور اُن چیزوں کی زیادہ سے زیادہ عزت اور تکریم کر سکیں جو اُس کے لئے مخصوص کی گئی ہیں۔

☆۔ چند لمحات کے لئے غور کریں کہ خداوند یسوع مسیح کی قربانی کس طرح اُن سب کو خدا کے حضور پاک ٹھہراتی ہے جو اُس کے پاس آکر اُس کے صلیب پر کئے گئے کام کو قبول کر لیتے ہیں۔ خداوند کی شکر گزاری کریں کہ یسوع مسیح کے خون سے مکمل معافی کا انتظام ہو گیا ہے۔ خداوند کی شکر گزاری کریں کہ آپ اُس کے صلیبی کام کے وسیلہ سے پاک ٹھہرائے گئے ہیں۔

☆۔ خداوند سے دُعا کریں اور توفیق چاہیں کہ آپ اُس کے خادم ہوتے ہوئے پاک اور اُس کے حضور راست زندگی بسر کر سکیں۔ خداوند سے ایسے وقتوں کے لئے معافی مانگیں جب آپ نے اُس کی اور اُس کے لئے مقدس کی گئی چیزوں کا اپنے طرزِ زندگی اور اعمال و افعال سے احترام نہ کیا۔

باب 7

نذرانوں کے تعلق سے قوانین (حصہ دوئم)

احبار 7:1-38 پڑھیں

6 باب میں ہم نے سوختنی قربانی، اناج کے نذرانوں اور گناہ کی قربانی کے تعلق سے آئین واحکام کا جائزہ لیا۔ 7 باب میں یہ سلسلہ آگے بڑھتا ہے اور دیگر اقسام کی قربانیوں کو بیان کرتا ہے جو اسرائیلی خداوند کے حضور گزران سکتے تھے۔

جُرم کی قربانی (احبار 7:1-10)

7 باب میں خدا نے مُوسیٰ سے جس قربانی کا ذکر کیا وہ جُرم کی قربانی ہے۔ خداوند نے حکم دیا کہ یہ قربانی خیمہ اجتماع کے صحن میں ذبح کی جائے۔ ذبح شدہ جانور کا خون مذبح کے اطراف میں چھڑکا جانا تھا۔

جانور کی چربی گُردوں سمیت اور جگر پر کے حصے سبھی الگ کر کے اُنہیں مذبح پر خداوند کے حضور قربانی کے طور پر پیش کیا جاتا تھا۔(3-4) صرف کاہن ہی اُسے جُرم کی قربانی کے طور پر مذبح پر جلا سکتا تھا۔(5 آیت) اِس سے ہم یہ دیکھتے ہیں کہ خداوند کے لئے قربانیاں جلانے کا انتظام و انصرام باقاعدہ منظم طریقہ سے ہوتا تھا۔ صرف وہی لوگ جنہیں بطور کاہن مسح اور مخصوص کیا جاتا تھا یہ شرف حاصل کر پاتے تھے۔ یہ سب کچھ اس بات کو کنٹرول کرنے کے لئے تھا تاکہ ایک منظم طریقہ سے قربانیاں خداوند کے حضور چڑھائی جائیں اور جیسا خداوند نے حکم دیا ہے اُسی کے مطابق سب کچھ عمل میں آئے۔

جُرم کی قربانی کا بقیہ حصہ اُس کاہن کا ہوتا تھا جو قربانی گزرانتا تھا۔ کاہن کے گھرانے کے مرد

حضرات اِس قربانی کو کھا سکتے تھے۔ اُسے پاک جگہ پر کھایا جا سکتا تھا۔ (6 آیت) اگر جُرم کی قربانی جانور کی بجائے اناج کے نذرانے کی صورت میں آتی، تو ایک حصہ خداوند کے لئے پیش کیا جاتا، اور باقی حصہ اُس کاہن کا ہوتا تھا جو خداوند کے حضور یہ قربانی پیش کرتا تھا۔

یہاں پر ہم دیکھتے ہیں کہ خداوند نے ان قربانیوں کے وسیلہ سے کاہن کے لئے مہیا کیا۔ وہ خداوند کے حضور قربانیاں گزران کر اور خدا کے لوگوں کی روحانی ضروریات کا خیال رکھتے ہوئے اپنی روز کی روٹی حاصل کرتے تھے۔ 1 کرنتھیوں 9:13-14 میں مقدس پولس رسول بیان کرتے ہیں۔

" کیا تم نہیں جانتے کہ جو مقدس چیزوں کی خدمت کرتے ہیں، وہ ہیکل سے کھاتے ہیں۔ اور جو قربان گاہ کے خدمت گزار ہیں، وہ قربان گاہ کے ساتھ حصہ پاتے ہیں۔ اِسی طرح خداوند نے بھی مقرر کیا ہے کہ خوشخبری کے سُنانے والے خوشخبری کے وسیلہ سے گزارا کریں۔"

یہ لکھ کر مقدس پولس رسول نے خط پڑھنے والوں کو اِس بات کے لئے اُبھارا کہ وہ اپنے روحانی قائین کی ضروریات کو پورا کریں تاکہ اُن کے پاس کھانے کے لئے روٹی اور دیگر ضروریات زندگی موجود ہوں۔ غور کریں پولس رسول نے اپنے قارئین کو بتایا کہ وہ لوگ جو کلیسیائی انتظام وانصرام چلاتے ہیں " دو چند عزت کے لائق ہیں" خدا کے لوگوں پر واجب تھا کہ وہ خدا کی بادشاہی کے لئے جانفشانی سے کام کرنے والوں کو عزت دیں۔ وہ لوگ جو وفاداری اور جانفشانی سے کام کرتے تھے لازم تھا کہ خاص طور پر اُن کی عزت کی جاتی۔ خدا نے اپنے لوگوں کو یہ عزت دی کہ وہ اپنے روحانی قائدین کی فکر کریں اور اُن کی ہر ایک ضرورت کا خیال رکھیں تاکہ وہ اپنے بلاوے کے مطابق خدمت کا سلسلہ جاری رکھیں۔

سلامتی کے ذبیحے (احبار 7:11-12)

سلامتی کی قربانی گزراننے کی کئی ایک وجوہات ہوتی تھیں۔ اوّل۔ یہ خداوند کے حضور اظہارِ تشکر کے طور پر گزرانی جاتی تھی۔ اس صورت میں، فردِ واحد بے خمیری چپڑی ہوئی چپاتیاں بنا کر لاتا تھا (12 آیت) ایک حصہ خداوند کے حضور پیش کیا جاتا جبکہ بقیہ حصہ کاہن کو اُس کی خدمت کے اعتراف میں دے دیا جاتا تھا۔ (14 آیت) اگر سلامتی کی قربانی کوئی جانور ہوتا، تو پھر بھی وہ ایک مخصوص حصہ خداوند کے حضور قربان کر دیتا اور بقیہ حصہ اپنے لئے رکھ لیتا تھا۔ تاہم خداوند کی طرف سے یہ تقاضا تھا کہ اُس جانور کو اُسی روز کھالیا جائے۔ صبح تک اِس گوشت کا کوئی بھی حصہ باقی نہیں رکھا جاتا تھا۔ (15 آیت)

سلامتی کی قربانی کسی منت کی صورت میں بھی دی جاتی تھی۔ اس صورت میں، اگر ایک ہی دن میں کھانے کے لئے گوشت ضرورت سے زیادہ ہوتا، تو اُسے دوسرے دن بھی کھایا جا سکتا تھا۔ تیسرے روز اگر کچھ بچ جاتا تو اُسے جلا دیا جاتا تھا۔ اگر تیسرے روز اُس گوشت کا کچھ حصہ کھایا جاتا، تو ایسی صورت میں قربانی قبول نہیں ہوتی تھی۔ خداوند اس قربانی کو اُس شخص سے منسوب نہیں کرتا تھا جو اُس قربانی کو خداوند کے حضور لے کر آتا تھا۔ اِس صورت میں کاہن بھی جو اِس گوشت میں سے کھاتا تھا، خداوند کے حضور مُجرم ٹھہرتا تھا۔ (17-18)

یہ بات دلچسپی کی حامل ہے کہ کاہنوں کے اعمال و افعال قربانی گزراننے والے شخص کے لئے کسی بھی فائدہ یا اَجر کو منسوخ کر دیتے تھے۔ ہو سکتا ہے کہ قربانی لانے والا دُرست روّیہ اور محرکات کے ساتھ حضور قربانی لایا ہو، لیکن قربانی کی قبولیت کے لئے بس یہی کافی نہیں تھا۔ خدا کی طرف سے یہ تقاضا تھا کہ کاہن بھی مقررہ قواعد و ضوابط پر سختی سے عمل پیرا ہو۔ بعض لوگ یہ کہتے ہیں کہ بس نیت ٹھیک ہونی چاہئے، باقی سب ٹھیک ہے۔ یہ حوالہ ہم پر ظاہر کرتا ہے کہ خدا نیت سے

بڑھ کر کسی چیز کی توقع کرتا ہے۔ مقدس پولس رسول نے رومیوں کی کلیسیا کو خط لکھتے وقت اپنے اسرائیلی ساتھیوں کے تعلق سے کہا۔

"اَے بھائیو! میرے دل کی آرزُو اور اُن کے لئے خدا سے میری دُعا یہ ہے کہ وہ نجات پائیں۔ کیونکہ میں اُن کا گواہ ہوں کہ وہ خدا کے لئے غیرت تو رکھتے ہیں، مگر سمجھ کے ساتھ نہیں۔ "(رومیوں10:1-2)

غور کریں کہ پولس رسول اسرائیلوں کو خدا کے لئے جوش اور غیرت رکھنے والے لوگوں کے طور پر بیان کرتا ہے لیکن اُن کی غیرت علم و معرفت پر مبنی نہیں تھی۔ بالفاظ دیگر، وہ خدا کے لئے بڑا جوش و جذبہ رکھتے تھے لیکن خدا کے لئے اُن کا فہم و عقل غلط معلومات پر مبنی تھا۔ خدا چاہتا ہے کہ ہم اُس کے لئے روحانی جوش سے بھرے رہیں لیکن یہی کافی نہیں ہے۔ ضرور ہے کہ ہم باخبر اور علم رکھنے والے ہوں۔ بالفاظ دیگر کاہن کے لئے لازمی تھا کہ وہ قربانی کی قبولیت کے لئے خداوند کے حکموں کی پیروی کرتا۔ پس لازم ہے کہ ہم خدا کا کام خدا کے طریقہ سے کریں۔ تجربہ، جذبات، جوش اور غیرت ہی کافی نہیں ہے۔ ہمیں اپنی رہنمائی کے لئے اُس کے کلام کو بھی لینا ہے۔ خدا کی پوری برکت لینے کے لئے لازم ہے کہ ہم خدا کا کام اُسی کے بتائے ہوئے طریقہ کار کے تحت ہی کریں۔

19-21 آیات پر غور کریں، کہ وہ گوشت جو سلامتی کی قربانی کے طور پر لایا جاتا تھا اگر کسی ناپاک چیز کو لگ جاتا تو اس صورت میں اُس گوشت کو کھایا نہیں جاتا تھا، اُسے جلا دیا جاتا تھا، لازم تھا کہ تمام قربانیاں اور ہدیہ جات پاک ہوں۔ اگر کاہن یہ ناپاک گوشت کھالیتا تھا، تو اُسے بنی اسرائیل سے خارج کر دیا جاتا تھا۔ اس سے ہمیں خدا کے حکموں کی سنجیدگی کا علم بھی ہوتا ہے۔ قربانیوں اور ہدیہ جات کے تعلق سے خداوند کی شریعت کو ناچیز جاننے والوں کے لئے کئی ایک سزائیں مقرر تھیں۔

چربی اور خُون (7:22-27)

ہر جانور کا خون اور چربی خداوند کی ہوتی تھی۔ چربی کو مذبح پر جلا دیا جاتا تھا۔ 24 آیت پر غور کریں کہ اگرچہ جانور کی چربی دیگر مقاصد کے لئے بھی استعمال ہو سکتی تھی، لیکن اُسے کھایا نہیں جا سکتا تھا۔ اِس اصول کا اطلاق خون پر بھی ہوتا تھا۔ خداوند کے حضور قربانی کے طور پر پیش کیا جانے والا خون مذبح کی اطراف پر چھڑکا جاتا تھا یا اسے مذبح پر انڈیل دیا جاتا تھا۔ کسی بھی جانور یا پرندے کا خون زمین پر بھی انڈیلا جاتا تھا۔ بنی اسرائیل اُسے کسی بھی صورت میں کھا نہیں سکتے تھے۔ 27 آیت اس شریعت کی نافرمانی کرنے والے پر سخت سزا لاگو کرتی ہے۔ ایسے لوگوں کو بنی اسرائیل سے کاٹ ڈالا جاتا اور اُن کے درمیان سے جلاوطن کر دیا جاتا تھا۔

کاہن کا حصہ (7:28-29)

سلامتی کی قربانی کا ایک حصہ خداوند کے حضور لا کر قربان کیا جاتا تھا۔ قربانی لانے والا بھی خیمہ اجتماع میں حاضر ہوتا تھا۔ جانور کو ذبح کر کے اُس کی چربی مذبح پر جلا دی جاتی تھی۔ جانور کے گوشت کا بقیہ حصہ ٹکڑوں میں کاٹا جاتا تھا۔ 30 آیت پر غور کریں کہ جانور کا سینہ ہلانے کی قربانی کے طور پر خداوند کے حضور پیش کیا جاتا تھا۔ اور یہ خداوند کے لئے ہی مخصوص کیا جاتا تھا۔ اور پھر اُسے ہارون کاہن اور اُس کے بیٹوں کو دے دیا جاتا تھا۔ (31 آیت)

دائیں جانب کی ران اس کاہن کو دی جاتی تھی جو سلامتی کی قربانی گزرانتا تھا۔ (32-33) سلامتی کی قربانی کا یہ حصہ خیمہ اجتماع میں کاہن کی خدمت گزاری کا اَجر یا معاوضہ ہوتے تھے۔ جب سے اُنہیں خداوند کی خدمت کے لئے مسح اور مخصوص کیا جاتا تھا، یہی اُن کا ذریعہ معاش ٹھہرتا تھا۔ خدا کے لوگوں کی ضروریات کی فراہمی اُن قربانیوں اور نذرانوں سے ہی پوری ہوتی تھیں جو خداوند کے حضور خیمہ اجتماع میں لائی جاتی تھیں۔ (35-36)

چند غور طلب باتیں

☆۔ خیمہ اجتماع میں خدمت گزاری کرنے والے کاہنوں کو کس طرح ادائیگی کی جاتی تھی؟ اِس سے ہمیں اپنے اُوپر مقرر کئے گئے روحانی قائدین کے تعلق سے اپنی ذمہ داری کے بارے میں کیا تعلیم ملتی ہے؟

☆۔ کاہن تیسرے روز قربانی کا گوشت کھا کر اُس کے اَجر کو منسوخ کر سکتا تھا۔ اس سے ہمیں خدا کا کام خدا کے طریقہ سے کرنے کے بارے میں کیا تعلیم ملتی ہے؟ کیا یہ ممکن ہے کہ ہمارا دل مخلص اور نیت صاف ہو تو بھی خدا کا کام خدا کے طریقہ سے نہ کرنے کے سبب سے ہم خدا کی برکت کو کھو دیں؟

☆۔ یہ حوالہ خدا کے کلام میں موجود خدا کے تقاضوں کو سمجھنے کی اہمیت کے بارے میں کیا تعلیم دیتا ہے؟ کیا دُرست محرکات اور روّیے ہی کافی ہوتے ہیں؟ ہمیں کیوں کر خدا کے کلام کی بھی ضرورت ہوتی ہے؟

احبار کی کتاب (تفسیر)

چند اہم دُعائیہ نکات

☆۔ خداوند سے دُعا کریں کہ خدا آپ کی آنکھیں کھول دے تاکہ آپ اُس کے خادموں کی عملی ضروریات کے بارے میں جان سکیں۔ خداوند سے دُعا کریں کہ وہ آپ کو بتائے کہ کس طرح آپ خدا کے تقاضوں کے مطابق اُن کے لئے تسلی اور اُن کی ضروریات کی فراہمی کا وسیلہ بن سکتے ہیں؟

☆۔ خداوند کی شکر گزاری کریں کہ اُس نے ہماری رہنمائی کے لئے کلام عطا کیا ہے جو ہم پر اُس کی توقعات اور تقاضے ظاہر کرتا ہے۔ خداوند سے دُعا کریں اور توفیق چاہیں کہ وہ آپ کو اپنے کلام کی گہری سمجھ بوجھ عطا فرمائے تاکہ آپ گہرے طور پر اِس بات کا عرفان حاصل کر پائیں تاکہ آپ واقعی میں اُس کی بہتر طور پر خدمت کر سکیں۔

☆۔ خداوند سے دُعا کریں کہ وہ آپ پر آشکارا کرے کہ آیا کوئی ایسا کام ہے جو آپ اُس کی مرضی کے مطابق نہیں کر رہے۔ دُعا کریں کہ وہ آپ کی رہنمائی کرے اور آپ جان سکیں کہ کون سا کام اُس کی مرضی کے مطابق نہیں اور آپ درکار تبدیلی پیدا کر سکیں۔

باب 8

ہارُون اور اُس کے بیٹوں کی مخصوصیت

احبار 8:1-36 پڑھیں

احبار کی کتاب کے ساتویں باب میں ہم نے اُن قربانیوں کے تعلق سے کئی ایک آئین و احکام کا جائزہ لیا جو خداوند کے حضور لائی جاتی تھیں۔ اُن قربانیوں کو کاہن ہی خداوند کے حضور پیش کرتے تھے کیونکہ اُنہیں اِسی مقصد کے لئے مسح کیا گیا تھا۔ 8واں باب ہمیں بتاتا ہے کہ ہارون اور اُس کے بیٹوں کو کہانت کے لئے مسح اور مخصوص کیا گیا۔

جب مخصوصیت کی عبادت شروع ہوئی، ہارُون اور اُس کے بیٹے خیمہ اجتماع کے دروازہ پر خداوند کے حضور حاضر ہوئے۔ اُس دن وہ اپنے لباس، مسح کرنے کے تیل، گناہ کی قربانی کے لئے بیل، دو مینڈھوں اور بے خمیری روٹی کی ٹوکری کے ساتھ آئے۔ لوگوں کا ایک مجمع اِس موقع پر بطور گواہ موجود تھا۔

جب ہر ایک چیز ترتیب دے دی گئی، موسیٰ ہارون اور اُس کے بیٹوں کو آگے لے کر آیا۔ اُس نے اُنہیں کسی بھی طرح کی جسمانی آلودگی سے پاک کرنے کے لئے پانی سے دھو کر پاک کیا۔ اور پھر کہانت کا لباس پہننے میں ہارون کی مدد کی، اس لباس میں کرتہ، کمر بند، جُبہ، افود، عمامہ پگڑی اور اُوریم اور تُمیم تھے۔ اُوریم اور تُمیم پتھر نما کوئی چیز تھی جو کاہن کے سینہ بند میں رکھی جاتی تھی۔ تاہم یہ واضح نہیں کہ اُن کا استعمال کس طرح کیا جاتا تھا۔ تاہم اُن کا مقصد کسی درپیش صورتحال کے لئے خدا کی مرضی کو دریافت کرنا تھا۔ ہم گنتی 27:21 میں اِس کی مثال دیکھ سکتے ہیں۔

وہ الیعزر کاہن کے آگے کھڑا ہوا کرے جو اُس کی جانب خدا کے حضور اُوریم کا حکم دریافت کیا کرے گا۔ اُسی کے کہنے سے وہ اور بنی اسرائیل کی ساری جماعت کے لوگ نکلا کریں اور اُسی کے کہنے سے لوٹا بھی کریں۔

جب ہارون کاہن نے کاہن کا لباس زیب تن کیا تو مردِ خدا موسیٰ نے خیمہ اجتماع اور اُس میں موجود ہر ایک چیز کو تیل سے مسح کیا۔ اُس نے قربان گاہ پر سات مرتبہ تیل چھڑکا۔ اُس نے ہارون کاہن کے سر پر بھی تیل اُسے مسح کرنے کی غرض سے لگایا۔ یوں اُس نے اُسے خدا کے کام کے لئے مخصوص کیا۔ جب ہارون کو مسح کیا گیا، موسیٰ نے اُس کے بیٹوں کو آگے لا کر اُنہیں اُن کے لباس پہنائے۔ (13 آیت)

جب کاہن اپنی کہانت کا لباس پہن کر کھڑے ہوئے، تو موسیٰ نے اُس بیل کو لیا جو وہ گناہ کی قربانی کے لئے لائے تھے۔ اُس نے ہارون اور اُس کے بیٹوں کے ہاتھ اُس بیل پر رکھوائے، تاکہ وہ اُس کی موت سے مشابہت پیدا کریں اور علامتی طور پر اُن کے گناہ بھی اس پر لادے گئے۔ بیل کو ذبح کیا گیا اور پھر قربان گاہ کو پاک کرنے کے لئے خون اُس کے سینگوں پر لگایا گیا۔ اس طرح موسیٰ نے مذبح کی تقدیس کر کے اُسے اُس قربانی کے لئے تیار کیا جو اُس وقت اُس پر گزرانی جانے والی تھی۔ کھال، گوشت اور گوبر کو خیمہ اجتماع کے باہر لے جایا گیا۔ (17 آیت) یہ کاہنوں کے گناہوں کی قربانی تھی۔

یہ قربانی ظاہر کرتی ہے کہ کاہن بھی کامل نہیں تھے۔ وہ عام لوگ تھے جنہیں معافی کی ضرورت تھی۔ بالکل اُن لوگوں کی طرح جن کے لئے وہ کہانت کی خدمت سر انجام دینے والے تھے۔ اِس کے باوجود، خدا نے اُنہیں یہ خاص خدمت اور کردار ادا کرنے کے لئے بلایا۔ ہمارے لئے یہ کس قدر آسان اور آزمائش کُن بات ہے کہ ہم اپنے قائدین کو بڑھا چڑھا کر بیان کریں اور اُنہیں اپنے لئے رول ماڈل بنالیں، ہم بھول جاتے ہیں کہ وہ بھی ہماری طرح محض بشر ہیں، اُن میں وہ

سب کمزوریاں اور خطائیں پائی جاتی ہیں جو ہم میں موجود ہیں۔ اُنہیں بھی ہماری طرح آزمائشوں کا سامنا ہوتا ہے جن کا ہم روزمرّہ کی زندگی میں سامنا کرتے ہیں۔ ہمارے لئے یہ خیال کر لینا کہ خدا کی خدمت کے لئے ہمیں کامل ہونا ایک لازمی اَمر ہے۔ خدا اِس دُنیا میں اپنی مرضی اور منصوبوں کی تکمیل کے لئے ناکامل اور نالائق لوگوں کو بھی استعمال کر لیا ہے۔

کاہنوں کے گناہوں کی قربانی گزراننے کے بعد، ایک مینڈھے کو سامنے لایا گیا۔ اس مینڈھے کو سوختنی قربانی کے طور پر قربان کیا گیا۔ جس طرح گناہ کی قربانی کے ساتھ کیا گیا تھا، کاہنوں نے اُس مینڈھے کے سر پر اپنے ہاتھ رکھے اور اُسے ذبح کر دیا گیا۔ مینڈھے کا خون قربان گاہ کی چاروں اطراف میں چھڑکا گیا اور پھر مینڈھے کے ٹکڑے کر دیئے گئے۔ چونکہ یہ سوختنی قربانی تھی، اس لئے سارے مینڈھے کو مذبح پر جلا دیا گیا۔ جسم کے اندرونی حصے اور ٹانگوں کو مذبح پر رکھنے سے پہلے پانی سے دھویا گیا تاکہ ہر طرح کی آلودگی سے پاک ہو جائیں۔

کاہنوں کو اُس مینڈھے کی طرح اپنے آپ کو خدا کے کام کے لئے پورے طور پر مسح اور مخصوص کرنا تھا۔ اُنہیں اپنی ہر چیز اور اپنی ذات کو خداوند کی خدمت کے لئے قربان کر دینا تھا۔ یہ قربانی اُنہیں خداوند کے لئے پورے طور پر اپنی تقدیس کرنے کی یاددہانی کرا رہی تھی۔

مقدس پولس رسول نے کرنتھس کی کلیسیا کو لکھتے ہوئے اُنہیں واضح طور پر بتایا کہ اَب وہ اپنے نہیں رہے۔ 1 کرنتھیوں 19:6 میں اُس نے لکھا

"کیا تم نہیں جانتے کہ تمہارا بدن روح القدس کا مقدس ہے جو تم میں بسا ہوا ہے اور تم کو خدا کی طرف سے ملا ہے۔ اور تم اپنے نہیں، کیونکہ قیمت سے خریدے گئے ہو۔ پس اپنے بدن سے خدا کا جلال ظاہر کرو۔"

رومیوں 1:12 میں رومیوں کی کلیسیا کو لکھتے ہوئے اُس نے کہا۔

"پس اَے بھائیو! میں خدا کی رحمتیں یاد دلا کر تم سے التماس کرتا ہوں کہ اپنے بدن ایسی قربان ہونے کے لئے نذر کرو جو زندہ اور پاک اور خدا کو پسندیدہ ہو۔ یہی تمہاری معقول عبادت ہے۔"
خدا کے ہر خادم کا فرضِ کُلی یہی ہے۔ ہم پورے طور پر اپنا آپ خدا کے حضور پیش کر دیں۔ ہم اپنی خودی کے اعتبار سے مر جائیں تاکہ ہم پورے طور پر اُس کے لئے زندہ رہ سکیں۔ بالکل ایسے ہی جس طرح سوختنی قربانی مکمل طور پر مذبح پر رکھ دی جاتی تھی، ہمیں بھی اُس کے مقصد اور خدمت کے لئے اپنا سب کچھ اُس کے حضور پیش کرنا ہو گا۔

پہلے مینڈھے کی قربانی کے بعد، دوسرے مینڈھے کو سامنے لایا گیا۔ اُس مینڈھے کو ہارون اور اُس کے بیٹوں کی مخصوصیت کے لئے ذبح کیا گیا۔ (22 آیت) تیسری بار، کاہنوں نے اپنے ہاتھ قربانی پر رکھے جو کہ قربان ہونے والے جانور کی موت کے ساتھ مشابہت تھی۔ مینڈھے کو ذبح کیا گیا تو اُس کا کچھ خون ہارون کاہن کے دائیں کان کی لَو پر لگایا گیا۔ اُس کے دائیں انگوٹھے اور پاؤں کے بھی دائیں انگوٹھے پر لگا گیا۔ (23 آیت) اِسی طرح یہ خون ہارون کاہن کے بیٹوں پر لگایا گیا۔ (24 آیت) باقی خون کو مذبح کی چاروں اطراف چھڑکا گیا۔

کاہن کے کان، ہاتھ اور پاؤں کے انگوٹھے پر مینڈھے کے خون کے لگائے جانے کا عمل بہت معنی خیز اور علامتی معنی رکھتا ہوا دکھائی دیتا ہے۔

اوّل: سر سے پاؤں کے انگوٹھے تک کاہن اب خداوند کی ملکیت تھا۔ اُسے اپنے آپ کو پورے طور پر پاک اور صاف رکھنا تھا کیونکہ وہ ایک مقدس زندگی کے لئے خدا کے حضور مخصوص کر دیا گیا تھا۔ دوئم، کان سُننے کے لئے جبکہ ہاتھ اور پاؤں کچھ کرنے کے لئے استعمال کئے جاتے ہیں۔ کاہن کو خدا کی آواز سُن کر خدا کے حکم کے مطابق اپنے پاؤں اور ہاتھوں کو استعمال کرتے ہوئے خداوند کے تابعداری کرنا تھی۔ اُس کا کان سُننے، اور اُس کے ہاتھ اور پاؤں تابعداری کے لئے مخصوص کر دیئے گئے تھے۔

کاہن کے کان، ہاتھ اور پاؤں کو مسح کرنے کے بعد، مینڈھے کو ٹکڑوں میں کاٹا گیا۔ مردِ خدا موسیٰ نے گُردوں پر کی چربی اور دائیں ران کو ٹوکری کے ساتھ لیا جو کاہن خدا کے حضور لے کر آئے تھے۔ اُس نے اُسے ہارون اور اُس کے بیٹوں کو واپس کر دیا۔ اُنہوں نے اپنی قربانی خداوند کے حضور ہلائی اور موسیٰ کو واپس کر دی۔ موسیٰ نے وہ قربانی لے کر اُسے مذبح پر جلادیا۔ مینڈھے کا سینہ خداوند کے حضور شکر گزاری کی قربانی کے طور پر ہلایا گیا۔ یہ خداوند کے لئے مخصوصیت کی علامت بھی تھی۔ یہ حصہ موسیٰ کا تھا جس نے کاہنوں کی طرف سے مینڈھے کی قربانی گزرانی تھی۔ (29 آیت) مخصوصیت کی اِس تقریب کا اختتام اس وقت ہوا جب موسیٰ نے مسح کرنے کے تیل کو خون کے ساتھ ملایا۔ (30 آیت)

31-36 آیات میں مخصوصیت کی اس تقریب کا جشن منایا گیا، جس میں اُنہوں نے مل کر کھانا بھی کھایا۔ قربانی سے بچ جانے والے گوشت کو مذبح کے دروازہ پر پکایا گیا۔ اُسے اُس روٹی کے ساتھ کھایا گیا جو کاہن خداوند کے حضور لے کر آئے تھے۔ بچ جانے والی روٹی اور گوشت کو جلا دیا گیا اور کچھ بھی بچا کر نہ رکھا گیا۔

سات روز تک کاہن خیمہ اجتماع کے اندر ہی رہے۔ اُس روز کاہنوں کو ایک سنجیدہ انتباہ کیا گیا۔ موسیٰ نے اُنہیں بتادیا کہ اگر وہ اُس وقت خیمہ اجتماع سے باہر نکلے تو وہ مر جائیں گے۔

(35 آیت) یہ وقت تو سوچ و بچار کا تھا، خداوند کے حضور شکر گزاری اور پرستش کرنے کا تھا، کیونکہ خدا نے اپنے کام کے لئے کاہنوں کو تیار کیا تھا۔

کاہن کو خدا کے خاص مقصد کے لئے بڑے خاص انداز سے مسح اور مخصوص کیا گیا تھا۔ اس نے اپنے آپ کو، اپنے ذہن، بدن اور جان کو خدا کے اُس مقصد کے لئے مسح اور مخصوص کرنا تھا جس کے لئے خدا نے اُسے بلایا تھا۔ دورِ حاضرہ میں، آج بھی ہم بھی اپنی زندگیوں میں خدا کی بلاہٹ کو لئے اپنے آپ کو مسح اور مخصوص کریں۔

چند غور طلب باتیں

☆۔ہارون اور اُس کے بیٹوں کی مخصوصیت کی عبادت ہمیں سکھاتی ہے کہ خدا کس طرح کے لوگوں کو استعمال کرتا ہے۔یہ حقیقت کہ کاہنوں کو گناہ کی قربانی گزراننا ہوتی تھی، یہ حقیقت اُن کے تعلق سے کس چیز کو بیان کرتی ہے؟ خدا ہمیں اپنے مقصد اور مرضی کی تکمیل کے لئے استعمال کرے، کیا ہمیں اُس کے لئے بالکل کامل ہونا پڑے گا؟

☆۔سوختنی قربانی کو مذبح پر مکمل طور پر جلا دیا جاتا تھا۔اس سے کاہن کے خدا کے لئے فرائض کے بارے میں کیا پتہ چلتا ہے؟ کیا آپ نے اپنے آپ کو پورے طور پر اُس کام کے لئے وقف کر دیا ہے جو خدا نے آپ کو سونپا ہے؟

☆۔موسیٰ نے مخصوصیت کے وقت ذبح ہونے والے مینڈھے کا خون کاہن کے دائیں کان کی لو، دائیں انگوٹھے اور دائیں پاؤں کے انگوٹھے پر لگایا، اس سے ہمیں اُس کے خادموں کے تعلق سے خدا کی توقعات کے بارے میں کس چیز کی جانکاری ملتی ہے؟

☆۔کاہن کو خیمہ اجتماع کے اندر سات دن ٹھہر کر انتظار کرنا پڑتا تھا۔کیا خدا نے آپ کو بھی کبھی اپنی حضوری میں انتظار کروایا ہے؟ انتظار کی اُن گھڑیوں میں آپ نے کیا سیکھا؟

چند اہم دُعائیہ نکات

☆۔اگرچہ ہم کئی دفعہ خدا کی مرضی اور منشا پر پورا اُتر نہیں پاتے، پھر بھی خدا ہمیں استعمال کرنے کے لئے تیار رہتا ہے، عزیزو! اِس بات کے لئے خداوند کی شکر گزاری کریں۔

☆۔خداوند سے دُعا کریں کہ وہ اُس کام کے لئے آپ کو ایک روحانی جوش وجذبہ عطا کرے جس کے لئے اُس نے آپ کو بلایا ہے۔ خداوند سے رہنمائی چاہیں کہ وہ آپ پر ظاہر کرے کہ کون سی چیز آپ اور خدا کے درمیان رکاوٹ بنی ہوئی ہے، ایسا کہ کوئی کام آپ کے وسیلہ سے ہوتا ہوا دکھائی نہیں دیتا۔

☆۔ خداوند سے سُننے والے کان مانگیں، اور ایسے ہاتھ اور پاؤں جو بلا تاخیر اُس کی تابعداری کے لئے حرکت میں آجائیں۔

☆۔خداوند سے اُس کا انتظار کرتے ہوئے، صبر جیسی برکت کو مانگ لیں، دُعا کریں کہ وہ انتظار کی گھڑیوں میں آپ کو بڑے عظیم اسباق کی تعلیم دے۔ خداُوند سے ایسے وقتوں کے لئے معافی مانگ لیں جب آپ نے صبر سے کام نہ لیا اور اُس سے آگے نکل جانے کی کوشش بھی کی۔

باب 9

خدا اپنا جلال ظاہر کرتا ہے

احبار 9: 1-24 پڑھیں

کاہنوں کی مخصوصیت کے سات دن اختتام پذیر ہو چکے تھے اور اب آٹھواں دِن تھا۔ یہی وہ دن تھا جب کاہنوں نے اپنی خدمات سر انجام دینا شروع کرنا تھیں۔ اُس روز، موسیٰ نے ہارون اور اُس کے بیٹوں کو بنی اسرائیل کے بزرگوں سمیت خیمہ اجتماع میں بلایا۔

بزرگوں کی موجودگی میں، موسیٰ نے ہارون سے کہا کہ وہ گناہ کی قربانی کے لئے ایک بیل، ایک مینڈھا سوختنی قربانی کے لئے لے کر اُنہیں خداوند کے حضور قربان کرے اگرچہ کاہنوں کی مخصوصیت کے دوران یہ سب کچھ کر دیا گیا تھا۔ لیکن جب ہارون نے اپنی خدمت شروع کی تو یہ سب کچھ ایک بار پھر کرنا درکار تھا۔ اِس سے یہ بھی ظاہر ہوتا ہے کہ بیل کا خون مکمل طور پر گناہ کو ختم نہیں کرتا۔ قربانیاں گناہ کی یاد دلانے کے لئے مسلسل گزرانی جاتی تھیں لیکن اُن میں سے کوئی قربانی کبھی بھی گناہ کو مکمل طور پر دھونے کے لئے کافی نہ تھی۔ آئیں سُنیں کہ عبرانیوں کا مصنف کس طرح سے اِس بات کو 10: 1-4 میں بیان کرتا ہے۔

"کیونکہ شریعت جس میں آئندہ کی اچھی چیزوں کا عکس اور اُن چیزوں کی اصلی صورت نہیں، اُن ایک ہی طرح کی قربانیوں سے جو ہر سال بلا ناغہ گزرانی جاتی ہیں۔ پاس آنے والوں کو ہرگز کامل نہیں کر سکتیں، ورنہ اُن کا گزارنا موقوف نہ ہو جاتا؟ کیونکہ جب عبادت کرنے والے ایک بار پاک ہو جاتے تو پھر اُن کا دل اُنہیں گنہگار نہ ٹھہراتا بلکہ وہ قربانیاں سال بہ سال گناہوں کی یادی

دلاتی ہیں۔ کیونکہ ممکن نہیں کہ بیلوں اور بکروں کا خون گناہوں کو دُور کرے۔"

اپنے گناہ کا کفارہ دینے کے لئے بعد، کاہن بنی اسرائیل کی طرف سے قربانیاں لے کر خداوند کے حضور گزران سکتا تھا۔ ایک بکرہ گناہ کی قربانی کے لئے قربان کیا جاتا اور یکسالہ برّہ سوختنی قربانی کے طور پر خداوند کے حضور گزرانا جاتا تھا۔ (3 آیت) ایک بیل اور مینڈھا بھی سلامتی کی قربانی کے طور پر پیش کیا جاتا تھا۔ ہارُون نے اناج کا ہدیہ بھی وصول کیا۔

یہاں پر قابلِ غور بات یہی ہے کہ کاہن کو لوگوں کی طرف سے قربانیاں گزراننے سے پہلے اپنے لئے قربانیاں گزراننا ہوتی تھیں۔ لوگوں کی طرف سے اُس کے اعمال و افعال کی قبولیت کا دارومدار اِس بات پر تھا کہ کاہن خدا کے حضور پاک صاف ہو۔ کاہن کی معافی کے لئے بھی انتظام و انصرام موجود تھا۔ خدا کی یہ توقع نہیں تھی کہ اُس کے حضور خدمت سرانجام دینے والا کاہن کامل ہو۔ تاہم خدا اِس بات کی توقع کرتا تھا کہ معافی اور پاکیزگی کے لئے جو طریقِ کار اُس نے مہیا کیا ہے وہ اُس کے مطابق چلے۔

4 آیت میں خدا کے خاص وعدہ پر غور کریں، اُس نے اپنے لوگوں کو بتایا کہ اس روز وہ اُن کے درمیان ظاہر ہو گا۔ اگرچہ خدا تو ہر جگہ موجود ہے، وقتاً فوقتاً اُس نے اِس بات کا چناؤ کیا کہ گہرے طور پر اپنی حضوری کو اپنے لوگوں کے درمیان ظاہر کرے۔ اُس روز خدا اپنے لوگوں کو یہی کہہ رہا تھا۔ وہ خاص طور پر اُن کے درمیان آنا چاہتا ہے۔

لوگوں نے قربانیاں لاتے ہوئے اپنے ردعمل کا اظہار کیا۔ 5 آیت ہمیں بتاتی ہے کہ پوری جماعت قریب آکر خداوند کے حضور کھڑی ہوئی۔ موسیٰ نے انہیں یاددہانی کرائی کہ جب کاہن اپنی خدمات سرانجام دیں گے تو اُس روز وہ خدا کا جلال دیکھیں گے۔ (6 آیت) ہم اُس روز جمع ہونے والے لوگوں کے دل و دماغ میں اُمڈ آنے والی توقعات کو تصور کی آنکھ سے دیکھ سکتے ہیں۔ خدا نے اُن سے ملاقات کا وعدہ کیا تھا۔

ہارون کاہن نے اپنے گناہ کی قربانی کے لئے ایک بچھڑا لیا۔ اُس نے اُس خون میں اپنی انگلیاں ڈبوئیں جو اُس کے بیٹے اُس کے پاس لائے تھے۔ ہارون نے وہ خون مذبح کے سینگوں پر لگایا۔ پھر اُس نے بچھڑے کی چربی کو گردوں اور جگر سمیت مذبح پر سوختنی قربانی کے طور پر جلانے کے لئے رکھا۔ گوشت اور بچھڑے کی کھال کو خیمہ کے باہر جلایا گیا۔ (11 آیت)

اپنے لئے گناہ کی قربانی گزراننے کے بعد، ہارون کاہن نے سوختنی قربانی کے لئے اپنی خدمات سر انجام دیں۔ اُس کے بیٹوں نے پھر سے اُسے خون پیش کیا اور اُس نے مذبح کے چاروں اطراف میں ایک بار پھر اُس خون کو چھڑکا۔ جب اُس کے بیٹوں نے سوختنی قربانیاں ٹکڑے ٹکڑے کر کے دیں تو اُس نے اُنہیں مذبح پر جلا دیا۔ (13 آیت) اندرونی اعضا اور ٹانگوں کو جلانے سے پہلے دھویا گیا تاکہ کسی بھی طرح کی آلودگی باقی نہ رہے۔ (14 آیت)

اپنے لئے قربانیاں گزراننے کے بعد، ہارون نے لوگوں کے لئے قربانیاں گزرانیں۔ اُس نے گناہ کے لئے بکرا قربان کیا۔ (15 آیت) ایک سوختنی قربانی (16 آیت) اور اناج کا ہدیہ بھی بنی اسرائیل کی طرف سے خداوند کے حضور پیش کیا۔ اُس نے بیل اور مینڈھا بھی سلامتی کی قربانی کے طور پر خدا کے حضور پیش کیا۔ اُس کا خون مذبح کے چاروں طرف چھڑکا اور چربی کو مذبح پر جلا دیا۔ ہارون نے سینے اور دائیں ران کو خداوند کے حضور ہلایا تاکہ انہیں (اپنے بیٹوں کو) خداوند کی خدمت کے لئے مخصوص کرے۔ اور خداوند کی طرف سے جیسا کہا گیا تھا اُنہیں اپنے لئے رکھ لیا۔ (7:31-32)

جب ہر ایک چیز مکمل ہو گئی، ہارون نے اپنے ہاتھ لوگوں کی طرف بڑھا کر اُنہیں برکت دی۔ جب وہ برکت دے چکا تو وہ موسیٰ کی طرف گیا

امکانِ غالب ہے کہ اِس وقت تک موسیٰ خیمہ اجتماع کے پاک مقام میں موجود تھا۔ (22-23) ہمیں یہ تو نہیں بتایا گیا کہ ہارون کاہن اور اُس کے بیٹوں نے اُس روز خیمہ اجتماع میں کیا کیا تھا لیکن

جب وہ لوگوں کو برکت دینے کے لئے باہر آئے، تو پھر خدا کا جلال اُن سب پر ظاہر ہوا جو وہاں پر جمع ہوئے تھے۔ خدا کا جلال آگ کی صورت میں خداوند کی طرف سے آیا اور مذبح پر موجود سوختنی قربانی کو بھسم کر ڈالا۔ یہ خدا کی حضوری کا واضح ثبوت تھا۔ اس سے یہ بھی ظاہر ہوا کہ اُس روز ہارون کاہن کی خدمت اور وہ قربانیاں اور ہدئے جو اُس نے لوگوں کی طرف سے پیش کئے تھے۔ خدا کے حضور مقبول ٹھہرے تھے۔

اُس روز لوگوں کے ردِ عمل پر غور کریں۔ اوّل، وہ خوشی سے نعرے مارنے لگے۔ (24 آیت) ہمیں یہ تو نہیں بتایا گیا کہ وہ کس قسم کے نعرے تھے۔ کیونکہ یہ پہلے سے ترتیب دئے گئے نعرے نہیں تھے اور نہ ہی اُن کے لئے اُنہوں نے پہلے سے مشق کر رکھی تھی۔ یہ تو اُسی لمحہ ہر شخص کا ردِ عمل تھا۔ اُنہوں نے خدا کی قدرت کو اپنے درمیان دیکھا تو اُن کے دل خوشی سے اُچھلنے لگے۔ شاید اُن نعروں میں سے ایک نعرہ " خداوند کی تعریف ہو۔ " بھی شامل ہو۔ ہو سکتا ہے کہ بعض لوگوں نے بلند آواز سے خداوند کی شکر گزاری کی ہو۔ یہاں پر ہم خدا کے لوگوں کے ایسے ردِ عمل کو دیکھتے ہیں جس کے تعلق سے اُنہوں نے قبل از وقت منصوبہ سازی نہیں کی تھی۔ خدا پہلے سے ترتیب دی گئی عبادت میں بھی موجود تھا وہ ایسی عبادت میں بھی موجود تھا جو اُس کے لوگوں نے اچانک سے وہاں پر کرنا شروع کر دی۔

لوگوں کا دوسرا ردِ عمل یہ تھا کہ وہ مُنہ کے بل گر گئے۔ آپ تصور کی آنکھ سے لوگوں کو باری باری خدا کی حضوری کے تقدس میں اُس روز گرتے ہوئے دیکھ سکتے ہیں۔ یہ سب کچھ اُس وقت ہوا جب خدا نے اُس روز اپنا جلال ظاہر کیا۔ ایک بار پھر یہ بات قابلِ غور ہے کہ یہ عمل بھی پہلے سے ترتیب دیا نہیں گیا تھا۔ یہ تو خدا کی حضوری میں اُس کے لوگوں کا ایک عمومی ردِ عمل تھا۔ اُن میں سے ہر ایک کو خدا کے جلال اور اُس کی حشمت نے چھُوا۔ وہ اُس کے حضور جھک گئے اور بڑی عاجزی اور انکساری سے اُس کی پرستش اور عبادت کرنا شروع کر دی۔ وہ اُس کی حضوری،

اُس کے جلال اور حشمت کے سامنے کھڑے نہ رہ سکے۔

میں خدا کے لوگوں کی زندگی میں اُس لمحہ کے تعلق سے کچھ کہنا چاہتا ہوں۔ بہت سے لوگ عہد عتیق میں خدا کی پرستش اور عبادت کو ایک خشک، رسومات پر مبنی اور پہلے سے طے کی گئی ترتیب پر مبنی عبادت اور پرستش کے طور پر دیکھتے ہیں۔ تاہم، یہ خدا کی حضوری سے معمور ہوتی تھی۔ کون اِس بات سے انکار کر سکتا ہے کہ اُس روز خیمہ اجتماع میں ہونے والی اس عبادت میں خدا کی قدرت موجود تھی؟ خدا نے اُس کے حضور کی جانے والی رسومات کے وسیلہ سے اپنے لوگوں کو ایک عظیم طریقہ سے برکت دی اور ایک زبردست طریقہ سے اپنا جلال ظاہر کیا۔

ہمارے دَور میں خدا کی پرستش اور عبادت کے تعلق سے بہت کم بات چیت ہوتی ہے اور یہ کوئی بُری بات نہیں ہے۔ ہمیں حکم دیا گیا ہے کہ ہم " ایک نیا گیت " گائیں۔

(زبور 33:3،96:1 یسعیاہ 42:10)

ہر ایک نسل کو خداوند اپنے خدا کے حضور شکر گزاری سے معمول دل انڈیلنے کی ضرورت ہے۔ ہمیں اِس بات سے آگاہ رہنا چاہئے کہ عبادت اور پرستش کا انداز اہم چیز نہیں ہے۔ اس باب میں ہم دیکھتے ہیں کہ جب ایک کے بعد ایک قربانی گزرانی جارہی تھی تو خدا کے لوگ خاموشی سے کھڑے ہوئے تھے۔ نہ تو کوئی گیت گا رہا تھا، نہ گواہیاں پیش کی جارہی تھی اور نہ ہی خدا کا کلام سنایا جارہا تھا۔ کوائر بھی وہاں پر موجود نہ تھی۔ تاہم خدا پھر بھی زبردست طریقہ سے اپنے لوگوں کے درمیان ظاہر ہوا، ایسا کہ خدا کے لوگ اُس کے جلالی نام کی پرستش اور ستائش کے لئے بڑی عقیدت میں اُس کے حضور مُنہ کے بل گر گئے۔ ایسا تب ہی ہوا جب خدا کے لوگوں نے بڑی عاجزی اور فروتنی سے اُس کے کلام کی تابعداری کی۔ خدا نے اُن کی تابعداری کو برکت دی اور اپنی حضوری کو اُن کے درمیان ظاہر کیا۔

چند غور طلب باتیں

☆۔اس باب کے شروع میں ہم دیکھتے ہیں کہ اپنے لوگوں کی طرف سے قربانیاں گزراننے سے قبل کاہنوں کو خدا کے حضور قربانیاں گزراننا ہوتی تھیں۔اِس سے ہمیں خدا کے خُدام کے بارے کیا علم اور جانکاری ملتی ہے؟

☆۔دوسروں کے درمیان خدمت کرنے سے قبل ہمیں اِس بات کی یقین دہانی ہونا کیوں کر ضروری ہے کہ خدا کے ساتھ ہمارا رشتہ اور تعلق درُست ہے؟اس کی خدمت کرتے ہوئے اگر ہمارا رشتہ خدا کے ساتھ درُست نہ ہو تو پھر کیا ہوتا ہے؟

☆۔خدا نے اپنی حضوری کو اپنے لوگوں کے درمیان آگ کی صورت میں ظاہر کیا۔آگ کی کیا اہمیت ہے؟اِس سے ہمیں خدا کے بارے میں کیا تعلیم ملتی ہے؟

☆۔اس باب میں خدا کے جلال کے ظہور کے نتیجہ میں خدا کے لوگوں کا ردِ عمل کیسا تھا؟اس سے ہمیں اِس تعلق سے کیا تعلیم ملتی ہے کہ ہمارا ردِ عمل کیسا ہونا چاہئے؟

☆۔احبار 9 باب میں ہونے والی پرستش اور عبادت پر چند لمحات کے لئے دُعا کریں۔کاہنوں نے کیا کیا؟لوگوں نے کیا کیا؟خدا نے کیا کیا؟عبادت اور پرستش کے تعلق سے ہمیں کیا سیکھنے کو ملتا ہے؟

چند اہم دُعائیہ نکات

☆۔چند لمحات کے لئے خدا کے حضور اپنی خطاؤں اور گناہوں کی معافی کے لئے درخواست کریں۔ خداوند کی شکر گزاری کریں کہ اُس کی خدمت کے لئے آپ کو کامل ہونے کی ضرورت نہیں ہے۔ آپ کی معافی کے لئے خدا نے مسیح یسوع کے وسیلہ سے جو انتظام کیا ہے، اُس کے لئے بھی اُس کے حضور شکر گزاری کریں۔

☆۔خداوند سے توفیق چاہیں کہ آپ اُس پاکیزگی میں چلتے ہوئے زندگی بسر کر سکیں جو اُس نے مہیا کی ہے۔ خداوند سے اُس کے کلام کی تابعداری میں زندگی بسر کرنے کے لئے مدد مانگیں۔

☆۔خداوند کی شکر گزاری کریں کہ وہ پاک اور قدوس ہے۔ خداوند سے کہیں کہ وہ آج آپ کو اپنے جلال، حشمت اور قدوسیت کا تازہ مکاشفہ عطا کرے۔

☆۔خداوند سے احبار 9 باب کے مطابق بالکل ایسے ہی خوشی، عقیدت اور اُس کی شان کے شایاں پرستش اور عبادت کرنے کی توفیق چاہیں جیسا کہ اُس کے لوگوں نے اُس روز کی۔

باب10

ندؔب اور اَبیہوُ سے ایک سبق

احبار10:1-20 پڑھیں

عہدِ عتیق کے کاہنوں کو بھی خدا کے حضور اپنی خطاؤں اور ناکامیوں کو ڈھانپنے کے لئے گناہ کی قربانیاں اور ہدیہ جات لانے پڑتے تھے۔ خدا نے ان جانوروں کے ذریعہ سے ان کی معافی کا انتظام و انصرام کیا تھا۔ وہ اِس معافی کو معمولی نہیں سمجھ سکتے تھے۔ خدا کی شریعت کی دانستہ نافرمانی کے لئے وہ سخت سزا کے مستحق ہوتے تھے۔ خاص طور پر کاہن تو کسی رُو رعایت کے مستحق نہیں تھے۔10 باب میں ہم دیکھتے ہیں کہ اُس وقت کیا ہوا جب ہارون کے بیٹوں نے خدا کی شریعت کا لحاظ نہ کیا۔

ہارون کے بیٹے ندب اور ابیہو کو کہانت کی خدمت سر انجام دینے کے لئے مسح اور مخصوص کیا گیا تھا۔ ایک موقع پر، اُنہوں نے اپنے بخور دانوں میں آگ اور بخور بھر کر اُسے خدا کے حضور گزرانا۔ " یہ سب خدا کے حکم کے بالکل متضاد تھا۔"اس حوالہ سے ہمیں مزید کوئی تفصیل دکھائی نہیں دیتی۔ اُنہوں نے خدا کی طرف سے تقاضوں کے تعلق سے ہدایات تو سُن رکھی تھیں لیکن اُنہوں نے اُن ہدایات کو سنجیدگی سے نہ لیا۔ خواہ کچھ بھی وجہ ہو، اُنہوں نے اُس طور سے بخور گزراننے کا چناؤ کیا جس کا خدا نے اُنہیں حکم نہیں دیا تھا۔2 آیت بتاتی ہے کہ فی الفور اُن کی عدالت ہوگئی۔ خداوند کے حضور سے آگ آئی اور اُنہیں بھسم کر دیا، پس وہ مر گئے۔

اُس روز خدا نے موسیٰ کو 3 آیت میں بتادیا۔

" تب موسیٰ نے ہارون سے کہا، یہ وہی بات ہے جو خداوند نے کہی تھی، کہ جو میرے نزدیک آئیں، ضرور ہے کہ وہ مجھے مقدس جانیں اور سب لوگوں کے آگے میری تمجید کریں۔ اور ہارون چُپ رہا۔"

یہ آیت بہت ہی قابلِ غور ہے۔ غور کریں کہ یہ آیت اُن لوگوں کا ذکر کرتی ہے جو خدا کے نزدیک جاتے ہیں۔ اُس وقت، ہر کوئی خدا کے حضور نہیں جا سکتا تھا۔ یہ شرف و عزت صرف کاہنوں کو ہی حاصل تھا۔ وہ خدا اور انسانوں کے درمیان کھڑے ہوتے تھے۔ وہ لوگوں کی طرف سے قربانیاں خدا کے حضور لے کر آتے تھے۔ وہ گویا خدا کے ایلچی کے طور پر کام کرتے تھے۔ خدا نے موسیٰ کو بتایا کہ وہ اُن کاہنوں کے سامنے خود کو قدوس خدا کے طور پر ظاہر کرے گا جو اُس کے حضور میں آتے ہیں۔ پاکیزگی سے مراد ہر طرح کی گناہ آلودہ چیزوں سے علیحدگی ہے۔ جب پاکیزگی کا گناہ سے سامنا ہوتا ہے تو پھر کیا ہوتا ہے؟ جس طرح نہایت بھڑکتی ہوئی آگ میں لکڑی جل جاتی ہے، اسی طرح پاکیزگی کی موجودگی میں گناہ بھسم ہو جاتا ہے۔ یوں خدا اپنے آپ کو اپنے کاہنوں کے درمیان ظاہر کرتا تھا۔ ایسے کاہن جو گناہ کو خاطر میں نہ لاتے ہوئے خدا کے قریب آتے تھے اُنہیں اُس کا خمیازہ بھی بھگتنا پڑتا تھا۔ ندب اور ابیہو کی طرح وہ بھی بھسم ہو کر ہلاک ہو جاتے تھے۔

غور کریں، 3 آیت میں، خدا نے کس طرح موسیٰ کو بتایا کہ وہ لوگ اُسے مقدس جانیں اور اُس کی تمجید کریں۔ لوگ دیکھیں گے کہ وہ کس طرح بلا تاخیر ایسے لوگوں کی عدالت کرتا ہے جو ناپاک طریقہ سے اُس کے پاس آتے ہیں۔ اُنہیں خدا ای قدوس کے حضور تھر تھرانا اور کانپنا تھا جو گناہ اور بغاوت کو برداشت نہیں کرتا تھا۔

ہارون کے بیٹوں ندب اور ابیہو کی فی الفور عدالت خدا کے لوگوں کے لئے ایک بلا تاخیر آگاہی تھی۔ اِس سے اُن پر ظاہر ہو گیا کہ خدا اُن کی زندگیوں کے لئے ایک منصوبہ رکھتا ہے۔ اِس سے

اُن پر یہ بھی منکشف ہو گیا کہ وہ چاہتا ہے کہ اُس کے لوگ ایک خاص طرزِ عمل کے ساتھ اُس کے حضور زندگی بسر کریں اور اُس کی خدمت کریں۔ کتنی ہی بار ہم ندب اور ابیہو کی طرح اپنے ڈھنگ سے ہی خدمت کے کاموں کو کر جاتے ہیں۔ کتنی ہی بار ہم دُنیاوی ترکیب و ترتیب کے سامنے جُھک جاتے ہیں یا پھر انسانی حکمت سے خدا کی بادشاہی کو تعمیر کرنے کی کوشش میں لگے رہتے ہیں۔ کیا ہم بھی ندّب اور ابیہو جیسے گناہ کے مرتکب ہو رہے ہیں؟ کیا ہم اپنے طریقہ سے ہی خدا کے کام کو کرتے ہوئے خدا کے مقصد اور ارادے کو پسِ پشت ڈال رہے ہیں؟ میں نے اپنی خدمت کے دوران، کئی بار اِس بات کا مشاہدہ کیا ہے کہ لوگ نقلی بخور ہی خدا کے حضور گزران رہے ہوتے ہیں۔ ایسے لوگ اپنی طاقت اور حکمت سے خدا کی عبادت اور اُس کی خدمت میں مگن اور کوشاں ہیں۔ وہ خداوند کی خدمت کرنے کی کوشش میں خدا کے کلام کی بہ نسبت انسانی حکمت اور فلسفہ استعمال کرتے ہوئے دکھائی دیتے ہیں۔ یہ کس قدر اچھا اور بہتر ہو گا کہ ہم خدا کے کلام میں سے اپنے سوالات کے جوابات تلاش کریں اور اُس کی راہوں اور طریقوں پر بھروسہ رکھیں۔

غور کریں 3 آیت میں اپنے بیٹوں کی وفات پر ہارون کا ردِ عمل کیسا تھا۔ وہ خاموش رہا۔ وہ کہہ اور کر بھی کیا سکتا تھا؟ اُس کے بیٹوں نے خدا کے طرزِ طریق کا لحاظ نہ رکھا تھا۔ وہ خدا کے تعلق سے اپنی ذمہ داریوں کو پورا کرنے میں ناکام رہے۔ وہ مُجرم تھے۔ اِس لئے ہارون نے اُن کا دفاع نہ کیا۔

4 آیت میں، موسیٰ نے ہارون کے انکل عُزی ایل کو بلایا کہ وہ ندّب اور ابیہو کی لاشیں خیمہ سے باہر لے جائے۔ یعنی اس جگہ پر جہاں پر ناپاک چیزیں پھینکی جاتیں تھیں۔ اُن کے اعمال و افعال کے سبب سے انہیں خدا کے حضور ناپاک گردانا گیا۔ چونکہ عُزّی ایل کے بیٹے کاہن نہیں تھے، اِس لئے وہ اُن لاشوں کو ہاتھ نہیں لگا سکتے تھے۔ اگرچہ ندّب اور ابیہو کہانت کا لباس زیب تن کئے

ہوئے تھے تو بھی اُن کی لاشیں ذلت اور رسوائی میں خیمہ گاہ سے باہر پھینک دی گئیں۔

(5 آیت)

6 آیت میں موسیٰ نے ہارون اور اُس کے بیٹوں الیعزز اور اتمر کو بتادیا کہ اُن کے بال بکھرنے نہ پائیں اور نہ ہی وہ اپنے کپڑوں کو پھاڑیں۔ کیونکہ اُس دور میں کسی عزیز کی وفات پر ماتم کناں ہونے کا یہ عمومی انداز تھا۔ غور کریں کہ انہیں خیمہ اجتماع سے بھی باہر نہیں جانا تھا۔ اِس کا مطلب یہ بھی ہے کہ غم والم کی اُس گھڑی میں وہ اپنے عزیز و اقارب کے ساتھ بھی نہیں بیٹھ سکتے تھے۔ خیمہ اجتماع میں اُن کی سرگرمیاں، معمول کے مطابق جاری رہنا تھیں۔ موسیٰ نے ہارون اور اُس کے بیٹوں الیعزر اور اتمر سے کہا کہ اگر وہ خدا کے اُن احکام کی نافرمانی کریں گے، تو خدا اُن پر غضبناک ہو گا بلکہ خدا پوری جماعت پر برانگیختہ ہو گا۔ اور وہ ہلاک کر دیئے جائیں گے۔

اگرچہ باقی پوری قوم اُن کی وفات پر نوحہ کناں ہو سکتی تھی لیکن ہارون اور اُس کی بیٹوں کو ایسا کرنے سے منع کیا گیا۔ ہو سکتا ہے کہ اُن کے ساتھ خدا کا یہ سلوک سخت اور تُرش معلوم ہوتا ہو، لیکن جیسا کہ ہم پہلے ہی دیکھ چکے ہیں، خدا اپنے آپ کو اُن کے درمیان قدوس اور پاک خدا کے طور پر ظاہر کر رہا تھا۔ اُس کی عزت اور احترام خاندانی معاملات میں بھی صفِ اوّل پر ہونا چاہیئے تھا۔ خداوند یسوع مسیح نے اپنے شاگردوں سے متی رسول کی معرفت لکھی گئی انجیل میں فرمایا،

" جو کوئی ماں یا باپ کو مجھ سے زیادہ عزیز رکھتا ہے، وہ میرے لائق نہیں اور جو کوئی بیٹے یا بیٹی کو مجھ سے زیادہ عزیز رکھتا ہے، وہ میرے لائق نہیں۔ اور جو کوئی اپنی صلیب نہ اُٹھائے، اور میرے پیچھے نہ چلے، وہ میرے لائق نہیں۔ " (متی 37:10 تا 38 آیت)

ندب اور ابیہو نے خدا کے نام کی تعظیم نہ کی۔ اُنہوں نے خدا کے حکم کا بھی لحاظ نہ رکھا اور اُس کے نام پر کفر بکا۔ اَب ہارون اور اُس کے بقیہ بیٹوں کے پاس ایک چناؤ تھا۔ وہ چاہتے تو ندب اور ابیہو کی وفات پر نوحہ کناں ہو سکتے تھے یا پھر وہ خدا کے نام کی تحقیر پر غمزدہ ہو سکتے تھے جو ساری

عزت اور جلال کے لائق ہے۔ خدا نے اُنہیں اپنے نام کی عزت اور تعظیم کے لئے کھڑے رہنے کے لئے بلایا۔ اِس کا مطلب ہارون کے لئے یہ بھی تھا کہ وہ اپنے بیٹوں کی طرف سے پشت پھیر لے۔ ہماری زندگیوں میں بھی ایسے وقت آتے ہیں جب خدا ہمارے سامنے بھی دو چناؤ رکھتا ہے کہ ہم چاہیں تو خدا کی تعظیم کریں یا پھر اپنے عزیز و اقارب کو اوّل درجہ دیں۔

8-11 آیت میں خدا نے ہارون پر واضح کر دیا کہ وہ اُس کام کو کرتے ہوئے اُس کے نام کی تعظیم کرے جس کے لئے وہ بلایا گیا ہے۔ وہ خیمہ اجتماع میں جاتے وقت شراب نہ پی کر بھی خدا کے نام کی تعظیم کر سکتا تھا۔ یہ عمومی طور پر شراب نوشی کے خلاف ایک بیان نہیں ہے بلکہ خداوند کی خدمت کے دوران شراب کے نشے کی حالت میں نہ ہونے کے تعلق سے ہے۔ شراب کے نشے کی حالت میں، کاہن خدا کے نام پر کفر بک سکتا تھا۔ ایسا کرنے سے وہ بھی ندب اور ابیہو کی طرح خدا کی عدالت کے نیچے آسکتا تھا۔ کیا ہو سکتا ہے کہ ندبؔ اور ابیہو بھی خداوند کے حضور بخور جلاتے ہوئے شراب کے نشے میں ہوں؟ خدا یہی چاہتا ہے کہ ہم اُس کی خدمت کرتے ہوئے اُس کے تقاضوں اور طریقوں کو واضح طور پر مدِ نظر رکھیں۔

ایک اور طریقہ سے بھی کاہن خداوند کے نام کی تعظیم کر سکتے تھے اور وہ تھا پاک اور ناپاک میں امتیاز کرنا۔ (10 آیت) اُنہیں اپنے طرزِ زندگی اور ہر طرح کے اعمال و افعال میں پاک ہونا تھا۔ انہیں اپنی زندگی پاکیزگی، دیانتداری، اور اپنی روزمرہ کی زندگی میں خداوند کے حکموں کی واضح اور دانستہ طور پر تابعداری میں بسر کرنا تھی۔ اِس کا مفہوم یہ ہے کہ اُنہیں خدا کی پاکیزگی میں زندگی بسر کرتے ہوئے خیمہ اجتماع میں خدمت کے لئے حاضر ہونا تھا۔ اور اُس وقت بھی پاک زندگی بسر کرنا تھی جب وہ کہانت کی ذمہ داریاں نبھا نہ رہے ہوتے۔ اُنہیں ہر وقت پاک زندگی بسر کرنا تھی۔

11 آیت پر بھی غور کریں، وہ لوگوں کو خدا اور اس کے آئین و احکام سکھاتے ہوئے بھی خدا کی

عزت اور تعظیم کر سکتے تھے۔ اُن کی ذمہ داری صرف یہ نہ تھی کہ وہ کہانت کہ ذمہ داریاں نبھائیں بلکہ اِس بات کو یقینی بنانا تھا کہ لوگ خدا کی مرضی میں چلتے ہوئے تابعداری میں زندگی بسر کریں۔ اُنہیں خدا کی طرف سے یہ ذمہ داری سونپی گئی تھی کہ وہ خداوند کے نام کو سربلند کریں بلکہ دوسروں کو بھی ایسا ہی کرنے کی تعلیم دیں۔ اگر لوگ خدا کی تعظیم نہ کر رہے ہوتے، تو ایسے لوگوں کی تنبیہ اور اصلاح اُن کی ذمہ داری میں شامل تھا، لازم تھا کہ وہ لوگوں کو کلام کی سچائی کے مطابق زندگی بسر کرنے کی تعلیم دیں۔ وہ کون سا کاہن ہو سکتا تھا جو لوگوں کے خدا کے نام پر کُفر بکتے ہوئے بھی خدا کی حضوری میں کھڑا ہو سکتا؟

اُن کی کاوٗشوں اور خدمات کے لئے، کاہنوں نے اُن نذرانوں کو وصول کرنا تھا جو لوگوں نے خیمہ اجتماع میں خدا کے حضور لانے تھے۔

اناج کا نذرانہ پاک تھا، اس لئے اُس میں کسی دوسرے کو شامل نہیں کیا جا سکتا تھا۔ (12-13)اُن کے خاندان کے افراد اُس ران اور سینے کو کھا سکتے تھے جو خدا کے حضور سلامتی کی قربانی کے طور پر ہلائے جاتے تھے۔ (14 آیت) تاہم یہ نذرانے کسی پاک جگہ پر ہی کھائے جا سکتے تھے۔

16-18 آیات میں، ہم پڑھتے ہیں کہ ہارون کاہن کے بیٹے الیعزر اور اتمر خدا کے حضور گناہ کی قربانی لے کر آئے۔ خدا کی شریعت کے مطابق خیمہ اجتماع میں گوشت کھانے کی بجائے، اُنہوں نے اُسے مکمل طور پر جلا دیا۔ یہ خدا کی شریعت کے بالکل متضاد تھا، اُس روز خدا کے حضور یہ ایک اور خطا ہو گئی تھی۔ موسیٰ نے ہارون اور اُس کے بیٹوں سے 16 تا 18 آیت میں اس تعلق سے پوچھ گچھ کی۔ اور اُن کی سرزنش کی کہ اُنہوں نے خیمہ اجتماع میں گناہ کی قربانی کا گوشت کھانے کے تعلق سے خدا کے حکم کی تعمیل کیوں نہیں کی۔ ہارون نے موسیٰ سے کہا کہ اُس روز جو حادثے گزرے، اُن کی بنا پر وہ یہ کہہ سکتا ہے کہ اگر وہ گناہ کی قربانی کا گوشت کھا لیتے تو یہ بات خدا کی

نظر میں بھلی نہ ہوتی۔(20 آیت)

یہاں پر ہارون کی دلیل کیا ہے؟ خدا نے کاہنوں پر یہ واضح کر دیا تھا کہ خیمہ اجتماع میں یہ ایک معمول کا کام ہونا چاہئے۔ وہ گناہ پر اپنے بھائیوں کی عدالت ہونے پر خدا کے کام کو روک نہ دیں۔ ہارون نے موسیٰ کو یاد دلایا کہ اگرچہ اس روز اُس نے اپنے دونوں بیٹوں کو کھو دیا تو بھی وہ نذرانوں کی نگرانی اور خدا کے کام کی مسلسل دیکھ بھال کر رہا ہے۔ اُس نے موسیٰ کو بتایا کہ اُس نے اس لئے گناہ کی قربانی کا گوشت نہ کھایا کیونکہ وہ محسوس کرتا تھا کہ خدا اُس سے خوشنود نہیں ہو گا۔ اس سے یہ بھی پتہ چلتا ہے کہ یہاں پر ہارون کی فکر مندی اپنا نقصان نہیں تھا بلکہ خدا کی خوشنودی ہی اُس کی مرکزی فکر تھی۔ احبار اور استثنا میں چند ایک دلچسپ آیات پائی جاتی ہیں جو ہو سکتا ہے کہ ہارون کی دلیل کو سمجھنے میں ہماری مدد کریں۔

آئیں سنیں کہ خدا کا کلام استثنا 14:26 میں کیا بیان کر رہا ہے۔

غور کریں، "اور میں نے اپنے ماتم کے وقت اُن چیزوں میں سے کچھ نہیں کھایا اور ناپاک حالت میں اُن کو الگ نہیں کیا۔ اور نہ اُن میں سے کچھ مُردوں کے لئے دیا۔ میں نے خداوند اپنے خدا کی بات مانی اور جو کچھ تو نے حکم دیا، اُسی کے مطابق عمل کیا۔"

ہارون اس بات کو سمجھتا تھا کہ خداوند نے اسے بتایا ہے کہ وہ اپنے بیٹوں کی وفات پر کسی قسم کے غم کا اظہار نہ کرے۔ خداوند کی نافرمانی کی وجہ سے اُس کے دو بیٹوں کی وفات پر یعنی اِس المناک نقصان پر کسی قسم کے غم اور دُکھ کا اظہار نہ کرنا ہارون کے لئے بہت مشکل بلکہ بہت ہی مشکل تھا۔ خدا کی شریعت کا یہ تقاضا تھا کہ وہ ماتم کی حالت میں قربانی کے اُس حصے کو نہ کھائے جو اُس کے لئے مقرر کیا گیا تھا۔ یہ عین ممکن ہے کہ اُس نے محسوس کیا ہو کہ وہ اپنی موجودہ ذہنی حالت میں گوشت کا وہ حصہ کھا کر خدا کی عزت نہیں کرے گا۔

احبار 11:21 میں ہارون کا جواب بھی اُس کے ردِ عمل پر روشنی ڈال سکتا ہے۔ کاہن کے تعلق

سے بات کرتے ہوئے خدا کی شریعت بیان کرتی ہے۔

وہ کسی مُردہ کے پاس نہ جائے اور نہ اپنے باپ یاماں کی خاطر اپنے آپ کو نجس کرے۔

اگرچہ یہ بات واضح نہیں ہے کہ جب خداوند کی طرف سے ہارون کے بیٹوں پر مار پڑی تو اُس وقت وہ کہاں تھے، متن سے پتہ چلتاہے کہ وہ اس واقعہ کے رونما ہوتے وقت خیمہ اجتماع میں موجود تھے۔ کیااُن کی لاشوں سے خیمہ اجتماع ناپاک ہوا؟ خدا کی شریعت تو بیان کرتی ہے کہ گناہ کی قربانی کا گوشت صرف اور صرف خیمہ اجتماع کے صحن میں ہی کھایا جائے۔ (احبار 26:6) اگر صحن ہارون کاہن کے بیٹوں کی موت سے ناپاک ہو گیا تھا، تو ہو سکتاہے کہ ہارون نے محسوس کیا ہو کہ اُس کے اور اُس کے بیٹوں کے لئے مناسب نہیں کہ وہ گناہ کی قربانی کا گوشت وہاں پر کھائیں۔

گنتی 14:9 میں خدا کی طرف سے ملنے والی ہدایات پر غور کریں۔

"اور اگر کوئی پردیسی تم میں بودوباش کرتا ہو اور وہ خداوند کے لئے فسح کرنا چاہے تو وہ فسح کے آئین کے قوانین کے مطابق اُسے مانے۔ تم دیسی اور پردیسی، دونوں کے لئے۔ ایک ہی آئین رکھنا۔"

یہ حقیقت ہے کہ ہارون اور اُس کے بیٹے اُس جگہ میں داخل ہوئے جو اُس کے دو بیٹوں کی وفات سے ناپاک ہو گئی تھی۔ شریعت واضح طور پر بیان کرتی ہے کہ شرعی طور پر کوئی بھی ناپاک شخص اُس قربانی کے گوشت کو کھا نہیں سکتا تھا۔ یہ بات احبار 7:19 سے بالکل واضح ہے۔

اور اگر وہ ذرا بھی تیسرے دن کھایا جائے تو مکروہ ٹھہرے گا اور مقبول نہ ہو گا۔

درج بالا حوالہ جات ہم پر واضح کرتے ہیں کہ شاید ان وجوہات کی بنا پر ہارون اور اُس کے بیٹوں نے گناہ کی قربانی کے گوشت کو نہ کھایا ہو۔ لیکن یہ بات تو بالکل واضح ہے کہ موسیٰ نے جب ہارون کی طرف سے اُس کی وضاحت سُن لی تو پھر وہ مطمئن ہو گیا اور اِس موضوع پر مزید کوئی

بات نہ کی۔

یہاں پر ہمیں یہ سبق سیکھنے کی ضرورت ہے کہ ہر چیز ویسی نہیں ہوتی جیسی کہ وہ ظاہری طور پر دکھائی دے رہی ہوتی ہے۔ ہم دوسرے ایمانداروں کو جلدی سے جانچنا پرکھنا شروع کر دیتے ہیں، جب ہم کسی کی بات سمجھنے کے لئے سنُتے ہیں، تو پھر کسی پر نکتہ چینی کے بہت کم امکانات باقی رہ جاتے ہیں۔

چند غور طلب باتیں

☆۔یہ حوالہ خدا کا کام خدا کے طریقہ سے کرنے کی اہمیت کے بارے میں کیا تعلیم دیتا ہے؟ کیا آپ بھی خدا کے کام کو اپنے طریقہ سے کرنے کے گناہ کے مرتکب ہوئے ہیں؟ کیا آپ نے اِس طرح سے خدا کے حضور ناپاک بخور گزرانا ہے؟

☆۔خدا نے موسیٰ کو بتایا تھا کہ جو اُس کے پاس آئیں گے وہ ان پر پاک اور قدوُس خدا کے طور پر ظاہر ہو گا۔جب ہمیں اس بات کا واقعی علم ہو جاتا ہے کہ ہمارا خدا قدوس اور مہیب ہے تو اس سے ہماری خدمت پر کیا اثرات مرتب ہوتے ہیں؟

☆۔خدا نے ہارون اور اُس کے بیٹوں کو منع فرمایا تھا کہ وہ ندب اور ابیہو کے لئے ماتم نہ کریں کیونکہ اُنہوں نے اُس کے نام کی تحقیر کی تھی۔اس سے ہمیں اس تعلق سے کیا سیکھنے کو ملتا ہے کہ بطور ایماندار ہمیں کیسی ترجیحات اپنانی چاہئے؟ کیا خدا کی عزت اور تعظیم آپ کی زندگی میں اوّل

درجہ رکھتی ہے؟

☆۔کاہنوں کے لئے خدا کی تعظیم کرنے کا ایک طریقہ یہ بھی تھا کہ وہ لوگوں کو خدا کے کلام کی تعلیم دیتے۔ ہمارے دَور میں یہ کس قدر اہم بات ہے؟ کس طرح لوگوں کو یہ بتانے سے خدا کو عزت اور جلال ملتا ہے کہ خدا اُن سے کیسی توقعات رکھتا ہے؟

☆۔موسیٰ پہلے تو الیعزر اور اتمر پر برہم ہوا کیونکہ اُنہوں نے گناہ کی قربانی کا گوشت نہیں کھایا تھا لیکن ہارون سے بات چیت کرنے کے بعد وہ مطمئن ہو گیا۔ یہ کس قدر اہم ہے کہ کسی پر کوئی فتویٰ صادر کرنے سے پہلے حقائق کی تصدیق کے لئے ہم دوسروں سے بات چیت کر لیا کریں۔

چند اہم دُعائیہ نکات

☆۔خدا سے دُعا کریں کہ وہ آپ پر ظاہر کرے کہ آیا آپ اپنے طرزِ زندگی اور طرزِ خدمت سے اُس کی بے عزتی تو نہیں کر رہے۔

☆۔خداوند کی شکر گزاری کریں کہ وہ قدوس خدا ہے۔ خداوند سے کہیں کہ آپ کو توفیق بخشے تاکہ آپ ایک پاک خوف میں زندگی بسر کرتے ہوئے اور اپنے قول و فعل سے اُس کے پاک نام کی تکفیر نہ کریں۔

☆۔خداوند سے ایسے وقتوں کے لئے معافی مانگ لیں جب آپ نے حقائق جانے بغیر کسی پر نکتہ چینی کی اور خود ہی کسی نتیجہ پر پہنچ گئے۔

☆۔خداوند سے توفیق چاہیں کہ آپ اپنے دل میں اُس کی عزت اور تعظیم کو اوّل درجہ دیتے ہوئے زندگی بسر کر سکیں۔

باب 11

پاک اور ناپاک جانور

احبار 11: 1-47 پڑھیں

جیسا کی احبار 11 باب میں ہمارے لئے درج کیا گیا ہے، خدا کی شریعت نے مقرر کر دیا کہ خدا کے لوگ کس طرح کی خوراک لے سکتے ہیں۔ اِس باب میں خدا نے جو اصول و ضوابط ہمیں دئے ہیں، وہ ہماری صحت اور سلامتی کے لئے ہیں۔ کچھ ایسے جانور تھے جو صحت کے لئے مُضر نہیں تھے۔ لیکن کچھ ایسے جانور تھے جن کے کھانے سے صحت متاثر ہو سکتی اور کئی ایک بیماریاں لگ سکتی تھیں۔ خدا تو یہی چاہتا ہے کہ اس کے لوگ صحت مند اور تندرست رہیں۔ خدا یہ چاہتا ہے کہ انسان کی روح، بدن اور جان بالکل محفوظ اور سلامت رہیں۔ یعنی وہ جذباتی، ذہنی، اور روحانی طور پر محفوظ اور صحت مند ہو۔ یاد رہے کہ بیماری اور کمزوری اِس زمین پر گناہ کے نتیجہ میں آئی۔

خشکی کے جانور

جب ہم 11 باب کا آغاز کرتے ہیں، خدا نے موسیٰ اور ہارون کو چند ایک قوانین دئے جس سے اس بات کا تعین کرنا آسان ہو گیا کہ آیا زمین کے جانور کھائے جاسکتے ہیں یا کون سے ایسے جانور ہیں جن کے کھانے کی ممانعت فرمائی گئی ہے۔ 3 آیت کہ مطابق ایک جانور اُسی صورت میں کھایا جاسکتا ہے جو دو شرائط پر پورا اُترتا ہو۔ پہلی شرط، اُس جانور کے پاؤں چرے ہوئے ہوں، دوسری شرط، یہ جگالی کرتا ہو۔ کسی جانور کے پاک ہونے اور اُسے کھانے کے لئے یہ دونوں شرائط پوری ہونی چاہیئے۔

کچھ ایسے جانور بھی تھے جن میں یہ دونوں خصوصیات نہیں تھیں، بلکہ بعض میں صرف ایک خوبی ہی پائی جاتی تھی۔ یہاں پر 4 آیت میں اونٹ کی مثال دی گئی ہے۔ اگرچہ یہ جگالی کرتا ہے لیکن اُس کے پاؤں چرے ہوئے نہیں ہیں۔ لہٰذا اس کے کھانے کی ممانعت ہے۔ دیگر جانور جو جگالی کرتے ہیں لیکن اُن کے پاؤں چرے ہوئے نہیں ہیں، اِن میں سافان، سؤر اور خرگوش ہیں (5-6 آیات) مثال کے طور پر، ایک جانور جس کے پاؤں مکمل طور پر چرے ہوئے ہیں لیکن وہ جگالی نہیں کرتا، وہ سؤر ہے۔ چونکہ یہ جانور کلام کے مطابق دونوں شرائط پر پورے نہیں اترتے، اس لئے یہ بنی اسرائیل کے لئے ناپاک تھے۔ (7 آیت) انہیں یہ جانور کھانے کی مکمل طور پر ممانعت تھی۔ بلکہ اُنہیں یہ اجازت بھی نہیں تھی کہ اُن کی لاشوں کو چھو سکیں۔

پانی کی مخلوقات

9-12 آیات وضاحت سے پانی میں رہنے والی مخلوقات کے تعلق سے بیان کرتی ہیں۔ یہاں پر بھی بڑی سادگی سے بیان کیا گیا ہے کہ کون سے جاندار کو کھایا جاسکتا ہے اور کس کے کھانے پر قدغن (پابندی) ہے۔ یہاں پر بھی دو خصوصیات کا ہونا ضروری ہے تب ہی وہ جاندار کھایا جاسکتا ہے۔۔ اوّل۔ اُس کے چھلکے ہونے چاہئے، دوسری خوبی، اُس کے پرّ ہونے چاہئے۔

پرندے

13-19 آیات میں ناپاک پرندوں کی مثال دی گئی ہے۔ عمومی طور پر یہ شکاری پرندے تھے جو دوسرے ناپاک جانوروں یا مچھلی کھا کر گزارا کرتے تھے۔ ناپاک پرندوں کی فہرست میں شامل تھے، عقاب، گدھ، استخوان، چیل، کوا، شتر مرغ، چغد، کوکل، بوم، ہڑگیلا، لق لق، لگڑ، بگلا، الو شاہین، ہدہد اور چمگادڑ۔ اِن میں سے کوئی پرندہ بھی کھایا نہیں جاسکتا تھا۔

کیڑے مکوڑے

کسی کیڑے مکوڑے کے کھانے کے لئے ضروری تھا کہ اُس کے پر ہوتے ہیں اور اُس کی ٹانگیں بھی جُڑی ہوتی تاکہ وہ زمین پر اُچھل کود سکتا ہو۔ مثال کے طور پر ٹڈی، سلعام، جھینگر، ہر قسم کا ٹڈا۔ دیگر تمام پردار کیڑے مکوڑے جو اپنی چار ٹانگوں پر چلتے تھے خدا کے لوگوں کے لئے ناپاک تھے۔

ناپاک جانور کی لاش کو چھُونا

24 آیت پر غور کریں، شریعت بیان کرتی ہے کہ جو کوئی کسی جانور کی لاش چھُوئے وہ شام تک ناپاک رہے گا۔ یہ وہ دَور تھا جب کسی مُردہ جانور کی لاش کو چھونے سے گریز اور پرہیز بڑا مشکل کام تھا۔ اگر کسی شخص کے پاس اُونٹ ہوتا اور وہ مر جاتا، تو پھر لازم تھا کہ وہ شخص اُس جانور کی لاش کو ٹھکانے لگائے۔ اِس صورت میں خدا کی شریعت اُسے اُس جانور کی لاش کو ہاتھ لگانے کی اجازت دیتی تھی، لیکن اِس کے ساتھ ہی یہ تقاضا تھا کہ وہ اپنے کپڑے دھوئے اور شام تک ناپاک رہے۔ وہ اپنے لوگوں اور دیگر اشیاہ سے الگ ہی رہے۔ مقصد یہ تھا کہ بیماری کے جراثیم دوسرے لوگوں تک پھیلنے نہ پائیں۔

رینگنے والے جاندار اور، حشرات

29-38 آیات میں زمین پر رینگنے والے جانوروں کا ذکر ہے۔ ان میں نیولا، چوہا، چھپکلی، گوہ، سانڈا اور گرگٹ شامل ہیں۔ یہ تمام جانور خدا کے لوگوں کے لئے ناپاک تھے۔ اُنہیں کسی صورت میں کھایا نہیں جانا تھا اور جو کوئی اُن کی لاشوں کو چھوئے، وہ اپنے کپڑے دھوئے اور شام تک ناپاک رہے۔ اس حصہ میں حشرات اور رینگنے والے جانداروں پر خصوصی توجہ دی گئی ہے۔

32 آیت میں، اگر اُن میں سے کوئی جانور مر جاتا اور لاش کسی لکڑی، کسی کھال یا کپڑے پر گر

جاتی، جس بھی چیز پر اُس کی لاش گرتی، وہ چیز ناپاک ہو جاتی تھی۔ لکڑی، کھال یا کپڑے کو پانی میں دھو کر صاف کیا جاتا۔ یہ چیز شام تک ناپاک ہی رہتی تھی اور اگلے دن تک اُسے چُھوا نہیں جا سکتا تھا۔ اگر کسی کیڑے مکوڑے کی لاش مٹی کے برتن میں گر جاتی، تو اُس برتن کو توڑ دیا جاتا تھا۔ اگر اُس برتن میں کھانے پینے کی کوئی چیز ہوتی تو وہ بھی کھائی نہیں جا سکتی تھی۔ اگر یہ حشرات کسی مائع چیز پر گر جاتے تو وہ بھی ناپاک ٹھہرتی تھی ا۔ (34 آیت) اگر کسی کیڑے مکوڑے کی لاش کھانا پکانے والے چولہے یا تنور پر گر جاتی تو اُسے بھی توڑ دیا جاتا۔ (35 آیت) اس کی جگہ پر نیا چولہا یا تنور بنایا جاتا تھا۔

اگر کسی کیڑے مکوڑے کی لاش پانی کے چشمے یا حوض میں گر جاتی، تو وہ بھی ناپاک ہی رہتا تھا۔ غور کریں، کسی لاش کو چھونے والے شخص کا ذکر بھی کیا گیا ہے۔ (36 آیت) اس کا مفہوم یہ ہے کہ لاش پانی میں نہ رہے۔ اُس کا وہاں سے ہٹایا جانا ضروری تھا لاش کو وہاں سے ہٹانے والے شام تک ناپاک ہی رہتے تھے۔

اگر کسی کیڑے مکوڑے کی لاش بیجوں پر گر جاتی تھی جو بوئے جانے والے ہوتے تھے۔ تو جب تک اُن بیجوں کو پانی سے نہ دھویا جاتا وہ بھی ناپاک ہی رہتے تھے۔ اگر بیج اُس وقت گیلا ہوتا تھا جب کسی جانور کی لاش اُس پر گرتی تھی، تو وہ ناپاک ہو جاتا تھا۔ (38 آیت) کیونکہ پانی کسی بھی طرح کے جراثیموں کو آگے منتقل کر سکتا ہے یعنی اِس مر جانے والی مخلوق میں کوئی بھی بیماری یا جراثیم دوسرے لوگوں تک پھیل سکتے تھے۔

پاک جانور کی لاش کو چھونا

40-39 آیات میں ایسے جانوروں کا ذکر کیا گیا ہے جو قدرتی وجوہات کی بنا پر مر جاتے تھے۔ ہو سکتا ہے کہ کسی دوسرے جانور نے اُنہیں مار دیا ہو، یا پھر اُن کی عمر پوری ہو گئی ہو، کوئی بیماری لگ

گئی ہو۔ جو کوئی اُس لاش کو چھوتا، (ممکنہ طور پر باقیات ہٹانے کی غرض سے) اسے اپنے کپڑے دھو کر بھی شام تک ناپاک رہنا ہوتا تھا۔ (40 آیت)

دیگر ناپاک مخلوقات

41-45 آیات زمین پر رینگنے والی دیگر مخلوقات کا ذکر کرتی ہیں۔ یوں لگتا ہے کہ اس میں رینگنے والی ہر طرح کی مخلوقات شامل ہیں۔ اِس میں رینگنے والے حشرات یا سانپ اور دیگر رینگنے والی چیزیں شامل ہیں۔ 43 آیت میں، خدا خاص طور پر اپنے لوگوں کو بتاتا ہے کہ اُس کے لوگ ایسی چیزوں کو کھانے یا چھُونے سے خود کو ناپاک نہ کریں۔ اِس کی بجائے اُنہیں خدا کے لئے اپنی تقدیس کریں اور خدا کے لئے پاک لوگ بنے رہنے تھا۔ (44-45)

ہو سکتا ہے کہ کسی ناپاک جانور کو نہ چھُونے اور حقیقی پاکیزگی کا تعلق ہمیں سُننے میں بڑا عجیب معلوم ہوتا ہو۔ لیکن احبار 11:44-45 میں یہ تعلق بالکل واضح ہے۔

"کیونکہ میں خداوند تمہارا خدا ہو، اِس لئے اپنے آپ کو مقدس کرنا اور پاک ہونا، کیونکہ میں قدُوس ہوں۔ سو تم کسی طرح کے رینگنے والے جاندار سے جو زمین پر چلتا ہے، اپنے آپ کو ناپاک نہ کرنا۔ کیونکہ میں خداوند ہوں اور تم کو مُلک مصر سے اِسی لئے نکال کر لایا ہوں، کہ میں تمہارا خدا ٹھہروں۔ اِس لئے تم مقدس ہونا، کیونکہ میں قدُوس ہوں۔"

اگر ہم اِس حوالہ کو سمجھنا چاہتے ہیں تو ہمیں سمجھنا ہو گا کہ خدا اپنے بندہ موسیٰ کو کیا کہہ رہا ہے۔ پاکیزگی کا تعلق خدا کے لوگوں کی زندگیوں کے ہر ایک پہلو سے تھا۔ حتیٰ کہ جو کچھ وہ کھاتے تھے اُس کے ساتھ بھی اُن کی پاکیزگی جڑی ہوئی تھی۔ خدا اُنہیں ایک مقصد کے تحت مُلکِ مصر کے جوئے اور بندھن سے چھڑا کر لایا تھا۔ وہ اُنہیں ایک بڑی قوم بنانا چاہتا تھا۔ وہ چاہتا تھا کہ وہ سب قوموں کے لئے نور بن جائیں۔ اُنہی کے وسیلہ سے خدا نے پوری دُنیا کے لئے اپنے مقصد کو پایہ

تکمیل تک پہنچانا تھا۔ اگر اُنہیں وہی کچھ بننا تھا جو خدا اُنہیں بنانا چاہتا تھا تو پھر اِس کے لئے اُنہیں اپنے بدنوں کی بھی حفاظت کرنا تھی۔ ہمارے جسمانی بدنوں اور پاکیزگی میں تعلق 1 کرنتھیوں 19:6-20 میں بالکل واضح ہے۔ جہاں پر مقدس پولس رسول بیان کرتے ہیں۔

" کیا تم نہیں جانتے کہ تمہارا بدن روح القدس کا مقدس ہے، جو تم میں بسا ہوا ہے اور تم کو خدا کی طرف سے ملا ہے، اور تم اپنے نہیں کیونکہ قیمت سے خریدے گئے ہو۔ پس اپنے بدن سے خدا کا جلال ظاہر کرو۔

خدا کے لوگوں نے اپنے روح، بدن اور جان سے خدا کی تعظیم کرنا تھی۔ وہ شخص جسے اس بات کا احساس ہو جاتا ہے کہ اُس کا بدن خداوند یسوع مسیح کا ہے۔ اور اب یہ خدا کے پاک روح کا مسکن بن چکا ہے تو پھر وہ اپنے بدن کو صحت مند اور تندرست رکھنے کے لئے ہر ممکن کوشش کرے گا۔ وہ اپنے بدن کو ناپاک کرنے کے لئے کوئی بھی ممنوعہ چیز نہیں کھائے گا۔ اکثر اوقات ہم اس سوچ اور خیال کو رکھنے سے خدا کے مُجرم ٹھہرتے ہیں کہ ہمیں اپنے دلوں اور روحوں سے خدا کی تعظیم کرنی ہے پر ہمارے بدن تو ہمارے ہی ہیں، ہم اُن کے ساتھ جو کچھ بھی کرنا چاہیں کر سکتے ہیں۔ خدا چاہتا ہے کہ اس کے لوگ اپنے بدنوں کی حفاظت کریں جو اُس کی طرف سے ہمیں ملے ہیں۔ یہی وہ ہیکل اور مسکن ہے جس میں وہ سکونت کرتا ہے۔ یہی وہ برتن ہیں جس میں وہ اپنی قدرت بھر کر اپنے کام کے لئے استعمال کرنے کا خواہاں ہے۔

خدا انسان کے سارے وجود کی فکر کرتا ہے۔ یعنی ہمارے بدن، روح اور جان میں اُس کی دلچسپی ہے۔ میرے لئے یہ بڑی حیرت کی بات ہے کہ اِس پورے باب میں خدا نے بڑی فکر مندی کے ساتھ اپنے لوگوں کو یہ تعلیم دی ہے کہ وہ کس طرح سے کھانے اور چھونے کے تعلق سے محتاط رہیں۔ اِس سے ہم پر یہ واضح ہو جاتا ہے کہ جب اُس کے نام سے چلتے پھرتے ہیں تو اپنے پورے وجود کے تعلق سے محتاط رہیں۔ خدا کو اپنی مخلوق کے مکمل وجود کی صحت اور سلامتی کی فکر ہے۔

خداوند یسوع مسیح نے اپنی زمینی خدمت کے دوران صرف انجیل کی منادی ہی نہیں بلکہ بیماروں کو شفا دی اور دُکھیوں کو تسلی۔ اُس کے خدام ہوتے ہوئے، ہم بھی صرف لوگوں کو مسیح کے پاس نہ لائیں بلکہ اُن کی جانوں اور بدنوں کا بھی خیال رکھیں اور اِس تعلق سے بھی اُنہیں تعلیم و تربیت دیں۔ ہم اُنہیں اِس طور سے ہی دیکھیں جس طرح سے خدا اُنہیں دیکھتا ہے۔ ہم اُن کی روح، بدن اور جان کا خیال رکھیں اور اِن کی پرورش ان تینوں علاقہ جات میں کرتے رہیں۔

چند غور طلب باتیں

☆۔ آپ کے خیال میں خدا نے موسیٰ کو وضاحت سے سمجھانے میں اتنا وقت کیوں صرف کر دیا کہ یہ چیز کھانی ہے اور یہ چیز نہیں کھانی؟

☆۔ کھانے پینے کے تعلق سے بیان کردہ اصول و ضوابط کس طرح سے خدا کے لوگوں کو بیماریوں اور جراثیموں سے بچاتے ہیں؟

☆۔ یہ اصول و ضوابط کس طرح سے ظاہر کرتے ہیں کہ خدا کو انسان کے سارے وجود یعنی روح ،بدن اور جان کی فکر ہے؟

☆۔ کس طرح یہ حوالہ ہمارے طرزِ زندگی اور اپنے اردگرد کے لوگوں کی زندگیوں پر اثر انداز ہوتا ہے جن کے درمیان ہم خدمت سرانجام دیتے ہیں؟

☆۔ آج آپ کو اپنے اردگرد کیسی ضروریات دکھائی دیتی ہیں؟ ان ضروریات کو پورا کرنے کے لئے آپ کے خیال میں کیا اقدام کئے جانے چاہئے؟

☆۔ آپ کس طرح سے اپنے بدنوں سے خدا کو عزت اور جلال دے سکتے ہیں؟

احبار کی کتاب (تفسیر)

چند اہم دُعائیہ نکات

☆۔ خداوند کی شکر گزاری کریں کہ وہ آپ کے پورے وجود، یعنی روح، بدن اور جان کی فکر کرتا ہے؟

☆۔ خداوند کی شکر گزاری کریں کہ اُس نے اپنا پاک روح آپ کی زندگی میں رکھا ہے اور اب آپ کا بدن اُس کی ہیکل بن چکا ہے؟

☆۔ خداوند سے دُعا کریں کہ وہ آپ پر واضح کرے کہ کس طرح سے آپ نے اپنے بدن کی حفاظت اور نگہداشت اس طور سے نہیں کی جس طرح سے اپنے بدن کو خدا کی ہیکل جانتے ہوئے آپ کو کرنی چاہئے تھی۔ خداوند سے پوچھیں کہ کس طرح سے آپ کو اِس کی دیکھ بھال اور نگہداشت میں تبدیلی کرنے کی ضرورت ہے۔

☆۔ خداوند سے دُعا کریں کہ آپ کے ارد گرد کے لوگوں کی جسمانی ضروریات کے لئے آپ کی آنکھیں کھول دے۔ خداوند سے پوچھیں کہ کس طرح سے آپ ضرورت مندوں اور محتاجوں تک اُن کی ضروریات پوری کرنے کے لئے جا سکتے ہیں۔

باب 12

بچے کی پیدائش

احبار 12: 1-8 پڑھیں

12 واں باب بچے کی پیدائش کے تعلق سے خدا کی شریعت کو بیان کرتا ہے۔ قابلِ غور بات یہ ہے کہ بچے کی جنس مختلف ہونے پر تقاضے بھی مختلف ہیں۔

بیٹے کی پیدائش

جب ایک عورت بیٹے کو جنم دیتی تھی تو وہ سات دن تک ناپاک رہتی تھی بالکل ایسے ہی جس طرح وہ اپنی ماہواری کے دوران ناپاک ٹھہرتی تھی۔ غور کریں کہ ایسی عورت شرعی طور پر ناپاک ٹھہرتی تھی۔ وہ کسی گناہ یا ناجائز بچے کو جنم دینے کی مجرم نہیں ہوتی تھی۔ درحقیقت بچے کی پیدائش زندگی کی بہترین اور اعلیٰ برکات میں سے ایک تھی۔ آئیں سُنیں کہ زبور نویس زبور 127: 3-5 میں کیا بیان کرتا ہے۔

" دیکھو اولاد خداوند کی طرف سے میراث ہے اور پیٹ کا پھل اُس کی طرف سے اَجر ہے۔ جوانی کے فرزند ایسے ہیں جیسے زبردست کے ہاتھ میں تیر۔ خوش نصیب ہے وہ آدمی جس کا ترکش اُن سے بھرا ہے۔ جب وہ اپنے دُشمنوں سے پھاٹک پر باتیں کریں گے تو شرمندہ نہ ہوں گے۔"

اگرچہ بچے کی پیدائش کا عمل ایک برکت تھی تو بھی عورت سات دن تک شرعی طور پر ناپاک ٹھہرتی تھی۔ یہ ناپاکی خون اور دیگر لوازمات اور رطوبتوں کے بہنے کے سبب سے تھی جو بچے کی پیدائش پر قدرتی طور پر ہوتی تھیں۔

آٹھویں دن چھوٹے بچے کا ختنہ کیا جاتا تھا، ختنہ کرنے کا حکم خدا نے ابرہام کو پیدائش 17:1-14 میں دیا تھا۔ اور یہ اِس بات کا نشان تھا کہ وہ بچہ اسرائیلی ہے، اُس بچے پر خدا کی برکات ہوتی تھیں۔

بچے کے ختنے کے بعد، عورت کو مزید 33 دن تک اپنے خون سے پاک ٹھہرنے کے لئے انتظار کرنا پڑتا تھا۔ اِس دوران وہ کسی چیز کو چُھو نہیں سکتی تھی اور نہ ہی وہ خیمہ اجتماع میں جا سکتی تھی۔ (4 آیت)

بیٹی کی پیدائش

اگر عورت بیٹی کو جنم دیتی تو پھر خدا کا حکم قدرے مختلف تھا۔ سات دن تک شرعی اعتبار سے ناپاک رہنے کے بجائے، (جیسا کہ بیٹے کی پیدائش پر ہوتا تھا) عورت کو سات دن کی بجائے دو ہفتے تک ناپاک قرار دیا جاتا تھا۔ غور کریں کہ بیٹی پیدا ہونے کی صورت میں، عورت کے پاک ہونے میں دُگنا وقت درکار ہوتا تھا۔ اِس صورت میں ماں کو 66 دن تک اپنی ناپاکی سے پاک ہونے کے لئے انتظار کرنا پڑتا تھا۔ اِس دوران وہ نہ تو خیمہ اجتماع میں جا سکتی تھی اور نہ ہی کسی پاک چیز کو چُھو سکتی تھی۔

یہاں پر ایک اہم سوال پیدا ہوتا ہے۔ کیوں بیٹی پیدا ہونے کی صورت میں عورت کو پاک ہونے کے لئے دوگنا وقت درکار ہوتا تھا؟ اِس سوال کا جواب اُس حوالہ میں موجود نہیں ہے۔ لیکن یہ قابلِ غور سوال ضرور ہے۔ یہاں پر میں اپنی سوچ و فکر کو بیان کرنا چاہوں گا۔

اوّل:۔ طبی اعتبار سے ایک ماں کے بدن کو شفا پانے میں دوگنا وقت درکار نہیں ہوتا، خواہ اُس کے ہاں بیٹی کی پیدائش ہوئی ہو۔ پس یہ بات تو واضح ہے کہ اِس کی کوئی طبی وجہ نہیں ہے۔ یہاں پر دوگنے وقت کی کوئی اور وجہ ہو سکتی ہے۔

دوئم۔ یہاں پر اس بات کو بھی مدِ نظر رکھا جائے کہ خدا عورت کو مرد سے کم تر نہیں جانتا۔ دونوں ہی اُس کی صورت اور شبیہ پر پیدا ہوئے ہیں اور خدا کی نظر میں ایک جیسی قدر و قیمت رکھتے ہیں۔ مقدس پولس رسول گلتیوں کی کلیسیا کو 3:28-29 میں لکھتے ہوئے اِس بات کو واضح کرتا ہے۔

"نہ کوئی یہودی رہا، نہ یونانی، نہ کوئی غلام، نہ کوئی آزاد، نہ کوئی مرد نہ کوئی عورت، کیونکہ تم سب مسیح یسوع میں ایک ہو۔ اور اگر تم مسیح کے ہو تو ابرہام کی نسل اور وعدہ کے مطابق وارث ہو۔"

مقدس پطرس نے اِسی اصول کی تعلیم 1 پطرس 3:7 میں دی ہے۔ جب اُس نے شوہروں کو مخاطب کیا۔

"اَے شوہر! تم بھی بیویوں کے ساتھ عقلمندی سے بسر کرو، اور عورت کو نازک ظرف جان کر اُس کی عزت کرو اور یوں سمجھو کہ ہم دونوں زندگی کی نعمت کے وارث ہیں۔ تاکہ تمہاری دُعائیں رُک نہ جائیں۔"

غور کریں کہ بیوی زندگی کی نعمت کی وارث اور شریک کار تھی۔ کوئی شوہر جو اپنی اہلیہ سے بد سلوکی کرتا اُس کی دُعا میں رکاوٹ پیدا ہو جاتی تھی۔

خداوند یسوع مسیح نے اپنی زمینی خدمت کے دوران، عورت کو مردوں کے برابر عزت اور وقار عطا کیا۔ اُس نے عورتوں کو بھی مردوں کی طرح اپنے قدموں میں بیٹھنے کا موقع دیا اور اُنہوں نے اُس سے تعلیم پائی۔ (لوقا 10:39) عورتیں خدمت کے لئے یسوع اور اُس کے شاگردوں کے ساتھ ساتھ سفر میں جاتیں تھیں۔ آئیں سنیں لوقا 8:1-3 میں کیا بیان کرتا ہے۔

" تھوڑے عرصہ بعد یوں ہوا کہ وہ منادی کرتا اور خدا کی بادشاہی کی خوشخبری سناتا ہوا، شہر شہر اور گاؤں گاؤں پھرنے لگا اور وہ بارہ اُس کے ساتھ تھے۔ اور بعض عورتیں جنہوں نے بُری روحوں اور بیماریوں سے شفا پائی تھی، یعنی مریم مگدلینی کہلاتی تھی، جس میں سے سات بدروحیں

نکلی تھیں۔ اور یوانا ہیرودیس کے دیوان خوزہ کی بیوی اور سُوسنا اور بہتری اور عورتیں بھی تھیں جو اپنے مال سے ان کی خدمت کرتی تھیں۔

جب خداوند یسوع مسیح اپنی خدمت میں ایک جگہ سے دوسری جگہ گئے تو عورتوں نے اُن کی خدمت میں قربانی دینے کی حد تک اہم کردار ادا کیا۔

پوری بائبل مقدس میں مردوں اور عورتوں کے کردار میں فرق پایا جاتا ہے۔ مقدس پولس رسول نے خاندان میں سربراہ کے کردار کو واضح کرتے ہوئے اِس بات کو بیان کیا۔ وہ افسیوں 23:5 میں لکھتے ہیں۔

"کیونکہ شوہر بیوی کا سر ہے، جیسے کہ مسیح کلیسیا کا سر ہے۔ اور وہ خود بدن کا بچانے والا ہے۔"

اس کردار کا تعلق ذہانت یا قابلیت سے نہیں ہے۔ عورتیں بھی مردوں کی طرح ہی اہل اور ذہین ہوتی ہیں۔ سربراہ کا کردار تو خدا کے چناؤ سے تعلق رکھتا ہے۔ اور اِس کے پیچھے خدا کا ایک مقصد پنہاں ہے۔

عہدِ عتیق کا ایک اہم ترین قانون پہلوٹھے کے تعلق سے تھا۔ یہ بات انسانوں اور جانوروں کے پہلوٹھوں کے تعلق سے بھی اسی طرح سے تھی۔ یہ بچے خداوند سے فدیہ دے کر چھڑائے جاسکتے تھے۔(خروج 13:11-13)

"اور جب خداوند اُس قسم کے مطابق جو اُس نے تجھ سے اور تیرے باپ دادا سے کھائی تجھ کو کنعانیوں کے مُلک میں پہنچا کر وہ مُلک تجھے دے تو تو پہلوٹھی کے بچوں کو اور جانوروں کے پہلوٹھوں کو خداوند کے لئے الگ کر دینا۔ سب نر بچے خداوند کے ہوں گے۔ اور گدھے کے پہلے بچے کے فدیہ میں برّہ دینا اور اگر تو اُس کا فدیہ نہ دے تو اُس کی گردن توڑ ڈالنا اور تیرے بیٹوں میں جتنے پہلوٹھے ہوں اُن سب کا فدیہ تجھ کو دینا ہو گا۔"

تمام پہلوٹھے خداوند کے تھے۔

" کیونکہ سب پہلوٹھے میرے ہیں، اِس لئے کہ جس دن میں نے مُلک مصر میں سب پہلوٹھوں کو مارا، اُسی دن میں نے بنی اسرائیل کے سب پہلوٹھوں کو، کیا انسان اور کیا حیوان اپنے لئے مقدس کیا، سو وہ ضرور میرے ہوں۔ میں خداوند ہوں۔" (گنتی 13:3)

پہلوٹھے کی خاص ذمہ داریاں ہوتی تھیں اور اُسے خاص عزت اور شرف بھی حاصل ہوتی تھی۔ گھر کا سربراہ ہوتے ہوئے تمام تر ذمہ داریاں اُسی کے اُوپر ہوتی تھیں۔ اُسے اپنے والد کی جائیداد کا دوگنا حصہ ملتا تھا۔

" بلکہ وہ غیر محبوبہ کے بیٹے کو اپنے سب مال کا دونا حصہ دے کر، اُسے پہلوٹھا مانے، کیونکہ وہ اُس کی قوت کی ابتدا ہے۔ اور پہلوٹھے کا حق اُسی کا ہے۔" (استثنا 17:21)

" اور میں اجازت نہیں دیتا کہ عورت سکھائے یا مرد پر حکم چلائے، بلکہ چُپ چاپ رہے۔ کیونکہ پہلے آدم بنایا گیا، اِس کے بعد حوا۔" (1 تیمتھیس 2:12-13)

غور کریں یہاں پر مقدس پولس رسول کیا بیان کر رہا ہے۔ اُس نے تیمتھیس سے کہا کہ عورت مرد پر حکم نہ چلائے کیونکہ مرد پہلے پیدا ہوا تھا۔ بالفاظ دیگر، وہ پہلوٹھا تھا۔ پہلوٹھے کی حیثیت سے، وہ خدا کے حضور کچھ ذمہ داریاں بھی رکھتا تھا۔ اُسے گھرانے کا سربراہ ہونا تھا۔ (افسیوں 23:5) پہلوٹھا ہوتے ہوئے یہی اُس کی ذمہ داری تھی اور یہی اُس کے لئے عزت اور شرف کی بات۔

چونکہ مرد پہلے بنایا گیا تھا۔ (افسیوں 2:13) وہ خدا کے حضور خاص ذمہ داری رکھتا تھا۔ بطور ایک پہلوٹھا اُسے ادا کرنے کے لئے ایک خاص کردار دیا گیا۔ اُس نے اپنے گھرانے اور قوم کی نمائندگی کرنا تھی۔ گھرانے کا سربراہ ہوتے ہوئے اُسے اپنے بدن پر ختنہ کا نشان لینا ہوتا تھا۔ عورتوں کو ایسا کوئی نشان نہیں دیا گیا تھا۔ اگرچہ کتاب مقدس میں عورت اور مرد کی قدر و اہمیت میں کوئی فرق دکھائی نہیں دیتا۔ لیکن اُن کے کردار الگ الگ تھے۔ نر بچہ خدا کے حضور ایک ذمہ

داری رکھتا تھا۔ پیدائش ہی سے خدا اُنہیں اپنے لئے الگ کرلیتا تھا تاکہ وہ گھرانے کے سربراہ ہوں اور خدا اُنہیں اپنے مقصد اور راہوں کی رہنمائی دیتا تاکہ وہ اُس پر چلیں اور اپنے گھرانے کو بھی چلائیں۔

بچے کی پیدائش کی بعد، پاکیزگی کے تعلق سے شریعت میں بالکل واضح فرق دیا گیا ہے۔ نر اور مادہ دونوں بچوں کو ہی برابر قدر و عزت دی جاتی تھی۔ وہ دونوں ہی خدا کی برکات کے برابر کے وارث تھے۔ لیکن نر بچہ، تخلیق کا پہلوٹھا، ہوتے ہوئے، اُس کے نمائندہ کی حیثیت سے خدا کی ملکیت ٹھہرتا تھا۔ بیٹی کی پیدائش پر پاکیزگی کے لئے دوگنے وقت سے خدا اپنے لوگوں کو اِن مختلف کرداروں کی یاد دہانی کراتا تھا۔

طہارت کے لئے ہدیہ جات

جب عورت کی پاکیزگی کے دن پورے ہو جاتے، توماں ایک یکسالہ برہ خداوند کے حضور سوختنی قربانی کے طور پر لاتی تھی۔ وہ ایک کبوتر یا قمری بھی گناہ کی قربانی کے لئے لاسکتی تھی۔ جب یہ قربانیاں گزران دی جاتی تھیں، تو پھر وہ شرعی طور پر پاک ٹھہرتی اور خون کے بہاؤ سے پاک صاف ہو جاتی تھی۔

اِن نذرانوں کے تعلق سے دو چیزوں پر غور کریں۔ اوّل۔ عورت نے خدا کی نافرمانی نہیں کی ہوتی تھی لیکن پھر بھی اس سے تقاضا کیا گیا کہ وہ گناہ کی قربانی لائے۔ بچے کی پیدائش کے بعد وہ فطری طور پر شفا کے عمل کی وجہ سے ناپاک ہو جاتی تھی۔ بطور ایک انسان، ہم گناہ آلودہ جہاں میں آباد ہیں۔ بعض اوقات ہم اِس دُنیا میں رہتے ہوئے بھی آلودہ ہو جاتے ہیں۔ ہم بہت سے لوگوں کے ساتھ رہتے اور کام کرتے ہیں جو خدا سے محبت نہیں رکھتے۔ ہم اُنہیں خدا کے نام پر کفر بکتے ہوئے سُنتے ہیں۔ ہم اپنے اردگرد ایسی چیزیں دیکھتے ہیں جو قدوس خدا کی ناراضگی کا باعث ہوتی

ہیں۔ یہ سب چیزیں ہمارے باطن میں داخل ہو کر ہمیں آلودہ کر دیتی ہیں خواہ ہم نے اُن چیزوں کو دانستہ طور پر اپنی زندگی میں آنے کی دعوت نہ دی ہو۔ بالکل ایسے ہی جس طرح ایک عورت ایک فطری عمل سے ناپاک اور آلودہ ہو جاتی تھی۔ بعض اوقات وہ اس ناپاکی کے تعلق سے کچھ نہ کر سکتی تھی۔ اِسی طرح ہم بھی بعض ناپاک حالتوں کے تعلق سے بے بس ہوتے ہیں۔ ہم اپنے اِرد گرد کئی ایک چیزوں سے آلودہ ہو جاتے ہیں جنہیں ہم بدلنے سے قاصر ہوتے ہیں۔

یہاں پر ہم خدا کی قدوسیت کے تعلق سے سیکھتے ہیں۔ وہ اِس قدر پاک اور قدوس ہے کہ ہر یک آلودگی سے پاک ہونے کا تقاضا کرتا ہے۔ بچے کی پیدائش کے فطری عمل میں بھی ایک برّے کی موت اور ایک ماں کے خدا کے ساتھ درست تعلق اور رشتہ کی بحالی کے لئے ایک قُمری کی ضرورت ہوتی تھی۔ دن بھر میں کتنی چیزیں ہمیں ناپاک کرتی ہیں؟ کس قدر ناپاک خیالات، برے اعمال و افعال اور روّیے ہمیں آلودہ کرتے رہتے ہیں؟ یہ جاننا کس قدر اہم ہے کہ مسیح یسوع، خدا کے برّے کا خون ہماری ہر ایک خطا اور روحانی آلودگی کو ڈھانپ لیتا ہے۔

یہاں پر ایک اور نکتہ بھی واضح کرنے کی ضرورت ہے۔ غور کریں کہ نر اور مادہ بچے کی پاکیزگی کے دورانیہ کو قربانیاں ہی اختتام پذیر کرتی تھیں۔ (6-7 آیات) قربان کئے جانے والے جانوروں کی تعداد میں بھی کوئی فرق نہیں تھا۔ در حقیقت، ایک ہی اصول تمام قربانیوں پر لاگو ہوتا تھا۔ نر یا مادہ، دونوں صورتوں میں ایک جیسی قربانی گزرانی جاتی تھی۔ اس کا مطلب یہ ہوا کہ جہاں تک گناہ کا تعلق ہے، اِس میں مرد اور عورت کا کوئی فرق نہیں ہے۔ دونوں کو گناہ کی معافی کے لئے ایک جیسی قربانی کی ضرورت ہے۔

8 آیت پر آخر پر غور کریں، غریب ترین عورت کے لئے بھی ایک خاص انتظام تھا، اگر وہ برّہ لانے کی توفیق نہ رکھتی تھی تو وہ دو قُمریاں یا دو کبوتر لا سکتی تھی۔ ایک سوختنی قربانی کے لئے اور دوسرا گناہ کی قربانی کے لئے۔ یہ خدا کی خواہش تھی کہ ہر ایک عورت اپنی آلودگی سے پاک ہو

جائے اور خدا کے ساتھ بحال ہو کر درُست رشتہ اور تعلق پیدا کر لے۔

چند غور طلب باتیں

☆۔بچے کی پیدائش کے بعد عورت کا پاک ہونا کیوں کر ضروری تھا؟اِس سے ہم خدا کی قدوسیت کے تعلق سے کیا سیکھتے ہیں؟

☆۔اِس دُنیا میں رہتے ہوئے ہم کس طرح سے پاک ہو سکتے ہیں؟ ہر روز ہمیں کون سی چیزیں ناپاک کرتی ہیں؟ خداوند یسوع مسیح کا خون کس طرح ہمیں ہر طرح کی آلودگی سے پاک کرتا ہے؟

☆۔اِس حوالہ میں ہم مرد اور عورت کو سونپے گئے مختلف کرداروں کے تعلق سے ہم کیا سیکھتے ہیں؟ کیا اِن دو مختلف کرداروں کا مطلب یہ ہے کہ ایک ان میں زیادہ اہم جبکہ دوسرا کم اہم ہے؟

☆۔پاک ہونے کے دورانیہ کے اختتام ناپاک عورت ایک جیسی قربانی لاتی تھی خواہ اُس کے ہاں بیٹا پیدا ہوتا یا پھر بیٹی۔اِس سے عورت اور مرد کے خدا کے حضور برابر ہونے کے بارے میں ہم کیا سیکھتے ہیں؟

چند اہم دُعائیہ نکات

☆۔ خدا کی قدوسیت کے لئے اُس کی پرستش اور ستائش کرنے کے لئے کچھ وقت نکالیں۔ اُس کی شکر گزاری کریں کہ اگرچہ وہ پاک اور قدوس ہے تو بھی ہمارے لئے راہ پیدا کرتا ہے کہ ہم اُس کے بچے ہوتے ہوئے اُس کی حضوری میں داخل ہو سکیں۔

☆۔ خداوند کی شکر گزاری کریں کہ یسوع کی قربانی ہمارے تمام گناہوں اور آلودگی کو ڈھانپ لیتی ہے۔

☆۔ بچوں جیسی برکت اور نعمت کے لئے خداوند کی شکر گزاری کریں۔ خداوند سے کہیں، کہ اُن کے دلوں کو چھوئے اور اُنہیں اپنے پاس لے آئے۔

باب 13

جلدی بیماری اور پھپھوندی کے بارے قوانین

احبار 13:1-59 پڑھیں

احبار کی کتاب میں اپنے لوگوں کی صحت کے تعلق سے خدا کی فکر مندی بڑی نمایاں ہے۔ بہت سی بیماریاں تھیں جو لوگوں کے درمیان پھیل سکتی تھیں۔ پس خدا نے اپنے لوگوں کو تعلیم دی کہ کس طرح وہ اُنہیں پہچان کر اُنہیں پھیلنے سے روک سکتے ہیں۔ غور کریں کہ کاہنوں پر ذمہ داری عائد تھی کہ وہ اِن بیماریوں کی تشخیص کریں۔ اُن کے ذمہ محض روحانی اُمور نہیں تھے کہ لوگوں کی روحانی فلاح و بہبود کے بارے ہی خیال رکھیں۔ بلکہ لوگوں کی جسمانی بھلائی کا خیال بھی اُنہیں ہی رکھنا تھا۔ خدا کو انسان کے سارے وجود یعنی روح، بدن اور جان کی فکر تھی۔ خدا نے کاہنوں کو تعلیم دی کہ کس طریقہ سے وہ اچھوت کی بیماریوں کے پھیلاؤ کا سدِباب کر سکتے ہیں۔

اگر، بطور ایماندار ہمیں خدا کے دل کو لوگوں کے سامنے بیان کرنا ہے، تو پھر ہم اپنے بھائیوں اور بہنوں کی روحانی فلاح کا ہی خیال نہیں رکھیں گے بلکہ اُن کی جذباتی اور جسمانی ضروریات کا بھی خیال رکھیں گے۔ ہم معاشرے کی جذباتی اور جسمانی بیماری کا خیال رکھتے ہوئے خدا کے اصل مقصد سے دستبردار نہیں ہو سکتے۔ اگر ہمیں خدا کی بلاہٹ کو پورا کرنا ہے تو ہم انسان کے مکمل وجود کی بہتری اور بھلائی کو مدِ نظر رکھیں گے۔

جب ہم اس باب کا آغاز کرتے ہیں، خداوند خدا کاہنوں کو ہدایت دیتا ہے کہ وہ کس طرح سے متعدد اقسام کی بیماریوں کو پہچانیں اور اُن کے تعلق سے لائحہ عمل اختیار کریں جس میں جلد پر

سوزچ، چمکدار داغ اور پھوڑے وغیرہ شامل تھے۔ اور جلد پر طرح طرح کے نشان اور دھبے پڑ جاتے تھے۔

سوزش، چمکدار داغ (1-8 آیات)

پہلی حالت ورم، پپڑی یا سفید چمکدار داغ تھی۔ اگر کسی انسان میں ایسا داغ پایا جاتا، تو اُسے کاہن کے پاس جانا ہوتا تھا۔ (2 آیت) دو چیزوں کے لئے کاہن اُس زخم کا معائنہ کرتا تھا۔ اوّل۔ وہ دیکھتا تھا کہ آیا زخم پر بال سفید ہو گئے ہیں یا نہیں۔ دوئم، وہ دیکھتا کہ آیا زخم جلد سے گہرا ہے۔(3 آیت) اگر پپڑی یا چمکدار داغ جلد سے گہرا ہوتا، اور اُس پر بال سفید ہو گئے ہوتے تو کاہن اُس شخص کو ناپاک قرار دیتا تھا۔

اگر وہ ورم یا چمکدار داغ جلد سے گہرا نہ ہوتا، اور اُس پر کے بال بھی سفید نہ ہوئے ہوتے تو پھر کاہن اُس شخص کو تنہائی میں سات دن کے لئے بند کر دیتا، (4 آیت) ساتویں دن، کاہن اُس داغ کا پھر سے معائنہ کرتا۔ اگر یہ دھندلا پڑ چکا ہوتا، تو وہ شخص اپنے کپڑے دھو کر پاک صاف ہو جاتا تھا۔(6 آیت) یہ شخص اَب معمول کی زندگی بسر کرنے کے لئے آزاد ہو جاتا تھا۔

اگر پاک قرار دئے جانے کے بعد، وہ پپڑی پھیل جاتا تو وہ شخص پھر سے کاہن کے پاس لوٹ آتا۔ اگر کاہن معائنہ کرنے کے بعد دیکھتا کہ وہ پھیل چکا ہے تو وہ اُس شخص کو ناپاک قرار دے دیتا تھا۔(7-8) 45- 47 آیات ہمیں بتاتی ہیں کہ اُس کا اُس شخص کے لئے کیا معنی ہوتا تھا۔

"اور جو کوڑھی اُس بلا میں مبتلا ہو، اُس کے کپڑے پھٹے اور سر کے بال بکھرے رہیں۔ اور وہ اپنے اُوپر کے ہونٹ کو ڈھانکے اور چلا چلا کر کہے، ناپاک، ناپاک، جتنے دنوں وہ اُس بلا میں مبتلا رہے، وہ ناپاک رہے گا اور وہ ہے بھی ناپاک۔ پس وہ اکیلا رہا کرے، اُس کا مکان لشکر گاہ کے باہر ہو۔ اور وہ کپڑا بھی جس میں کوڑھ کی بلا ہو، خواہ وہ اُون کا ہو یا کتان کا۔"

ایسے شخص کو برادری کے لوگوں سے کوئی تعلق واسطہ نہیں رکھنا ہوتا تھا، اُسے معاشرے سے نکال دیا جاتا تھا اور جہاں کہیں وہ جاتا اُسے پکار پکار کر کہنا پڑتا تھا، " ناپاک، ناپاک " اگرچہ یہ بات بڑی تکلیف دہ اور باعث شرمندگی دکھائی دیتی ہے، تو بھی اِس میں معاشرے کا تحفظ تھا۔

وبائی مرض (9-11 آیات)

خدا نے 9 - 11 آیات میں اپنے لوگوں کو ہدایات دیں کہ اگر پتہ چلے کہ کسی شخص کو کوئی وبائی جلدی بیماری ہو گئی ہے تو وہ شخص کاہن کے پاس جائے، اس حالت میں کاہن تین چیزوں کے لئے اُس کی جلد کا معائنہ کرے۔ اوّل، وہ دیکھے کہ آیا اُس کی جلد میں سفید قسم کی سوزش موجود ہے، دوئم، وہ دیکھے کہ آیا جلد پر کے بال سفید ہو گئے ہیں۔ آخری بات جس کے لئے اُسے معائنہ کرنا تھا وہ یہ تھی کہ آیا جسم کے اُس حصے کا گوشت کچا ہے۔ اگر جلد پر یہ تین حالتیں موجود ہوتی تو وہ شخص ناپاک قرار دے کر خیمہ سے نکال دیا جاتا تھا۔

پورے بدن پر کسی بیماری کا موجود ہونا (12-17 آیات)

اگر کوئی جلدی بیماری کسی شخص کے پورے بدن پر پھوٹ پڑتی تو کاہن دیکھتا کہ پورے بدن کا ایک ہی رنگ ہو چکا ہے، تو ایسا شخص پاک ہوتا تھا۔ تاہم اگر اُسے جسم پر کوئی کچا گوشت دکھائی دیتا، تو وہ بیماری وبائی ہوتی تھی اور وہ شخص ناپاک ہوتا تھا۔ اگر اِس دوران کچا گوشت شفا پانا شروع ہو جاتا اور اِس جلد کا رنگ بھی معمول کے مطابق ہو جاتا تو وہ شخص دوبارہ سے کاہن کے پاس معائنہ کروانے اِس اُمید کے ساتھ آتا تھا کہ اُسے پھر سے پاک قرار دے دیا جائے گا۔ (14-17 آیت)

پھوڑے (18-23)

بعض اوقات ایک شخص کاہن کے پاس اپنی جلد پر کسی پھوڑے کے ساتھ آتا جو کہ اچھا ہو چکا

ہوتا تھا، جلد کا وہ حصہ جہاں پر وہ پھوڑا تھا، وہاں پر سفید ورم یا سرخی مائل چمکتا ہوا سفید داغ ہو تو کاہن جلد کے اس حصے کا معائنہ کرتا کہ آیا یہ جلد سے گہرا ہے یا۔ اگر جلد کے بال جہاں پر زخم تھے سفید ہو جاتے، تو پھر اِن حالتوں میں وہ شخص ناپاک قرار دے دیا جاتا تھا۔

اگر اُس جگہ پر کوئی سفید بال نہ ہوتا، اور وہ جلد سے گہرا بھی نہ ہوتا، ایسے شخص کو تنہائی میں سات دن تک رکھا جاتا۔ (21 آیت) اگر اِس دوران اُس کی حالت مزید خراب ہو جاتی، تو وہ ناپاک قرار دیا جاتا تھا۔ اگر وہ داغ وہیں کا وہیں رہتا تو پھر وہ شخص پاک قرار دے دیا جاتا تھا۔

(23-22)

جل جانے کے سبب سے داغ(24-28)

اگر کوئی شخص اپنی جلد پر جل جانے کے سبب سے داغ کے ساتھ کاہن کے پاس آئے، تو کاہن معائنہ کرے کہ آیا اُس جلد کی رنگت سُرخی مائل سفید اور وہ داغ کھال سے گہرا ہونے کی صورت میں ایسا شخص ناپاک ہوتا تھا۔

لیکن اگر اِس کے برعکس یہ حالتیں موجود نہ ہوتی تھیں تو ایسا شخص سات دن کے لئے تنہائی میں رہتا، تو پھر اِن دنوں کے بعد اُس کی جلد کا دوبارہ سے جائزہ لیا جاتا، اگر اُس کی جلد پر نشانات پھیل چکے ہوتے تو کاہن اُسے ناپاک قرار دیتا تھا۔ اگر کوئی تبدیلی واقع نہ ہوتی یا وہ نشان مدھم پڑ چکا ہوتا تو وہ شخص پاک ہوتا تھا اور وہ اپنی معمول کی زندگی گزار سکتا تھا۔

سر یا ٹھوڑی پر زخم(29-37 آیات)

اگر ایک آدمی کے سر یا ٹھوڑی پر زخم ہو جاتا تو وہ کاہن کے پاس معائنہ کے لئے جاتا تھا، اگر وہ داغ جلد سے گہرا ہوتا اور داغ کی جگہ پر جلد کے بال زرد رنگ کے ہو جاتے تو کاہن ایسی حالت میں اُس شخص کو ناپاک قرار دیتا تھا۔(29-30)

احبار کی کتاب (تفسیر)

اگر یہ حالتیں زخم کی جگہ پر ظاہر نہ ہوتیں، کاہن اُس شخص کو سات دن کے لئے تنہائی کی جگہ پر بند کر دیتا، ساتویں دن کاہن دوبارہ اُس کا معائنہ کرتا۔ اگر خارش پھیلی ہوتی، اور وہ جلد سے گہری بھی نہ ہوتی، اور اُس پر زرد رنگ کے بال بھی نہ ہوتے، تو پھر اس شخص کو متاثرہ حصے کے بال منڈوانے پڑتے، اسے تنہائی میں مزید سات دن کے لئے رکھا جاتا۔ (32-33) اگر دوبارہ سے سات دن تنہائی میں رکھے جانے کے بعد، وہ داغ پھیلا نہ ہوتا، کاہن اُسے پاک قرار دیتا تھا۔ وہ اپنے کپڑے دھو کر پاک ہو جاتا اور معمول کی زندگی بسر کرنے لگتا۔ 35-37 آیات ہمیں بتاتی ہیں کہ وہ شخص دیکھتا رہتا کہ کہیں وہ داغ پھیلا تو نہیں ہے۔

سفید داغ (38-39 آیات)

کاہن جلد پر کسی بھی طرح کے سفید داغ کا کاہن معائنہ کرتا۔ اگر اُس کا رنگ مدھم ہوتا تو اُسے بے ضرر قرار دے دیا جاتا تھا۔ (38-39 آیات)

بال جھڑنا (40-44 آیات)

اگر کسی شخص کے بال جھڑنے لگتے تو اُسے فطرتی عمل سمجھا جاتا تھا۔ سادہ سی بات ہے کہ ایسا شخص گنجا ہو رہا ہوتا تھا، اگر بال گرنے کی جگہ پر سُرخی مائل سفید داغ ہونے کی صورت میں ایسے شخص کو ناپاک قرار دے دیا جاتا تھا۔ (40-44)

پھپھوندی (47-58)

کاہنوں نے صرف جلدی بیماریوں کو ہی نہیں بلکہ پھپھوندی کی اُن اقسام کا بھی جائزہ لینا تھا جو کسی کتاب، اُون یا کپڑے کے تانے یا بانے میں پھوٹ پڑتی تھیں۔ جس کپڑے پر پھپھوندی لگ جاتی، اُسے کاہن کو دکھایا جاتا، کاہن اس چیز کو سات دن کے لئے تنہائی میں رکھ دیتا اور پھر سے سات دن کے بعد اس کا معائنہ کرتا۔ اگر وہ پھپھوندی اُس چیز پر پھیل چکی ہوتی تو اُسے ناپاک

قرار دے کر جلا دیا جاتا تھا۔

اگر پھپھوندی مدھم پڑ چکی ہوتی تو وہ حصہ جو آلودہ ہو چکا ہوتا تھا اُسے الگ کر دیا جاتا اور باقی کپڑے کو دھو کر رکھ لیا جاتا تھا۔ اگر پھپھوندی دوبارہ سے ظاہر ہو جاتی، تو اُس چیز کو آگ سے جلا دیا جاتا تھا۔

یہاں پر حقیقی آزمائش اِس باب کا روحانی اطلاق اور اس موضوع پر بات کرنا ہے کہ کس طرح ایمانداروں کو اپنے ذہنوں اور خیالات میں روحانی آلودگی سے خود کو الگ رکھنا ہے۔ مقدس پولس رسول تفرقہ باز، بدعتی یا شر پسند لوگوں سے کچھ سروکار نہ رکھنے کے تعلق سے بیان کرتا ہے۔ (ططس 10:3) وہ "تاریکی کے بے پھل کاموں" کا ذکر کرتا ہے۔ (افسیوں 5:11-12)

یہاں پر خدا کی فکر مندی صرف اپنے لوگوں کی رُوح نہیں ہے بلکہ خدا اُن کی جسمانی بہتری اور بھلائی کی بات کرتا ہے۔ اِس بات سے ہمیں حیران بھی ہونا چاہئے۔ ہمارے یہ زمینی بدن عارضی ہیں اور یہ ہمارے ساتھ آسمان پر نہیں جائیں گے۔ خدا ہمیں نیا بدن عطا کرے گا۔ (1 کرنتھیوں 15:35-49) تاریخ میں ایسے لوگ ہو گزرے ہیں جنہوں نے لوگوں کو یہی سکھایا ہے کہ اِس بدن کی کوئی قدر و قیمت نہیں ہے، یہ خاک ہے، خاک میں مل جائے گا۔ کئی لوگ جسمانی طور پر بھی اپنے بدنوں کو دُکھ دیتے رہے، بعض لوگ اپنی رُوحوں کو بچانے کے لئے خود کو جسمانی طور پر تکلیف میں مبتلا کرتے رہے۔ بعض یہ بھی محسوس کرتے تھے کہ اگر وہ اپنے بدنوں کو نظر انداز کریں گے تو خدا کی حضوری میں مقبول ٹھہریں گے۔

تاریخ کے ورق اُلٹ کر دیکھیں، ایسے ہی تصورات اور خیالات کو کلیسیا میں بھی داخل کر دیا گیا اور بعض یہ محسوس کرنے لگے کہ مسیحی خدمت میں اصل جائز چیز رُوحیں جیتنا ہے۔ ایسے لوگ یہ سمجھتے اور خیال کرتے رہے کہ جو لوگ جسمانی ضروریات پوری کرنے یا جسمانی بہتری بھلائی کی

خدمت سر انجام دے رہے ہیں، در اصل وہ روحانی خدمت اپنی توجہ ہٹا رہے ہیں۔
احبار 13 باب کے مطابق، کاہن کی خدمات میں سے ایک خدمت یہ بھی تھی کہ وہ لوگوں کی جسمانی صحت کا بھی خیال رکھے۔ اس پورے باب میں جلدی بیماریوں کا معائنہ کرنے کی بات کی گئی ہے۔ جو پورے معاشرے میں پھیل سکتی تھیں۔ لیکن یاد رہے کہ وہ لوگ جو بیماروں کی شفا کے لئے یا لوگوں کی جسمانی بہتری اور بھلائی کے لئے خدمت کرتے ہیں، وہ بھی خدا کی بادشاہی کے لئے کام کر رہے ہیں۔
انسان کے پورے وجود (روح، بدن اور جان) کے لئے خدا کی فکر خداوند یسوع مسیح کی خدمت میں دکھائی دیتی ہے۔ اُس نے صرف انجیل کے پیغام کی منادی نہیں کی بلکہ بیماروں کو شفا اور دُکھی لوگوں کو تسلی دی۔ اگر ہمیں بھی اپنے خداوند کے نمونے پر چلنا ہے تو پھر لازمی ہے کہ ہم اُن لوگوں کی جسمانی ضروریات کا بھی خیال رکھیں جنہیں خداوند ہماری خدمت میں لے کر آتا ہے۔ میں خداوند یسوع مسیح کے الفاظ کے ساتھ اس باب کا اختتام کرنا چاہوں گا
"اُس وقت بادشاہ اپنے دہنی طرف والوں سے کہے گا، آؤ میرے باپ کے مبارک لوگوں جو بادشاہی بنائ عالم سے تمہارے لئے تیار کی گئی ہے اُسے میراث میں لے لو، کیونکہ میں بھوکا تھا، تم نے مجھے کھانا کھلایا۔ میں پیاسا تھا، تم نے مجھے پانی پلایا، میں پردیسی تھا، تم نے مجھے اپنے گھر میں اتارا، ننگا تھا، تم نے مجھے کپڑا پہنایا۔ بیمار تھا، تم نے میری خبر لی، قید میں تھا، تم میرے پاس آئے۔ تب راستباز جواب میں اُس سے کہیں گے، اَے خداوند، ہم نے کب تجھے بھوکا دیکھ کر کھانا کھلایا۔ یا پیاسا دیکھ کر پانی پلایا۔ ہم نے کب تجھے پردیسی دیکھ کر گھر میں اُتارا، یا ننگا دیکھ کر کپڑا پہنایا۔ ہم کب تجھے بیمار یا قید میں دیکھ کر تیرے پاس آئے؟۔" (متی 25:34-39)

چند غور طلب باتیں

☆۔معاشرے کی صحت و سلامتی کے پیشِ نظریہ کیوں کر اہم تھا کہ کاہن زخموں اور جلدی بیماریوں کا معائنہ کرے؟ اگر ایسے لوگوں کو اُن کے حال پر چھوڑ دیا جاتا تو پھر معاشرے پر اِس کے کیا اثرات مرتب ہونے تھے؟

☆۔خدا نے عہدِ عتیق کے کاہنوں کو تعلیم دی کہ کس طرح اُنہوں نے جلدی بیمایوں کا معائنہ کرنا ہے اور اگر،، ہو تو پھر اُنہوں نے کیا کرنا ہے۔اِس سے لوگوں کی جسمانی بہتری اور بھلائی کے لئے خدا کی فکر مندی کے تعلق سے ہمیں کیا سیکھنے کو ملتا ہے؟

☆۔آپ کو اِس حقیقت سے کیا حوصلہ افزائی ملتی ہے کہ خدا آپ کی جسمانی صحت کے تعلق سے بھی فکر کرتا ہے؟

☆۔یہ حوالہ ہمیں خدا کی لوگوں کی اس ذمہ داری کے تعلق سے کیا سکھاتا ہے کہ وہ نہ صرف روحانی ضروریات کا خیال رکھیں بلکہ اپنے اِرد گرد کے لوگوں کی جسمانی صحت اور دیگر جسمانی ضروریات کو بھی مدِ نظر رکھیں اور اُنہیں پورا کرنے کے لئے بھی اقدام کریں؟ آپ کے اِرد گرد لوگوں کی جسمانی ضروریات کو پورا کرنے کے لئے کیا اقدام کئے جاتے ہیں؟

☆۔جب خداوند یسوع مسیح اِس زمین پر تھا تو اُس نے کس طرح سے خدمت کی؟ خداوند یسوع مسیح کا طرزِ خدمت اور نمونہ ہمیں دورِ جدید میں کیسی خدمت کرنے کی تعلیم دیتا ہے؟

چند اہم دُعائیہ نکات

☆۔خداوند کی شکر گزاری کریں کہ وہ آپ کی جسمانی ضروریات کے ساتھ ساتھ روحانی ضروریات کی بھی فکر کرتا ہے۔ خداوند کا شکر کریں کہ آپ جس جسمانی دُکھ درد سے گزرتے

احبار کی کتاب (تفسیر)

ہیں، اُسے اُس کی فکر ہوتی ہے۔

☆۔ خداوند سے درخواست کریں کہ آپ اپنے اِرد گرد کے لوگوں کی جسمانی ضروریات کے لئے بھی فکر مندی سے بھر دے۔ خداوند سے درخواست کریں کہ وہ آپ پر ظاہر کرے کہ آپ کس طرح سے اپنے اِرد گرد کے لوگوں کی جسمانی ضروریات پوری کرنے کے لئے اقدام کر سکتے ہیں۔

☆۔ خداوند سے توفیق چاہیں کہ آپ اُس بدن کی دیکھ بھال اور نگہداشت کر سکیں جو اُس کی طرف سے ملا ہے۔ اِس بات کو بھی پہچانیں کہ ایسا کرنے سے آپ اُس کی عزت اور تعظیم کرنے والے ہوں گے۔

باب 14

جلدی بیماریوں اور پھپھوندی سے پاک ٹھہرائے جانے کی رسومات

احبار 14:1-57 پڑھیں

پچھلے باب میں ہم نے دیکھا کہ کاہن کو ہدایات دی گئیں کہ کس طرح سے اُس نے وبائی جلدی بیماریوں کا معائنہ کرنا ہے۔ ایسی جلدی بیماریوں والے مریض جنہیں ناپاک قرار دیا جاتا تھا، اُنہیں معاشرے سے نکال کر تن تنہا زندگی گزارنے پر مجبور کر دیا جاتا تھا تاقتیکہ وہ بالکل تندرست نہ ہو جاتے۔ جب اُن کی جلدی بیماری جاتی رہتی، تو متعلقہ شخص کاہن کے پاس معائنہ کی غرض سے جاتا اور پھر اُسے شرعی طور پر پاک ہونے کے لئے بھی ایک عمل سے گزرنا پڑتا تھا تاکہ وہ بنی اسرائیل کے معاشرے میں پھر سے قبول کر لیا جائے اور وہ معمول کی زندگی بسر کر سکے۔

جلدی بیماری سے پاک ٹھہرایا جانا

اگر ایک شخص جلدی بیماری سے شفا پا جاتا، تو کاہن کو خیمہ گاہ سے باہر جا کر اُس کا معائنہ کرنا ہوتا تھا(3 آیت) اگر وہ یہ دریافت کر لیتا کہ وہ شخص شفا پا گیا ہے تو وہ حکم کرتا کہ وہ شخص اپنے پاک ہونے کے لئے دو زندہ پرندے، دیودار کی لکڑی، سُرخ کپڑا، اور زوفا لے کر آئے۔(4 آیت) دو پرندوں میں سے ایک پرندہ بہتے پانی پر ایک برتن میں ذبح کر دیا جاتا۔ اُس پرندے کا خون اُس برتن میں گرتا۔ دوسرے پرندے، دیودار کی لکڑی، سرخ کپڑے اور زوفے کو اُس خون میں ڈبویا جاتا۔ پھر اُس شخص پر اُس پرندے کا خون سات بار چھڑکا جاتا اور اُسے پاک قرار دیا جاتا

۔وہ زندہ پرندہ سے اُس خون میں ڈبویا جاتا تھا اُسے کھلے میدان میں چھوڑ دیا جاتا تھا۔ (7 آیت)
اُن دو پرندوں کی علامت بڑی اہم ہے۔ ذبح کیا جانے والا پرندہ اُس شخص کو پیش کرتا ہے جسے پاک کئے جانے کی ضرورت ہوتی تھی۔ خدا کسی طور پر بھی کسی ناپاک اور ناخالص چیز کو قبول نہیں کر سکتا تھا۔ پہلا پرندہ ناپاک شخص کی جگہ پر اپنی جان دیتا تھا تاکہ وہ شخص پاک صاف ہو سکے۔ یہ حقیقت کہ اُس پرندے کا خون ناپاک شخص پر چھڑکا جاتا، یہ ظاہر کرتی ہے کہ وہ شخص ذبح ہونے والے پرندے کے خون میں چھپ جاتا تھا جو اُس کی جگہ پر ذبح کیا جاتا تھا۔

دوسرا پرندہ اُس شخص کو پیش کرتا جو پاک صاف قرار دے دیا جاتا تھا۔ پہلے پرندے کی موت کی وجہ سے، متاثرہ شخص پاک ہو کر اپنے خاندان اور برادری میں واپس لوٹ جانے کے قابل ہوتا تھا۔ یہ اُس کام کی خوبصورت تصویر ہے جو خداوند یسوع مسیح نے ہمارے لئے صلیب پر سرانجام دیا۔ ہم اس لئے آزاد ہو گئے کیونکہ اُس نے ہمارے سزا اپنے اُوپر لے لی۔ تاکہ ہم پاک صاف اور معاف ہو کر اپنی ناپاکیوں کی سزا سے رہائی پا سکیں۔

پاک صاف ہونے کے عمل میں کچھ دیگر چیزوں کی اہمیت کے تعلق سے چند سوالات ہیں جو وہاں پر لائی جاتیں تھیں۔ 4 آیت ہمیں بتاتی ہے کہ دیودار کی لکڑی کا ٹکڑا، سُرخ کپڑا اور کچھ زوفا بھی دو پرندوں کے ساتھ لایا جاتا تھا۔ امکانِ غالب ہے کہ خون اُس شخص پر چھڑکنے کے لئے زوفا استعمال کیا جاتا تھا جسے پاک ہونے کی ضرورت ہوتی تھی۔ گنتی 18:19 باب میں ہمارے پاس ایک مثال ہے۔

"پھر کوئی پاک آدمی زوفا لے کر اور اُسے پانی میں ڈبو ڈبو کر اُس ڈیرے پر اور جتنے برتن اور آدمی وہاں ہوں اُن پر اور جس شخص نے ہڈی کو یا مقتول یا مُردہ کو یا قبر کو چُھوا ہے اُس پر چھڑکے۔"

یہ سمجھنا بہت مشکل ہے کہ اس میں دیودار کی لکڑی اور سرخ کپڑے کا کیا کردار ہوتا تھا۔ بعض لوگ اس بات پر ایمان رکھتے ہیں کہ سرخ کپڑا زوفے کی شاخوں کو باندھنے کے لئے استعمال کیا

جاتا تھا۔ یہ بات کلام مقدس یا کسی اور جگہ پر نہیں بتائی گئی۔ دیودار کی لکڑی کے تعلق سے بھی کوئی وضاحت دیکھنے کو نہیں ملتی۔ اُس کی مہک بڑی خوشبودار تھی اور تیل بھی اُس لکڑی میں ہوتا تھا۔ شاید اِنہی وجوہات کی بناپر اُن کا چناؤ کیا گیا۔

پرندے کی قربانی کے بعد، متعلقہ شخص اپنے کپڑے دھوتا، اپنے سر کے سارے بال منڈواتا اور پانی میں غسل کرتا تھا۔ پھر اُسے لشکر گاہ میں داخل ہونے کی آزادی ہوتی تھی۔ لیکن اِس سے پہلے اُسے سات دن تک خیمہ گاہ سے باہر رہنا پڑتا تھا۔ اُن سات دنوں کے بعد، وہ پھر سے اپنے بال منڈواتا، اپنی داڑھی، بھنویں، غرض جسم کے سارے بال منڈواتا۔ ایک بار پھر جب وہ اپنے کپڑے دھولیتا تو اُسے دو نر برّے اور ایک یکسالہ مادہ بھیڑ خیمہ اجتماع میں لے کر آنا ہوتی تھی۔ اُسے تیل ملا ہوا میدہ بھی تین دہائی ایفہ لے کر آنا ہوتا تھا جو کہ اناج کے نذرانے کے طور پر گزرانا جاتا تھا۔ (ایک ایفہ 6 کوارٹرز یا ساڑھے چھ لیٹر)

کاہن اِن دو نر برّوں میں سے ایک کو لے کر اُس کے ساتھ تیل بھی خداوند کے حضور جُرم کی قربانی کے طور پر گزرانتا تھا۔ (12 آیت) غور کریں کہ یہ قربانی جُرم کی قربانی ہوتی تھی۔ اُس شخص نے تو دانستہ طور پر خدا کے خلاف کوئی گناہ بھی نہیں کیا ہوتا تھا تو بھی اُس کی جلد پر کوئی بیماری پھوٹ پڑتی تھی جس میں اُس کا کوئی عمل دخل یا اختیار نہیں ہوتا تھا۔ اگرچہ کوئی دانستہ گناہ نہیں ہوتا تھا، تو وہ شخص پھر بھی خدا کے حضور ناپاک ٹھہرتا تھا اور اُس کی ناپاکی کو ڈھانپنے کے لئے قربانی درکار ہوتی تھی۔ جُرم کی قربانی سے بچ جانے والے گوشت کو کاہن کے پاس لایا جاتا تھا اور یہ اُس کی خدمات کے بدلے اُس کا صلہ ہوتا تھا۔ (13 آیت)

قربانی کے خون کا کچھ حصہ متعلقہ شخص کے دائیں کان کی لَو پر لگادیا جاتا تھا، اور اُس پاؤں کے انگوٹھے پر بھی اِس قربانی کا خون لگایا جاتا تھا۔ پھر کاہن کچھ اور تیل لے کر اپنے دائیں ہاتھ کی ہتھیلی پر انڈیلتا، اپنا دہنا ہاتھ اُس تیل میں ڈبوتا اور اُسے خداوند کے حضور چھڑک دیتا تھا۔ پھر باقی

احبار کی کتاب (تفسیر)

بچ جانے والے خون کو متعلقہ شخص کے دائیں کان کی لو پر لگا دیا جاتا تھا۔ یہ خون اس کے دائیں ہاتھ کے انگوٹھے اور دائیں پاؤں
کے انگوٹھے پر بھی لگایا جاتا تھا۔ (17 آیت) اِس سے ظاہر ہوتا تھا کہ وہ شخص سر تا پاؤں تک پاک ہو گیا ہے۔ یعنی وہ مکمل طور پر پاک صاف ہو چکا ہے۔

جب پاک صاف ہو جانے والے شخص کو مسح کر دیا جاتا، کاہن دوسرے برّے کو بھی خداوند کے حضور گناہ کی قربانی کے طور پر ذبح کر دیتا تھا۔ تیسرے جانور کو قربان کر کے اُسے سوختنی قربانی کے طور پر مذبح پر مکمل طور پر جلا دیا جاتا تھا۔ آخر میں، اناج کا نذرانہ بھی خداوند کے حضور جلا دیا جاتا تھا۔ ان نذرانوں اور قربانیوں کے بعد ہی متعلقہ شخص اپنی بیماری سے پاک صاف ہوتا جس میں اُس کا اپنا کوئی قصور نہیں ہوتا تھا۔ یہاں پر دو اہم سبق ہمیں دیکھنے کی ضرورت ہے۔

اوّل۔ ہمیں خدا کی قطعی پاکیزگی اور قدوسیت کو سمجھنا ہے۔ کوئی بھی ناپاک چیز اُس کی حضوری میں داخل نہیں ہو سکتی۔ ہم اِس بات کو روحانی ناپاکی کی اصلاح میں سمجھتے ہیں لیکن یہاں پر اِس باب میں ہمارے سامنے جسمانی بیماریوں میں مبتلا لوگ بھی ہیں جنہیں ناپاک قرار دیا جاتا تھا۔ اِس جسمانی ناپاکی سے بھی خدا اور انسان کے درمیان ایک رکاوٹ کھڑی ہو جاتی تھی۔ جب اِس دُنیا میں آدم اور حوا کے وسیلہ سے گناہ داخل ہوا، تو اس کُرہ ارض پر بڑی بڑی تبدیلیاں رونما ہوئیں۔ زمین نے بھی مشکل سے ہی پھل دینا تھا۔ عورتوں نے درد کے ساتھ بچوں کو جنم دینا تھا۔ (پیدائش 3:16-19) بیماری، کمزوری، قحط، جنگ و جدل اور بدی کی قوتوں کا سارا لشکر گناہ کے نتیجہ میں اس دُنیا پر حملہ آور ہو گیا۔ جلدی بیماریوں میں مبتلا اشخاص اِس گناہ آلودہ اور بیماری زدہ دُنیا میں زندگی بسر کرنے کے اثرات کا تجربہ کر رہے تھے۔ ایسے لوگوں کو پاک اور قدوس خدا کے ساتھ درست اور زندہ رشتہ اور تعلق رکھنے کے لئے پاک صاف ہونے کی ضرورت تھی۔

دوسرا سبق جو ہمیں یہاں پر سیکھنے کی ضرورت ہے وہ یہ کہ ہم اس بات کو سمجھیں کہ یہ خدا ہی

ہے جس نے ہمارے پاک صاف ہونے کا انتظام و انصرام کیا ہے۔ عہدِ عتیق میں، خدا نے جانوروں کی قربانیوں اور اُن کے خون بہائے جانے سے ہماری عارضی پاکیزگی کا بندوبست کیا۔ اُن قربانیوں کے وسیلہ سے ایک شخص پھر سے خدا کے ساتھ دُرست رشتے میں بحال ہو سکتا تھا۔ لیکن ان قربانیوں کے ساتھ یہ مسئلہ تھا کہ یہ مسلسل گزرانی پڑتی تھیں۔ یہ قربانیاں ایک عارضی وقت کے لئے کارگر اور مفید تھیں۔ لیکن اُن کے دیرپا اثرات نہیں ہوتے تھے۔ ہر روز قربانیاں گزرانی جاتی تھیں۔ ہر ایک بدی اور گناہ کے ساتھ ایک اور جانور کو قربان کیا جاتا۔ اگرچہ اس کے لئے کاہنوں کو سخت محنت کرنا پڑتی تھی، دوسری طرف قربانی گزراننے والے کو بھی بھاری اخراجات برداشت کرنا پرتے تھے۔ خدا نے معافی اور پاک صاف ہونے کا انتظام مہیا کر رکھا تھا۔ یہ بات ہمیشہ سے خدا کے دل میں تھی کہ اُس کے لوگ اُس کے پاک صاف کئے جانے کو سمجھیں اور اِس کے ساتھ درست اور پاک رشتہ میں بحال اور قائم رہیں۔ اِس سے ہمارے دل میں خداوند یسوع مسیح کے صلیبی کام کے لئے بڑی شکر گزاری پیدا ہونی چاہئے جو اُس نے ہمارے گناہوں کی معافی کے لئے سر انجام دیا۔ اُس کی قربانی سے اب عہدِ عتیق کی طرح جانوروں کی قربانیوں کی ضرورت باقی نہیں رہی۔ اب ہم مکمل طور پر پاک صاف ہو سکتے ہیں اور اُس کی ایک ہی بار دی گئی قربانی سے ہم ہمیشہ کے لئے دھوئے جا سکتے ہیں۔ اب کسی اور قربانی کی ضرورت نہیں ہے۔ ہالیلویاہ!!

جیسا کہ ہم نے پہلے بھی بیان کیا ہے، کسی شخص کا وبائی مرض سے پاک صاف ہونا بڑا مہنگا عمل تھا۔ اسرائیل میں سبھی کے پاس اتنے وسائل نہیں تھے کہ اس طرح سے کاہن کے پاس قربانی اور ہدیہ لا سکتا۔ خدا نے غریب لوگوں کے پاک صاف اور بحال ہو جانے کا انتظام کیا۔

اگر ایک شخص کے پاس جانور لانے کا مقدور نہ ہوتا، تو پھر وہ ایک ہی نرّبرّہ جرم کی قربانی کے طور پر لا سکتا تھا اور اِس کے ساتھ ایک ایفہ میدہ اور لوج بھر تیل، دو قمریاں یا دو کبوتر لا سکتا تھا۔

ایک پرندے کو گناہ کی قربانی اور دوسرے کو خدا کے حضور سوختنی قربانی کے طور پر پیش کیا جاتا تھا۔(20-21)

آٹھویں دن، پاک صاف ہو جانے کے بعد، غریب شخص اپنا برّہ اور دو کبوتر یا دو قمریاں کاہن کے پاس خیمہ اجتماع کے دروازہ پر لاتا تھا۔ کاہن یہ برہ لے کر اُسے جُرم کی قربانی کے طور پر خدا کے حضور پیش کرتا تھا، جُرم کی قربانی کا خون اس شخص کے دائیں کان کی لَو، دائیں ہاتھ کے انگوٹھے اور دائیں پاؤں کے انگوٹھے پر لگایا جاتا تھا جو پاک صاف ہونے کا خواہشمند ہوتا تھا۔ جو کہ اِس بات کی علامت تھا کہ وہ شخص سر تا پا اُس خون کے وسیلہ سے پاک صاف ہو گیا ہے جو بہایا گیا تھا۔ پھر کاہن اُس کے بائیں ہاتھ پر تیل انڈیلتا اور اُس کے دائیں ہاتھ سے اُس تیل کو خداوند کے حضور چھڑکا جاتا تھا(28 آیت) باقی بچ جانے والے تیل کو اُس شخص کے سر پر انڈیل دیا جاتا تھا۔

پھر دو کبوتر یا دو قمریاں ذبح کی جاتیں، اُن میں سے ایک تو گناہ کی قربانی اور دوسری خداوند کے حضور سوختنی قربانی کے طور پر پیش کی جاتی تھی۔ جب اِن جانوروں کی قربانیوں کا عمل کاہن کے ہاتھ سے پورا ہو جاتا تو پھر وہ خداوند کے حضور اناج کا نذرانہ گزرانتا اور یوں وہ غریب شخص پاک صاف ہو جاتا تھا۔

گھر میں پھپھوندی کا مسئلہ

احبار کی کتاب کے چودھویں باب کا آخری حصہ کاہن کو ہدایات دیتا ہے کہ اگر اسرائیل کے کسی گھرانے میں پھپھوندی دریافت ہو جائے تو اس مسئلہ کو کیسے حل کرنا ہے۔ احبار 13 باب میں ہم نے کپڑے یا چمڑے پر پھپھوندی دریافت ہونے اور اُس کے خاتمے کے تعلق سے دیکھا تھا۔ کسی گھر میں پھپھوندی دریافت ہو جانے پر اس مسئلہ کو حل کرنا آسان نہ تھا۔

33 آیت پر غور کریں، کہ اِس قانون کا اطلاق اُس وقت ہوا جب بنی اسرائیل مُلکِ کنعان میں

داخل ہو گئے تھے۔ خدا کے لوگ صحرا میں محوِ سفر تھے جب خدا نے موسیٰ کو یہ شریعت دی تھی۔ ان کے پاس ابھی تک گھر نہیں تھے بلکہ وہ تو خیموں میں رہتے تھے۔ یہ شریعت آنے والے وقت کے لئے تھی جب بنی اسرائیل کے پاس ملکِ کنعان میں اپنے گھر ہونے تھے۔

اگر کسی شخص کو علم ہو جائے کہ اُس کے گھر میں پھپھوندی ہے، تو وہ کاہن کے پاس جا کر اُسے بتائے۔ (34-35) کاہن حکم دے کہ اُس گھر کو خالی کر دیا جائے اور اُس میں سے ہر ایک چیز نکال دی جائے۔ پھر کاہن اُس گھر کا معائنہ کرے۔ اگر پھپھوندی سبزی مائل رنگ کی ہو اور وہ دیواروں پر گہرے طور پر دکھائی دے نہ کہ سطعی طور پر نظر آئے، کاہن اُس گھر کو سات دن کے لئے بند کر دے۔ اُن سات دنوں کے بعد، کاہن اُس گھر کا معائنہ کرنے کو پھر واپس جائے۔ اگر پھپھوندی پھیل چکی ہو، تو پھر وہ حکم دے کہ وہ آلودہ پتھر توڑے اور اُنہیں کسی ناپاک جگہ پر جو شہر سے باہر ہو پھینک دیئے جائیں۔ (40 آیت) باقی دیواریں کھُرچی جائیں اور اُس مواد کو بھی جو دیواروں پر سے گرے کسی ناپاک جگہ پر جو شہر سے باہر ہو پھینک دیا جائے۔ آلودہ پتھروں کی جگہ پر نئے پتھر لگائے جائیں، اُن پر دوبارہ سے پلستر کیا جائے۔

اگر پھپھوندی دوبارہ سے دیواروں پر دکھائی دینے لگے، اُس گھر کا دوبارہ سے معائنہ کیا جائے۔ کاہن اُس گھر کو مکمل طور پر گرانے کا حکم دے، اُس کے پتھر، لکڑی اور اُس کا پلستر سبھی کچھ شہر سے باہر نکال کر پھینک دیا جائے۔ ہر وہ شخص جو اُس گھر میں داخل ہو شام تک ناپاک رہے گا۔ ہر وہ شخص جو وہاں پر سوئے یا کھائے پیئے وہ اپنے کپڑے دھوئے۔ (46-47)

اگر پلستر کرنے کے بعد پھپھوندی دوبارہ نظر نہ آئے، تو اس گھر کو پاک قرار دیا جائے لیکن اُس گھر کو پھپھوندی سے پاک قرار دینے کے لئے، گھر کا مالک دو پرندے، دیودار کی لکڑی، سُرخ کپڑا اور زوفا کاہن کے پاس لے کر آئے۔ ایک پرندہ مٹی کے برتن پر ذبح کیا جاتا، لکڑی اور سُرخ کپڑا اور زوفا پرندے کے خون میں بھگو کر سات بار خون اُس گھر میں چھڑکا جاتا تھا۔ دوسرے

پرندے کو جُرم اور ناپاکی سے آزادی کی یادگاری کے طور پر آزاد چھوڑ دیا جاتا تھا۔
غور کریں کہ خدا کس قدر قدوس اور پاک ہے، جلدی بیماری اور حتیٰ کہ گھر کی دیوار پر پھپھوندی بھی خدا کے ساتھ ہمارے رشتے اور رفاقت میں رکاوٹ بن سکتی ہے۔ قربانیاں گزراننے کا مقصد تو یہی تھا کہ ہر ایک شخص کا خدا کے ساتھ رشتہ بحال ہوتا رہے۔ غور کریں کہ خدا کے دل میں ہمارے لئے کس قدر محبت اور شفقت ہے کہ وہ چاہتا ہے کہ ہم اُس کے ساتھ ساتھ چلیں ۔اگرچہ ہم اِس لعنتی زمین پر حیلہ باز دل کے ساتھ رہتے ہیں جو لا علاج بھی ہے، تو بھی خدا ہمارے ساتھ رفاقت اور شراکت کا متمنی ہے۔(یرمیاہ 9:17) آپ کا دل خوشی سے اُچھلے کہ اگرچہ ہم ناپاک ہیں، ہمارا خدا ہمارے ساتھ رفاقت رکھنے کا آرزو مند ہے اور اُس نے ہماری پاکیزگی اور صفائی کے لئے خداوند یسوع مسیح کے صلیبی کام کے وسیلہ سے عظیم انتظام و انصرام کر دیا ہے۔

چند غور طلب باتیں

☆۔ایک جلدی بیماری کس طرح خدا کے ساتھ ہمارے رشتے اور تعلق کو متاثر کرتی ہے؟ خدا نے اُس رشتے کی بحالی کے لئے کیا انتظام و انصرام کیا ہے؟

☆۔اس باب میں ہم خدا کی قدوسیت اور اُس کے قطعی پاک اور پوتر ہونے کے بارے میں ہم کیا سیکھتے ہیں؟

☆۔کیا ممکن ہے کہ ہم اِس دُنیا میں گناہ اور ناپاکی سے متاثر ہوئے بغیر زندگی بسر کر سکیں؟

☆۔خدا نے ہمارے پاک صاف ہو جانے کے لئے کیا انتظام کیا ہے؟ اس باب کا مطالعہ کرنے کے بعد خداوند یسوع مسیح کے صلیبی کام کے لئے ہمارے دل کس قدر خوشی سے بھر جاتے ہیں جو اُس نے ہمارے لئے سرانجام دیا ہے؟

چند اہم دُعائیہ نکات

☆۔چند لمحات کے لئے خداوند کی قدوُسیت اور اُس کے قطعی پاک اور پوتر ہونے کے لئے اُس کی شکر گزاری اور تعریف کریں۔

☆۔اِس حقیقت کے لئے خداوند کی شکر گزاری کریں کہ ہماری گناہ آلودہ حالت کے باوجود، وہ ہم سے محبت رکھتا ہے اور ہمارے ساتھ درُست اور مضبوط رشتہ قائم کرنا چاہتا ہے۔

☆۔خداوند یسوع مسیح کی اُس قربانی کے لئے شکر گزاری کریں جو اُس نے ہماری خاطر دی ہے۔ اُس کی شکر گزاری کریں کہ وہ ہماری تمام ناپاکیوں اور گناہوں کو ڈھانپنے کی قدرت رکھتا ہے۔

☆۔خداوند سے مدد اور توفیق چاہیں کہ آپ مسیح یسوع میں حاصل شدہ معافی کے علم و فہم میں ترقی کرتے جائیں۔ خداوند کی شکر گزاری کریں کہ وہ بے حد معاف کرنے والا ہے اور ہر روز ہمیں روحانی آلودگی سے پاک کرتا ہے۔

باب 15

جسم سے ناپاک اخراج

احبار 15:1-33 پڑھیں

احبار کی کتاب کی ایک نمایاں بات یہ ہے کہ ہمارے بدن سے قدرتی طور پر خارج ہونے والے مواد بھی ہمیں خدا کے حضور ناپاک کر سکتے ہیں۔ یہ مواد کئی ایک حالتوں میں جسم سے خارج ہوتے ہیں۔ یہ بیماری، کمزوری کے سبب سے بھی جسم سے کچھ مواد خارج ہو سکتے ہیں، جنسی عمل یا عورتوں کی ماہواری میں بھی جسم سے ناپاک خون نکلتا ہے۔ اُن میں سے کئی ایک اخراج ہمیں خدا کے حضور ناپاک کر دیتے ہیں۔

جب ہم 15 باب کا آغاز کرتے ہیں، خداوند خُدا نے موسیٰ اور ہارون کو بتایا کہ جب بھی کسی مرد کے جسم سے کچھ خارج ہو وہ ناپاک مواد ہو گا۔ 2 آیت پر غور کریں، ناپاکی خواہ دھات کے سبب سے ہو یا پھر دھات کا بہنا موقوف ہو گیا ہو۔ مثال کے طور پر ہو سکتا ہے کہ کوئی شخص اپنے زخم پر پٹی باندھ لے۔ لیکن پھر بھی وہ جسم سے نکلنے والی رطوبت کے باعث ناپاک ہی ٹھہرے گا۔

خدا کی شریعت کسی بھی اُس شخص کے بارے میں سخت تھی جس کے جسم سے کوئی مواد خارج ہوتا تھا۔ 4- 12 آیات ہمیں بتاتی ہیں کہ کوئی بھی چیز یا بستر جس پر ایسا شخص سوئے یا حتیٰ کہ کسی چیز پر بیٹھ ہی جائے وہ ناپاک ٹھہرے گا۔ اگر کوئی ایسے شخص کو چُھو بھی دے، اُس کا بستر کو بھی جس پر وہ بیٹھا تھا ناپاک ٹھہرے گا۔ اُنہیں اپنے کپڑے دھونے ہوں گے، پانی سے غسل کرنا ہو گا، پھر بھی وہ شام تک ناپاک ہی رہے گا۔ اگر کوئی شخص جس کے جسم سے کوئی رطوبت نکلتی ہو

Commentary book of Leviticus (Urdu Edition) Page113

، کسی پر تھوک دے، کسی دوسرے شخص کو چُھو دے، تو وہ شخص ناپاک ٹھہرے گا، اُسے بھی اپنے کپڑے دھونے ہوں گے۔ وہ بھی پانی سے غُسل کرے اور شام تک ناپاک ہی رہے گا۔ اگر وہ مٹی کا کوئی برتن استعمال کرے، اُس مٹی کے برتن کو توڑ دیا جائے، اگر وہ لکڑی کی کوئی چیز استعمال کرے تو اُسے استعمال سے قبل مکمل طور پر اچھی طرح سے صاف کیا جائے۔

جب وہ رطوبت بہنا بند ہو جائے، تو پھر وہ شخص اپنے پاک صاف ہو جانے کے لئے سات دن شمار کرلے۔ وہ اپنے کپڑے دھوئے، تازہ پانی سے غسل کرے اور پھر سے پاک ہو جائے۔ آٹھویں دن، وہ دو قُمریاں یا کبوتر کے دو بچے خیمہ اجتماع کے دروازہ پر کاہن کے پاس لائے، کاہن اُن میں سے ایک کو گناہ کی قربانی کے لئے اور دوسرے کو سوختنی قربانی کے لئے خدا کے حضور پیش کرے تب وہ شخص خدا کے حضور شرعی طور پر پاک ٹھہرے گا۔ (13-15)

غور کریں کہ اِس شخص کو بھی خدا کے حضور گناہ کی قربانی گزراننے کی ضرورت تھی تا کہ وہ اپنی رطوبت کے بہاؤ سے پاک ہو سکے۔ کہنے کا یہ مطلب نہیں ہے کہ اِس شخص سے کوئی گناہ سرزد ہوا تھا۔ بلکہ وہ شخص اِس زمین پر گناہ کی عمومی لعنت سے متاثر ہوا جو اِس زمین پر بیماری لے کر آئی اور اِس سبب سے وہ گناہ کی قربانی خدا کے حضور لے کر آیا۔

اخراج کی ایک اور قسم مرد کے جسم سے اپنی بیوی کے ساتھ مباشرت کرنے کے نتیجہ میں منی کا اخراج ہے۔ جب ایسا ہو، شریعت تقاضا کرتی تھی کہ اُس کی بیوی پورا بدن پانی سے صاف کرے اور پھر بھی وہ شام تک ناپاک رہے گی۔ کسی بھی کپڑے یا چمڑے پر منی گر جانے کی صورت میں، اِن چیزوں کو پانی سے دھویا جائے۔- (16-18)

یہ بات قابلِ غور ہے کہ جنسی تعلق کے دوران منی کے اخراج پر قربانی کی ضرورت نہیں تھی۔ اِس سے یہ ظاہر ہوتا ہے کہ ازدواج کے بندھن میں جنسی تعلق جائز اور واجب ہے۔ کیونکہ ناپاکی جسم سے منی کے اخراج کے سبب سے تھی نہ کہ وہ فعل جس کے سبب سے منی خارج ہوئی۔

جسم سے کسی چیز کے اخراج کی تیسری قسم عورت کی ماہواری ہے۔ جب کسی عورت کو ماہواری آئے، جس چیز پر وہ سوئے، جس چیز پر وہ بیٹھے اِس دوران وہ جس بستر پر سوئے، جس چیز پر بیٹھے وہ ناپاک ہو جائے گی۔ جو کوئی اُس عورت کو چھوئے وہ بھی پانی سے غسل کرے، اپنے کپڑے بھی دھوئے اور پھر بھی وہ شخص شام تک ناپاک رہے گا۔ ہر وہ شخص جو ماہواری کی حالت میں عورت سے مباشرت کرے وہ سات دن تک ناپاک رہے گا۔ اگر ایسا شخص کسی اور بستر پر سات دنوں کے دوران سوئے، تو وہ بستر بھی ناپاک ٹھہرے گا، اگر عورت کی ماہواری معمول کے دنوں سے زیادہ دیر تک جاری رہے تو وہ جب تک اُس کے جسم سے خون کا اخراج ہوتا رہے گا ناپاک رہے گی۔ (19-27) جب خون کا اخراج رُک جائے، عورت شرعی طور پر پاک ہونے کے لئے سات دن شمار کرلے۔ آٹھویں دن وہ عورت خیمہ اجتماع کے دروازہ پر کاہن کے پاس دو قُمریاں یا دو کبوتر لے کر آئے۔ کاہن اُن میں سے ایک پرندہ گناہ کی قربانی کے لئے اور دوسرا سوختنی قربانی کے طور پر خدا کے حضور پیش کرے۔ اِس کے بعد وہ پھر سے پاک ٹھہرے گی۔

احبار 15 باب ان قوانین کی سنجیدگی سے انتباہ پر اختتام پذیر ہوتا ہے۔ 31 آیت میں خدا نے موسیٰ اور ہارون کو آگاہ کیا کہ وہ بنی اسرائیل کو ایسی چیزوں سے الگ رکھیں جو ناپاک کر سکتی ہیں تاکہ وہ ہلاک نہ ہو جائیں۔ یہ ایک ہوش رُبا آگاہی تھی۔ جسم سے اِن رطوبتوں اور ناپاک خون کے اخراج کے تعلق سے شریعت کے قوانین کی تابعداری نہ کرنے سے موت بھی واقع ہو سکتی تھی۔ ایسے لوگ جو خدا کی شریعت کا لحاظ نہیں رکھتے تھے وہ خدا کے مسکن کو ناپاک کرتے تھے جو اُن کے درمیان رہتا تھا۔ (31 آیت)

خدا نے اپنے لوگوں کے گناہ اور بغاوت کو ہی نہیں دیکھا بلکہ اُن کی جسمانی ناپاکی کو بھی مدِ نظر رکھا۔ کوئی بھی ایسا شخص جس کے بدن سے کوئی رطوبت خارج ہوتی تھی وہ اُس کے خیمہ اجتماع میں داخل نہیں ہو سکتا تھا۔ ایسا مرد جو اپنی اہلیہ کے ساتھ جنسی تعلق قائم کرتا تھا، اُسے بھی شام تک انتظار کرنا پڑتا تھا، تب وہ خدا کے حضور جا کر پرستش اور عبادت کر سکتا تھا۔ ہم خروج 19:14-15 میں اِس کی واضح مثال دیکھ سکتے ہیں۔ جب موسیٰ لوگوں کو خدا کے پہاڑ پر اُترنے کے لئے تیار کر رہا تھا تو اُس نے اُنہیں بتایا۔

"تب موسیٰ پہاڑ پر سے اُتر کر لوگوں کے پاس گیا اور اُس نے لوگوں کو پاک صاف کیا اور اُنہوں نے اپنے کپڑے دھو لئے اور اُس نے لوگوں سے کہا کہ تیسرے دن تیار رہنا اور عورت کے نزدیک نہ جانا۔"

وہ عورت جسے ماہواری آئی ہوتی تھی، وہ خیمہ اجتماع میں خدا کے حضور عبادت کے لئے نہیں آ سکتی تھی۔ ایسا کرنا خدا کے مسکن کو ناپاک کرنا تھا۔ ایسے لوگوں کی عدالت خدا کی طرف سے ہونے کا خطرہ موجود تھا۔ میں اس باب میں سے حاصل ہونے والے کچھ اہم اسباق کے ساتھ اختتام کرنا چاہوں گا۔

اوّل۔ اس باب سے ہم خدا کے قطعی پاک اور پوتر ہونے کو دیکھ سکتے ہیں۔ اُس کی پاکیزگی اِس قدر زیادہ ہے کہ وہ نہ صرف روحانی بلکہ جسمانی پہلوؤں کو بھی مدِ نظر رکھتا ہے۔ کسی بھی قسم کی ناپاکی یا آلودگی، خواہ جسمانی ہو یا روحانی ہو ہمیں خدا سے جُدا کر دیتی ہے۔

دوئم۔ ہمیں خدا کے حضور مُجرم ٹھہرنے کے لئے کسی دانستہ گناہ کی ضرورت نہیں۔ بعض لوگ یہ ایمان رکھتے ہیں کہ جب تک وہ دانستہ طور پر کسی گناہ آلودہ کام نہ کریں، وہ خدا کے حضور پاک اور راستباز ہی ٹھہرتے ہیں۔ لیکن یہ بالکل بھی سچ نہیں ہے۔ ہم اس باب میں پڑھتے ہیں کہ ایک عورت کی ماہواری بھی اُسے خدا کے حضور ناپاک ٹھہراتی ہے، حتیٰ کہ بدن فطرتی کام بھی ایک شخص کو خدا سے جُدا کر سکتے ہیں۔ کوئی بھی فردِ واحد جسے کسی جنسی عمل یا بیماری کمزوری کے باعث جسم سے منی یا کوئی رطوبت خارج ہو، وہ بھی خدا کے حضور ناپاک ٹھہرتا تھا۔

اگر کوئی شخص کسی ناپاک یا ناپاک چیز کو چُھو دیتا تو وہ بھی ناپاک ٹھہرتا تھا۔ ہم اِس رُوئے زمین پر گناہ کے اثرات یا کسی ناپاک چیز کو چُھوئے بغیر نہیں رہ سکتے۔ ہم اپنی خوراک میں بھی کئی ایک ناپاک چیزوں کو اپنے بدن میں لے جاتے ہیں، کئی ایک ناپاک چیزوں کو ہم دیکھ بھی لیتے ہیں، کئی ایک ناپاک باتیں سنتے ہیں۔ ہم اِس گناہ آلودہ جہاں میں آباد ہیں۔ جو روحانی طور پر آلودہ ہے، اور اِس گناہ آلودہ زمین کی خاک ہمیں چھوتی ہے جس سے ہم ہر روز ہی ناپاک ہو جاتے ہیں۔ یہ بیان کرنے کی ضرورت ہی نہیں کہ روحانی گناہ تو ہم اپنے خیالات، اعمال و افعال اور اپنی گفتگو میں بھی ہم ہر روز کرتے رہتے ہیں۔

چند غور طلب باتیں

☆۔ہم یہاں پر خدا کی قدوسیت اور پاکیزگی کے تعلق سے کیا سیکھتے ہیں؟ کون سی چیز ہمیں خدا سے جدا کرتی ہے؟

☆۔ہمارے بدنوں پر گناہ کے کون سے جسمانی اثرات مرتب ہوتے ہیں؟

☆۔اس دُنیا کی گناہ آلودہ حالت کس طرح ہماری زندگیوں پر اثر انداز ہوتی ہے۔ ہم اپنے خیالات، آنکھوں اور کانوں میں کون سی گناہ آلودہ چیزوں کو لیتے رہتے ہیں؟ یہ سب کچھ ہمیں کس طرح ناپاک کرتا ہے؟

☆۔یہ باب ہمیں نجات دہندہ کی ضرورت کے تعلق سے کیا تعلیم دیتا ہے؟

☆۔خداوند یسوع مسیح کی قربانی کس طرح سے ہماری ناپاکی کو ڈھانپ کر ہمیں قدوس خدا کے حضور پاک اور راستباز ٹھہراتی ہے؟

چند اہم دُعائیہ نکات

☆۔خداوند کی شکر گزاری کریں کہ وہ قطعی پاک اور قدوُس خدا ہے اور کسی بھی ناپاکی سے اُس کا کوئی تعلق نہیں ہے۔

☆۔خداوند سے درخواست کریں کہ وہ اِس جہاں کے گناہ کے اثرات سے آپ کو محفوظ رکھے۔

☆۔خداوند کی شکر گزاری کریں کہ اگرچہ ہم اِس گناہ آلودہ جہاں میں رہتے ہیں، اُس کی کوہِ کلوری پر دی گئی قربانی ہماری شرمندگی اور گناہ کو ڈھانپ لیتی ہے۔اُس کی شکر گزاری کریں کہ اُس کی قربانی کے وسیلہ سے خدا کے ساتھ زندہ اور پاک رشتہ قائم کر سکتے ہیں۔

باب 16

یومِ کفارہ

احبار 16: 1-34 پڑھیں

ساتویں مہینے کے دسویں تاریخ کو یوم کفاہ منایا جاتا تھا۔ یہ بڑا خاص دن تھا جب کاہن پاک ترین مقام میں داخل ہو کر اپنے لوگوں کے گناہوں کی معافی کا طالب ہوتا تھا۔ اگرچہ خدا کے لوگوں کے گناہ کی قربانیاں تو ہر روز گزرانی جاتی تھیں، لیکن یہ دن بڑا خاص دن تھا، اِس دن کاہن پوری قوم کے گناہوں کی معافی کے لئے خدا کے حضور جاتا تھا۔ یہ قومی سطح پر توبہ کرنے کا دن ہوتا تھا۔ آغاز ہی میں خدا نے موسیٰ اور ہارون کو آگاہ کیا۔ 1 آیت پر غور کریں، کہ یہ آگاہی ہارون کے دو بیٹوں کی المناک موت کے بعد ملی جب خدا نے اُنہیں اُوپری آگ گزراننے پر مار دیا تھا۔(احبار 10 باب دیکھیں۔)ہارون کے دو بیٹوں، ندب اور ابیہو کی وفات ایک زبردست طریقہ سے یاددہانی تھی کہ اگر ہارون اور اُس کے بیٹے نامناسب طور پر خدا کے حضور آئیں گے تو اُن کے ساتھ کیا واقع ہو سکتا ہے۔

جو تنبیہ اور آگاہی خدا نے موسیٰ کی معرفت دی وہ خیمہ اجتماع کے پاک ترین میں داخل ہونے کے تعلق سے تھی۔ پاک ترین مقام وہ مقدس جگہ تھی جہاں عہد کا صندوق رکھا ہوا تھا۔ خدا نے دو کروبیوں کے درمیان سے عہد کے صندوق کے سرپوش سے اپنی حضوری کو ظاہر کیا تھا۔ خداوند نے ہارون کو آگاہ کیا کہ وہ جب چاہے پاک ترین میں داخل نہ ہو۔(2 آیت) اس جگہ پر بلاوجہ داخلے کے سبب سے موت واقع ہو سکتی تھی۔

غور کریں۔ خدا اور اُس کے لوگوں کے درمیان علیحدگی اِس قدر سنجیدہ تھی کہ ہر کوئی نہیں بلکہ صرف سردار کاہن ہی خیمہ اجتماع میں اُس پردہ کے پیچھے خدا کی حضوری میں جا سکتا تھا۔ سردار کاہن بھی سال میں صرف ایک بار ہی اپنے لوگوں کے لئے خدمات سرانجام دینے کے لئے جا سکتا تھا۔ اگر وہ کسی اور وقت پر اپنی مرضی سے پاک ترین میں داخل ہونے کی جرات کرتا، تو اُس نے مارا جانا تھا۔ جب ہارون خدا کی حضوری میں داخل ہوتا تھا تو اِس کے لئے اُسے خاص تیاری کرنا پڑتی تھی۔ خدا نے اس باب میں اُسے پاک ترین مقام میں داخلے کے تعلق سے ہدایات بھی دیں۔

پاک ترین مقام میں داخل ہونے سے قبل، ہارون کو خیمہ اجتماع کے صحن میں ایک جوان بیل اور اپنے لیے ایک مینڈھا اور دو بکرے اور ایک مینڈھا اپنے لوگوں کے لئے قربان کرنے کے لئے لانا تھا۔ اُسے پانی میں نہا کر کہانت کا لباس یعنی مقدس کُرتہ، اُس کے تن پر کتان کا پاجامہ اور کتان کے کمر بند سے اُس کی کمر کسی ہونا تھی اور کتان ہی کا عمامہ اُس کے سر پر بندھا ہونا تھا۔

پھر ہارون کو اپنے اور اپنے گھرانے کے گناہ کے لئے بیل بطور گناہ کی قربانی خدا کے حضور پیش کرنا ہوتا تھا۔ (11-6) اپنے گناہوں کے لئے بیل ذبح کرنے کے بعد، ہارون کاہن نے بخور دان کو مذبح پر کی آگ سے بھرنا ہوتا تھا جہاں پر بیل کو ذبح کیا جاتا تھا اور اِس کے ساتھ اُس نے مُٹھی بھر خوشبودار بخور بھی ملانا ہوتا تھا۔ 13 آیت ہمیں بتاتی ہے کہ بخور دان سے دُھواں اُٹھ کر اُس سرپوش کو ڈھانپ لیتا تھا جہاں پر خُدا کی حضوری ظاہر ہوتی تھی۔ 13 آیت پر غور کریں۔ اِسے یہ سب کچھ اس لئے کرنا پڑتا تھا تاکہ وہ مر نہ جائے۔

خدا کی حضوری کو سردار کاہن کی آنکھ سے اوجھل ہی ہونا تھا۔ ایک بار پھر ہمیں یہاں پر خداوند خدا کے جلال اور اُس کی قدوسیت کا علم ہوتا ہے۔ کوئی بھی اُس کا چہرہ دیکھ کر زندہ نہیں رہ سکتا تھا۔ (20:33) ہمارے لئے یہ کس قدر آسان ہے کہ ہم خدا کی قدوسیت کو مدنظر نہ رکھیں۔

عہدِ عتیق کا خدا آج بھی لا تبدیل ہے۔ (ملاکی 6:3) وہ آج بھی وہی ہے۔ اُس کی حضوری آج بھی جلالی اور مہیب ہے جیسا کہ پرانے وقتوں میں ہوا کرتی تھی۔

عہد کے صندوق کے سرپوش پر بخوردان رکھنے کے بعد، سردار کاہن کو بیل کا کچھ خون لے کر اُسے عہد کے صندوق کے سرپوش پر چھڑکتا تھا۔ پھر وہ سرپوش پر سات بار خون چھڑکتا تھا۔

(14 آیت) یہ خون اُس قربانی کو پیش کرتا تھا جو گناہوں کے لئے خدا کے حضور گزرانی جاتی تھی۔ اِسی قربانی کے وسیلہ سے سردار کاہن عہد کے صندوق اور خدا کی حضوری تک رسائی حاصل کر سکتا تھا۔ جو کچھ خداوند یسوع مسیح نے ہمارے لئے صلیب پر سرانجام دیا ہے یہ سب کچھ اُس کی زبردست عکاسی کرتا ہے۔ اُس کی قربانی اور اُس کا خون جو خدا کے حضور چھڑکا گیا ہے ہمیں اُس کی حضوری تک رسائی دیتا ہے۔

جب ہارون کاہن اپنے اور اپنے گھرانے کے لئے قربانی دے چکتا، تو پھر وہ دو بکرے لے کر اُنہیں خیمہ اجتماع کے دروازہ پر خداوند کے حضور پیش کرتا تھا۔ 8 آیت پر غور کریں، خدا نے تقاضا کیا کہ بکروں پر قُرعہ ڈالا جائے۔ ہمیں یہ تو نہیں بتایا گیا کہ یہ سب کچھ کس طرح ہوتا تھا۔ لیکن یہ بات واضح ہے کہ قُرعہ ڈال کر ایک بکرا قربانی کے لئے اور دوسرا آزاد کرنے کے لئے چنا جاتا تھا۔ وہ بکرا جسے زندہ چھوڑ دیا جاتا تھا اُسے عزازیل (مُجرم) کہتے تھے۔ (8 آیت) کون زندہ بچے گا اور کس بکرے کو قربان ہونا پڑے گا، اس کا چناؤ ہارون کاہن کے ہاتھ میں نہیں تھا۔ یہ فیصلہ خدا ہی کے ہاتھوں میں تھا اور قرعہ ڈال کر اِس کا فیصلہ کیا جاتا تھا۔

15 آیت میں بکرے کو مذبح پر لا کر قربان کر دیا جاتا تھا۔ اُس کا خون پردے کے پیچھے پاک ترین مقام میں لے جا کر سامنے کے رُخ چھڑکا جاتا تھا۔ 16 آیت سے ہم اس بات کو سمجھتے ہیں کہ یہ خون بنی اسرائیل کی بغاوت اور ناپاکی کے سبب پاک ترین مقام کے لئے کفارہ دیتا تھا۔ ہارون پاک مقام اور مذبح کے لئے بھی کفارہ دیتا تھا۔ (16 آیت) بیل اور بکرے کا خون لے کر

مذبح کے لئے کفارہ دیا جاتا تھا اور ہارون کاہن سات بار اپنی اُنگلی سے مذبح کے سینگوں پر خون چھڑکتا تھا۔ (18-19 آیات) 17 آیت سے غور کریں، ہارون کو پاک ترین میں اکیلے ہی کفارہ دینا ہوتا تھا۔

آئیں غور کریں کہ یہاں پر کیا کچھ ہو رہا ہے۔ سردار کاہن اپنے اور اپنے لوگوں کے لئے قربانی دیتا تھا۔ یہ قربانیاں صرف لوگوں کے لئے ہی نہیں تھیں بلکہ خیمہ اجتماع کے لئے بھی۔ 16 آیت ہمیں بتاتی ہے کہ خیمہ اجتماع اور اُس میں موجود چیزوں کو خدا کے لوگوں کے گناہوں کے سبب سے پاک کئے جانے کی ضرورت ہوتی تھی۔ کیونکہ خیمہ اجتماع بھی وہاں پر آنے والے لوگوں سے آلودہ ہو جاتا تھا کیونکہ وہاں آنے والے لوگ گناہ آلودہ ہوتے تھے۔ پچھلے باب میں ہم نے دیکھا کہ ایسا شخص جس کے جسم سے کوئی رطوبت خارج ہو رہی ہوتی تھی وہ دوسرے شخص کو بھی ناپاک کر سکتا تھا۔ کیونکہ جو کوئی اُنہیں یا اُن کے کپڑوں کو بھی ہاتھ لگالیتا تھا ناپاک ہو جاتا تھا۔ یہاں پر بھی اس اصول کا اطلاق ہوتا ہے۔ ایک ناپاک شخص خواہ اُسے علم ہو یا نہ ہو کہ وہ خیمہ اجتماع کے بیرونی صحن میں آکر اُسے آلودہ کر سکتا تھا۔ یہ ناپاکی، خواہ اُس کا کسی کو علم ہو یا وہ نظر نہ بھی آرہی ہوتی تھی، اُسے ناپاک ٹھہراتی تھی، اُسے ہر سال دھوئے اور پاک صاف کئے جانے کی ضرورت تھی۔ خیمہ اجتماع کی کئی ایک چیزوں پر خون چھڑکے جانے کی ضرورت تھی تاکہ اُنہیں خدا کی پرستش اور عبادت کے لئے استعمال میں لایا جا سکے۔

اس تصویر میں ایک چیز بڑی ہی زبردست ہے، غور کریں یہ کس قدر آسان ہے کہ ہم گناہ کو کوئی اہمیت ہی نہ دیں۔ غور کریں کہ کتنے ہی گناہ اور خطائیں ہیں جن پر ہم غور نہیں کرتے، اُن کا اقرار کر کے اُن کے لئے معافی نہیں مانگتے۔ کتنے ہی ایسے دانستہ اور نادانستہ گناہ ہیں جو ہمارے بدنوں اور کلیسیاؤں کو آلودہ کرتے رہتے ہیں؟ خدا ہمارے گھروں اور کلیسیاؤں کی ناپاکی کے باوجود ہم سے کس قدر صبر و تحمل سے پیش آتا اور ہم سے محبت کرنا جاری رکھتا ہے۔

ہارون جب ہیکل اور اُس میں موجود چیزوں کو پاک کر لیتا تو پھر وہ زندہ بکرے کو آگے لے کر آتا۔ (20) اس بکرے پر اپنے دونوں ہاتھ رکھ کر اپنے لوگوں کی بدکاری اور گناہوں کا اقرار کر کے اُس بکرے پر لاد دیتا۔ اُن کے گناہوں کا نام بنام اقرار کیا جاتا اور علامتی طور پر وہ بکرا اپنے سر پر اُن گناہوں کو لاد کر لے جاتا۔ پھر اُس بکرے کو ویرانے میں لے جا کر چھوڑ دیا جاتا تھا۔

(22 آیت) یاد رہے کہ خیمہ اجتماع میں دو بکرے لائے جاتے تھے۔ ایک بکرے کو مذبح پر گناہ کی قربانی کے طور پر پیش کیا جاتا تھا۔ دوسرے کو اُس وقت ویران جگہ پر آزاد چھوڑ دیا جاتا تھا جب خدا کے لوگوں کے گناہ اُس کے سر پر لاد دئے جاتے تھے۔ اِس سارے عمل میں بہت سی اہم تصاویر دیکھنے کو ملتی ہیں۔

پہلی تصویر یہ ہے کہ ایک بکرے کو مرنا پڑتا تھا تاکہ دوسرا آزاد ہو سکے۔ یہ اُس کام کی تصویر ہے جو خداوند یسوع مسیح نے ہمارے لئے صلیب پر سر انجام دیا ہے۔ وہ اِس لئے مر گیا تاکہ ہم معاف ہو سکیں۔ اُس نے ہماری سزا اپنے اُوپر لے لی تاکہ ہم موت سے بچ جائیں۔

دوسری تصویر، کسی ایک کے گناہ دوسرے پر لادنے کی ہے۔ بکرے پر گناہوں کا اقرار کیا جاتا تھا۔ بکرہ علامتی طور پر خدا کے لوگوں کے گناہ اپنے اوپر لاد کر ایسی جگہ پر لے جاتا تھا جہاں پر اُسے دوبارہ دیکھا نہیں جا سکتا تھا۔ ایک بار پھر یہ اُس کام کی خوبصورت عکاسی ہے جو خداوند ہمارے منجی یسوع مسیح نے ہمارے لئے صلیب پر سر انجام دیا ہے۔ وہ ہمارے گناہوں کو اپنے اُوپر لاد کر ایسی جگہ پر لے گیا جہاں پر دوبارہ اُن کی یادگاری نہیں ہو گی۔ زبور نویس 103:11-12 میں یہ کہتے ہوئے اسی بات پر غوروخوص کرتا ہے۔

کیونکہ جس قدر آسمان زمین سے بلند ہے، اُسی قدر اُس کی شفقت اُن پر ہے جو اُس سے ڈرتے ہیں ، جیسے پورب پچھم سے دُور ہے، ویسے ہی اُس نے ہماری خطائیں ہم سے دُور کر دیں۔

جب ہارون کاہن اپنی قربانیاں گزران لیتا تو کہانت کا لباس اُتار دیتا تھا۔ وہ اُس لباس کو خیمہ اجتماع

میں ہی چھوڑ کر جاتا، پانی سے غسل کرتا، اپنا معمول کا لباس پہن لیتا اور پھر اپنے اور اپنے لوگوں کے لئے سوختنی قربانی پیش کرتا۔ (23-25 آیات)

جس شخص کو بکرا ویرانے میں چھوڑ کر آنے کی ذمہ داری دی جاتی تھی، وہ بھی اپنے کپڑے دھوتا ، پانی سے غسل کرتا اور پھر خیمہ میں لوٹ آتا تھا۔ جس بکرے اور بیل کو گناہ کی قربانی کے لئے گزرانا جاتا تھا، اُن کی کھال، گوشت اور گوبر کو خیمہ اجتماع سے باہر لے جا کر جلا دیا جاتا تھا۔ اِن تمام آلائشوں اور لاشوں کو ہٹانے والے شخص کو بھی پانی سے غسل کر کے اپنے کپڑے دھونے ہوتے تھے اور پھر وہ خیمہ اجتماع میں واپس لوٹ سکتا تھا۔ (26-28 آیات) خدا کے حضور پاکیزگی اور صفائی کی اہمیت پر غور کریں۔ سبھی آلائشیں خیمہ اجتماع سے دُور باہر لے جا کر جلا دی جاتی تھیں ۔ کوئی شخص بھی خیمہ اجتماع میں آنے سے پہلے خود کو پاک کرتا تھا۔ وہ ہر قسم کی آلودگی سے پاک ہو کر ہی خیمہ اجتماع میں داخل ہو سکتا تھا۔

ہر سال ساتویں مہینے کہ دسویں تاریخ کو یومِ کفارہ منایا جاتا تھا۔ اُس دن خیمہ اجتماع، اُس میں موجود چیزیں پاک صاف کی جاتی تھیں سردار کاہن اور لوگ بھی ہر طرح کی جسمانی آلودگی اور گناہ سے پاک صاف ہوتے تھے۔ یہ دن خدا کے لوگوں کے لئے سبت کے دن کی طرح ہوتا تھا۔ اُس دن کوئی کام کاج نہیں کیا جاتا تھا۔ یہ دن قوم اور خیمہ اجتماع کی صفائی اور پاک کئے جانے کے لئے مخصوص کیا گیا تھا۔

چند غور طلب باتیں

☆۔ یہاں پر خدا اور اُس کے لوگوں کے درمیان جُدائی کے بارے میں ہم کیا سیکھتے ہیں؟ کیا خدا تبدیل ہو گیا ہے؟

☆۔ کس طرح سے عہد کے صندوق کے سامنے چھڑکا جانے والا خون خداوند یسوع مسیح کے صلیبی کام کی عکاسی کرتا ہے؟ اُس کا خون کس طرح آسمانی باپ تک ہمیں رسائی دیتا ہے؟

☆۔ ہم اس باب سے یہ سمجھتے ہیں کہ خیمہ اجتماع اور اُس میں موجود چیزوں کو لوگوں کے گناہوں کے سبب سے باقاعدہ طور پر شرعی لحاظ سے پاک ہونے کی ضرورت تھی۔ حتیٰ کہ خیمہ اجتماع میں گنہگار لوگوں کی موجودگی سے بھی وہ چیزیں آلودہ ہو جاتی تھیں۔ اِس سے ہم خدا کے قطعی پاک اور پوتر ہونے کے بارے میں کیا سیکھتے ہیں؟

☆۔ آج کے دَور میں گناہ کا اقرار، اُس سے اجتناب اور اُس کے لئے معافی مانگنے کی اہمیت کو ہم نے کس قدر نظر انداز کر دیا ہے؟ کیا خداوند یسوع مسیح کے صلیبی کام کا یہی مقصد اور مفہوم ہے کہ ہم گناہ کو گناہ ہی نہ سمجھیں اور اُسے نظر انداز کرتے چلے جائیں؟ آپ کی شخصی زندگی اور کلیسیا میں کون سے گناہوں کا اقرار و اعتراف کرنے کی ہے؟ ضرورت ہے؟

☆۔ اس باب میں دو بکرے ہمیں خداوند یسوع کے صلیب پر کئے گئے کام کے بارے میں کیا تعلیم دیتے ہیں؟

چند اہم دُعائیہ نکات

☆۔ چند لمحات کے لئے خدا کے قطعی پاک اور پوتر ہونے کے لئے اُس کی شکر گزاری کریں، اُس کی شکر گزاری کریں کہ وہ بھلا ہے اور جو کچھ بھی کرتا ہے وہ پاک، بھلا اور دُرست ہوتا ہے۔

☆۔ خداوند یسوع کی شکر گزاری کریں کہ وہ آپ کے گناہ کے لئے ایک قربانی بن گیا تاکہ آپ آسمانی باپ تک رسائی حاصل کر سکیں۔

☆۔ خداوند سے دُعا کریں کہ آپ پاکیزگی اور تابعداری میں اور زیادہ سنجیدہ ہو کر چل سکیں۔ خداوند سے کہیں کہ وہ آپ کی دانستہ اور نادانستہ خطائیں اور گناہ دھو ڈالے۔

☆۔ ایسے وقتوں کے لئے خدا سے معافی مانگیں جب آپ نے گناہ کو سنجیدگی سے نہ لیا۔

☆۔ خداوند کی شکر گزاری کریں کہ وہ آپ کے ساتھ بڑے صبر و تحمل سے پیش آتا ہے۔

باب 17

قربانیوں اور خُون کھانے کے بارے قوانین

احبار 17:1-16 پڑھیں

ہم سب کو اپنے اعمال و افعال کے لئے ایک دوسرے کے سامنے جواب دہ ہونے کی ضرورت ہے۔ خاص طور پر اپنی روحانی زندگی کے لئے ہمارا احتساب ضروری ہے۔ ہو سکتا ہے کہ آپ کی ملاقات ایسے لوگوں سے ہوئی ہو جن کا طرزِ عمل یہ ظاہر کرتا ہے کہ وہ اپنے کسی بھی کام اور کلام کے لئے کسی کے سامنے جوابدہ نہیں ہیں۔ ایسے لوگ غلط تعلیمات، گمراہی اور گناہ آلودہ طرزِ زندگی کا شکار ہو سکتے ہیں۔ کلیسیا میں احتساب کا ہونا ضروری ہے۔ جب ہم احبار 17:1-16 کا جائزہ لیتے ہیں، تو ہم دیکھتے ہیں کہ خدا احتسابی نظام قائم کر رہا ہے تا کہ اُس کے لوگ گمراہی سے بچ سکیں۔

3-4 آیات میں، خدا نے مُوسیٰ پر یہ واضح کر دیا کہ اگر کوئی شخص بیل، برّہ یا بکرہ قربانی کے طور پر چڑھائے لیکن اُسے خیمہ اجتماع میں نہ لائے، تو خدا کے حضور مُجرم ٹھہرے گا اور اپنے لوگوں میں سے کاٹ ڈالا جائے گا۔ سبھی قربانیاں خیمہ اجتماع کے دروازہ پر کاہن کے پاس لائی جاتی تھیں۔ (5:8-9) کاہن قربانی کے جانور کا خون مذبح پر چھڑکتا تھا جو خداوند کے حضور راحت انگیز خوشبو ہوتا تھا۔ (6 آیت)

7 آیت اس شریعت کی وجہ بیان کرتی ہے۔ خدا نہیں چاہتا کہ اُس کے لوگ غیر معبودوں کے سامنے قربانیاں گزرانیں۔ 7 آیت اِس بات پر ایمان لانے میں ہماری رہنمائی کرتی ہے کہ یہ

آئے دن کی آزمائش تھی۔ اسی لئے سبھی قربانیاں کاہن کے پاس لائی جاتی تھیں جو شریعت کے مطابق اُنہیں خدا کے حضور گزرانتا تھا۔ یہ شریعت خدا کے لوگوں کو احتساب اور ایک ڈھانچہ فراہم کرتی تھی تاکہ وہ کسی بھی آزمائش سے بچے رہیں۔

تمام قربانیاں کاہن ہی خیمہ اجتماع میں گزارنے، اس تقاضے سے، خدا اِس بات کو یقینی بنارہا تھا کہ قربانیوں کے تعلق سے اُس کے قواعد وضوابط کو عملی جامہ پہنایا جائے۔ قربانیاں پیش کرنے والے اُنہیں کاہن کے پاس لے کر آتے اور جب کاہن اپنی ذمہ داری نبھارہا ہوتا تھا تو وہ اُس کو دیکھ رہے ہوتے تھے۔ خیمہ اجتماع میں کاہن دیگر کاہنوں کی موجودگی میں اپنے فرائض سرانجام دیتا تھا جو یہ سب کچھ دیکھ رہے ہوتے تھے کہ کیا اور کیسے کیا جارہا ہے۔ اُن کا یہ سب کچھ دیکھنا اِس بات کی ضمانت تھا کہ سبھی کچھ خدا کے تقاضوں اور احکام کے مطابق ہی ہو رہا ہے۔

کتابیں تصنیف کرنے کی خدمت میں، خدا نے مجھے ایمانداروں کی ایک ٹیم عطا کی ہے جنہیں میں اپنی ہر ایک تصنیف کردہ کتاب بھیجتا ہوں، مقصد یہی ہوتا ہے کہ اُنہیں معلوم ہو کہ میں کیا لکھ رہا ہوں۔ میں نے اُنہیں اجازت دے رکھی ہے کہ وہ میری تحریر پر مجھے چیلنج کرسکتے ہیں۔ میں اُن کی بات سُنتا اور پھر اُن کی باتوں کو سنجیدگی سے لیتا ہوں۔ یہ ہماری مسیحی زندگی، خدمت اور ایک دوسرے کی ترقی اور روحانی افزائش کے لئے ضرُوری ہے کہ دوسرے لوگ ہمارے ساتھ کھڑے ہوں تاکہ درُست سمت میں آگے بڑھنے کے لئے ہمارا احتساب ہوتا رہے۔ یوں لگتا ہے کہ خدا کا یہ مقصد تھا، اس لئے اُس نے یہ تقاضا کیا کہ سب قربانیاں خدا کے حضور لائی جائیں۔

10-12 آیات میں خون کھانے / پینے کے معاملہ پر بات کی گئی ہے۔ خون بنی سرائیل کے لئے مقدس تھا۔ 11 آیت ہمیں بتاتی ہے کہ کس بنا پر خون کھایا نہیں جاتا تھا۔ اوّل، اُس میں جانور کی جان ہوتی تھی اور زندگی ایک مقدس چیز ہے۔

دوئم خدا نے اُنہیں جانوروں کا خون مذبح پر کفارہ دینے کے لئے فراہم کیا تھا۔ خون اُن کے لئے

کبھی بھی ایک عام چیز نہیں بنتا تھا۔ اُس کو قدر کی نگاہ سے دیکھا جاتا تھا اور یہ ایک مخصوص اور پاک چیز تھی۔

خون کھانا یا پینا اور اِسے عام چیز سمجھنا خدا کی تحقیر کرنے کا مترادف تھا۔ کوئی بھی شخص جو اس طرح سے خدا کی تحقیر کرتا اُس نے اپنے لوگوں میں سے کاٹ ڈالے جانا تھا۔ قربان کئے گئے جانور یا پرندے کا خون زمین پر بہا کر خداوند کو واپس اُس کی غذا کے طور پر دیا جاتا تھا۔

احبار 17 باب خدا کے لوگوں کو ایک یاد دہانی کے ساتھ اختتام پذیر ہوتا ہے، کہ اگر وہ کوئی مُردار کھائیں یا کسی جنگلی جانور کے پھاڑے ہوئے جانور کا گوشت کھائیں تو وہ ناپاک ہو جائیں گے۔ اُنہوں نے پانی سے غسل کرنا اور شام تک ناپاک رہنا تھا۔ اگر وہ اِس طریقہ کار کے تحت نہ چلتے تو اُنہوں نے خدا کے حضور جوابدہ ہونا تھا۔ (16 آیت)

احبار 17 باب ہمیں یاددہانی کراتا ہے کہ عہدِ عتیق کی قربانیاں معمولی نہیں سمجھی جاتی تھیں۔ خدا نے احتساب کا ایک نظام تشکیل دے دیا تاکہ یہ سب چیزیں اور طریقہ کار اُس کی حضوری میں مقدس اور پاک ٹھہریں۔ سبھی قربانیاں کاہن کے پاس لائی جاتی تھیں۔ تمام خون کو زمین پر بہایا یا پھر اُسے خیمہ اجتماع میں مذبح پر لایا جاتا تھا۔

احبار 17 باب ہمیں اس بات کی بھی یاد دہانی کراتا ہے کہ یہ سب چیزیں اِس قدر پاک اور مخصوص ہیں کہ اُنہیں معمولی نہیں سمجھا جا سکتا۔ کیا ہم اِس دَور میں ایسے شعور اور احساس سے بے بہرہ ہو چکے ہیں؟ کیا ہمیں خدا کی قدوسیت اور اُس کی حضوری میں اُس کی پاکیزگی کا کوئی احساس باقی نہیں رہا؟ دَورِ جدید میں جب اسقاطِ حمل بہت آسان اور عام ہو گیا ہے، کیا ہم نے زندگی کی قدر و قیمت کو بے قدر کر دیا ہے اور ہم یہ سمجھتے ہیں کہ جب چاہیں اُسے ختم کر سکتے ہیں، خاص طور پر جب زندگی ایک نعمت نہیں بلکہ ہمیں زحمت محسوس ہونے لگے؟ کیا خدا کا کلام ہمارے لئے عام سی چیز بن گیا ہے، ایسا کہ اِس میں بیان کردہ اصول و ضوابط کے مطابق

احبار کی کتاب (تفسیر)

تابعداری کی زندگی بسر کرنے کا خوف ہماری زندگی سے جاتا رہا ہے؟ کیا ہماری زندگی سے کسی چیز کے پاک اور مقدس ہونے کا شعور ختم ہو گیا ہے؟ میری دُعا ہے کہ خدا ہمیں اپنی قدوسیت کا فہم و ادراک عطا فرمائے، ایسا کہ ہم اُس کی عزت اور تعظیم کے لئے اُس کے بتائے ہوئے اصولوں کے مطابق تابعداری کی زندگی بسر کرنے کا عہد کریں۔ خدا ہمیں فروتن اور حلیم دل عطا کرے تاکہ ہم اُس کے نام اور جلال کے لئے ہر روز دوسروں کے سامنے جوابدہ ہونے کے لئے تیار اور رضا مند رہیں۔ آمین!

چند غور طلب باتیں

☆۔ کس چیز کو ہمیں آج پاک سمجھنے کی ضرورت ہے؟

☆۔ کیا ہم خدا کی مقدس چیزوں کی عزت اور احترام اپنے دل سے نکال چکے ہیں؟ چند مثالیں پیش کریں۔

☆۔ ہم کس طرح سے خدا کی مقدس اور پاک چیزوں کے تعلق سے ایک دوسرے کو جوابدہ ہو سکتے ہیں؟

احبار کی کتاب (تفسیر)

چند اہم دُعائیہ نکات

☆۔ خداوند سے دُعا کریں کہ وہ آپ کی زندگی میں اپنے مقاصد اور پاک چیزوں کے لئے عزت اور احترام ڈالے۔

☆۔ خداوند سے توفیق چاہیں تاکہ آپ اپنے اعمال و افعال اور عقائد کے تعلق سے دوسروں کو جوابدہ ہونے کے لئے تیار اور رضامند ہوسکیں۔

☆۔ خداوند کی شکر گزاری کریں کہ اُس نے ہمیں ایک ایسی رفاقت میں رکھا ہے جہاں پر ہم خدا کے ساتھ چلنے میں ایک دوسرے کی مدد اور معاونت اور رہنمائی بھی کرسکتے ہیں۔

☆۔ خداوند سے دُعا کریں کہ وہ آپ پر ایسی چیزوں کو منکشف کرے جنہیں آپ اپنی زندگی میں اور اُس کی خدمت کرتے ہوئے عزت اور احترام دے سکیں۔

باب 18

جنسی روّیوں پر قابو پانے والے قوانین

احبار 18: 1-30 پڑھیں

خدا ہماری جنسی زندگیوں کے تعلق سے بھی ایک منصوبہ رکھتا ہے۔ ہمارا معاشرہ تو کبھی بھی خدا کے منصوبے کے ساتھ متفق نہیں ہوا ہے۔ یہ کوئی نئی بات نہیں ہے۔ 3 آیت میں خدا نے اپنے لوگوں سے کہا کہ وہ مصر جیسے کام نہ کریں جہاں وہ رہتے تھے۔ نہ ہی وہ مُلکِ کنعان کے لوگوں کے اعمال و افعال کو اپنائیں جہاں پر وہ اُنہیں لے کر جا رہا تھا۔ خدا کے لوگ ایسے لوگوں میں گھرے ہوئے تھے جنہیں اپنی جنسی زندگیوں کے لئے خدا کے کسی مقصد، قاعدے قانون یا شریعت کا کوئی لحاظ نہیں تھا۔ خدا کو علم تھا کہ اُن کے لئے مُلکِ کنعان کے لوگوں کی عادات و اطوار کے مطابق ڈھل جانا بہت آسان ہو گا۔

غور کریں کہ خدا کے لوگوں نے ایسے لوگوں میں رہائش پذیر ہونا تھا جنہیں اپنی جنسی زندگیوں کے لئے خدا کے مقصد کی کوئی پرواہ نہیں تھی۔ 2 آیت میں، خداوند خدا نے بنی اسرائیل کو یاد دہانی کرائی کہ وہی خداوند خدا ہے۔ چونکہ خداوند اُن کا خدا تھا، اس لئے وہ اُس کے حضور جوابدہ تھے۔ اُن کی ایک ذمہ داری تھی۔ وہ اُس کے اختیار کے نیچے تھے اور اس بات کا تقاضا تھا کہ وہ اُس کے مقصد کی پیروی کریں۔

خدا نے اپنے لوگوں کو 4 آیت میں یاد دہانی کرائی کہ وہ احتیاط کر کے اُس کے آئین و احکام پر عمل کریں۔ یہاں پر لفظ " احتیاط " بہت اہم لفظ ہے۔ محتاط ہونے کے لئے توجہ اور خاص کاوش

درکار ہوتی ہے۔ یہی وہ کام ہے جو خدا اپنے لوگوں کو کرنے کے لئے کہہ رہا ہے۔ وہ یہ کہہ رہا ہے کہ وہ خاص توجہ سے اُس کی شریعت کی باتوں کو جانیں اور مانیں اور جو کچھ اس میں لکھا ہے بڑی توجہ اور دھیان سے کوشش کر کے اُس پر عمل کریں۔ خدا نے 5 آیت میں اُن لوگوں کو برکت دینے کا وعدہ کیا جنہوں نے اپنی جنسی زندگیوں کے لئے اُس کے مقصد کی پیروی کی۔ وہ لوگ جنہوں نے اُس کے آئین و احکام و شریعت کی تعمیل کی اُسی کے سبب سے وہ زندہ بھی رہے۔ (5 آیت) بالفاظ دیگر خدا کے کلام میں زندگی پائی جاتی ہے۔ اپنی جنسی زندگی کے لئے خدا کے مقاصد کے تابع ہو جانے سے، خدا کے لوگوں نے اپنے اور معاشرے کے لئے باعثِ برکت ہونا تھا۔ اپنے لوگوں کے لئے جنسی روّیوں کے بارے آئیں مختصر طور پر خدا کی شریعت کا جائزہ لیں۔

ممنوعہ جنسی شریک کار

خدا کی شریعت نے بیان کیا کہ بنی اسرائیل کسی قریب رشتہ دار کے ساتھ جنسی تعلق استوار نہ کریں۔ (6 آیت) ماں اور بیٹے کے درمیان جنسی تعلق (7 آیت) بہن بھائی کے درمیان جنسی تعلق (9 آیت) دادا یا نانا کا اپنے بچوں کے بچوں سے جنسی تعلق (10 آیت) یا خالہ کے ساتھ جنسی تعلق اور بہو اور سالی کے ساتھ بھی جنسی تعلق کی ممانعت کی گئی تھی۔

(15-16 آیت)

اسرائیل کی تہذیب و ثقافت میں، خاندانی رشتے ناطے بڑے پیچیدہ تھے۔ ایک مرد ایک سے زیادہ بیویاں رکھ سکتا تھا۔ اِس کا مطلب یہ تھا کہ آپ کے باپ کی بیوی ہمیشہ آپ کی ماں نہیں ہوتی تھی۔ نہ ہی آپ اور آپ کی ماں کی ایک ہی ماں ہوتی تھی۔ پھر بھی اِن رشتے ناطوں کو تحفظ دیا گیا۔ جنسی تعلقات باپ کی بیوی کے ساتھ ممنوع قرار دیئے گئے۔ (8 آیت) اسی طرح باپ یا ماں کی بیٹی کے ساتھ بھی جنسی تعلق قائم کرنا ممنوع قرار دیا گیا۔ (9، 11 آیت)

ایک مرد کو ماں اور اُس کی بیٹی یا اُس عورت کے بچوں کے بچوں کے ساتھ بھی جنسی تعلق قائم نہیں کرنا تھا اگرچہ یہ رشتے ناطے براہ راست اُس کے ساتھ منسلک نہیں تھے۔ (17 آیت) اور نہ ہی ایک مرد کو اپنی اہلیہ کے جیتے جی اُس کی بہن یعنی اپنی سالی سے جنسی مراسم قائم کرنے تھے۔ (18 آیت)

اِن جنسی تعلقات کی ممانعت کے پیچھے کئی ایک وجوہات دکھائی دیتی ہیں۔ پہلی وجہ دوسرے شخص کے لئے رسوائی۔ (7، 8، 10، 14، 16 آیت) خاندانی رشتے ناطوں کی قدر کی جانی چاہئے تھی۔ جنسی تعلق قائم کرنا اور وہ بھی اپنے قریب رشتہ دار سے، رسوائی، بدنامی اور کلنک کا ٹیکہ تھا۔

ان آیات میں ممنوعہ جنسی تعلقات کی ایک اور وجہ بھی نظر آتی ہے۔ ایسے جنسی تعلقات حسد اور ذہنی دباؤ کا باعث بھی ہو سکتے تھے۔ 18 آیت میں یہ بالکل واضح ہے۔

تو اپنی سالی سے بیاہ کر کے اُسے اپنی بیوی کی سوکن نہ بنانا کہ تو دوسری کے جیتے جی اُس کے بدن کو بھی بے پردہ کرے۔

غور کریں یہاں پر لفظ " سوکن " استعمال ہوا ہے۔ راخل اور اُس کی بہن لیاہ کے معاملہ میں اس کی مثال واضح طور پر ہمارے سامنے آتی ہے۔ پیدائش 29: 31، 30: 24) اپنی ازدواجی زندگی کے ابتدائی سالوں میں وہ اپنے شوہر کی توجہ حاصل کرنے کے لئے مسلسل ایک مقابلہ بازی میں رہیں۔ اِس سے اُن کے گھرانے میں بڑی کشمکش اور تفرقے بازی پیدا ہوئی۔ خاندان کے لئے یہ تو خدا کا منصوبہ نہیں تھا۔ اپنے قریبی رشتہ داروں سے جنسی تعلقات کی ممانعت فرمانے سے، خدا رشتے ناطوں کو تحفظ دے رہا تھا اور اُن کے معاشروں میں ایک ہم آہنگی اور ایک ربط قائم کر رہا تھا۔

ماہواری کے ایام میں جنسی تعلقات

6-18 آیات میں ایسے جنسی تعلقات پر بات کی گئی جس سے کسی شخص کے لئے رسوائی اور قریبی رشتہ داروں میں حسد اور کڑواہٹ جنم لے سکتی ہے۔ 19 آیت میں شرعی پاکیزگی کے موضوع پر بات کی گئی ہے۔ 19 آیت میں شریعت عورت کے ساتھ اُس وقت مباشرت کرنے سے منع فرماتی ہے جب وہ ماہواری کی حالت میں ہو۔ باقی کتاب میں اس کی وجہ بالکل واضح طور پر بیان کی گئی ہے۔ ماہواری کی حالت میں عورت ناپاک ہوتی تھی۔ (احبار 5:19-23) ہر وہ شخص جو ایسی عورت کو چھُوتا یا اس چیز کو چھُوتا جس پر وہ بیٹھ جاتی، وہ بھی ناپاک ہو جاتا تھا۔

زناکاری

20 آیت زناکاری کے موضوع پر بات کرتی ہے۔ خدا نے اس بات کو بالکل واضح کر دیا کہ جو کوئی کسی دوسرے کے جیون ساتھی کے ساتھ جنسی تعلقات قائم کرتا ہے اپنے آپ کو آلودہ کرتا ہے۔ ایسا شخص خود کو مکمل طور پر ناپاک کرلیتا ہے۔ در حقیقت، احبار 10:20 بیان کرتا ہے کہ ایک شادی شدہ جوڑا جو زناکاری کرے موت کی سزا کا حق دار ہے۔

اور کوئی شخص جو دوسرے کی بیوی سے یعنی اپنے ہمسایہ کی بیوی سے زنا کرے، وہ زانی اور زانیہ دونوں ضرور جان سے مار دئے جائیں۔

ایسے جُرم کے لئے کسی کو کوئی رُو رعایت اور معافی نہیں ملتی تھی۔ دونوں ہی اس لائق ٹھہرتے تھے کہ اُنہیں ہلاک کر دیا جائے۔ اس سے یہ ظاہر ہوتا ہے کہ خدا زناکاری کے معاملہ کو کس قدر سنجیدگی سے لیتا ہے۔

جنسی تعلق سے پیدا ہونے والی اولاد

21 آیت شاید متن سے ہٹ کر دکھائی دیتی ہے لیکن ہمیں اس بات کو سمجھنے کی ضرورت ہے کہ

بچے جنسی تعلق کا پھل ہوتے ہیں۔ ایسے تعلقات سے پیدا ہونے والے بچوں کو تحفظ دینا چاہیے۔
21 آیت بیان کرتی ہے کہ بچوں کو غیر قوموں کے دیوتاؤں کے حضور قربانی کے طور پر پیش نہ کیا جائے۔ کیونکہ یہ دیوتا انسانی زندگی کی قربانی طلب کرتے تھے۔ خداوند خدا نے بالکل واضح کر دیا ہے اگر وہ اپنے بچوں کو مؤلک کے لئے قربان کریں گے تو خداوند اپنے خدا کے نام کی تکفیر کریں گے۔

یہ شریعت ممنوعہ جنسی تعلقات کے متن میں ہی دی گئی۔ یہ غلطی سے یہاں پر بیان نہیں کیا گیا۔ یہاں پر اِس نقطے کو دیکھنے کی ضرورت ہے کہ ایسے بچے جو ایسے جنسی تعلقات کے نتیجہ میں پیدا ہو جائیں، خواہ وہ جائز ہو یا ناجائز، خدا اُن کی حفاظت کرتا اور اُن سے محبت رکھتا ہے۔ ایسا شخص جو انہیں مؤلک کے حضور قربان کرے، وہ خدا کے نام کی تکفیر کرنے کے جُرم کا مرتکب ہو گا۔ ایسا شخص خدا کے قہر و غضب کا سامنا کرے گا۔ حتیٰ کہ ناجائز جنسی تعلقات سے پیدا ہونے والے بچے کو بھی تحفظ ملنا چاہیئے اُس سے بھی محبت کی جائے اور اُس کو بھی قدر کی نگاہ سے دیکھا جائے۔

ہم جنس پرستی

22 آیت میں ہم جنس پرستی کے موضوع پر بات کی گئی ہے۔ خدا نے واضح طور پر مردوں کے درمیان جنسی تعلقات کی ممانعت فرمائی۔ اسی اصول کا اطلاق خواتین پر بھی ہوتا ہے۔ یہاں پر جو لفظ استعمال کیا گیا ہے وہ ہم جنسی پرستی کے تعلق سے خدا کے احساسات کی عکاسی کرتا ہے۔ این آئی وی ترجمہ میں لفظ " قابل نفرت " جبکہ کنگ جیمز میں لفظ " مکروہ " استعمال ہوا ہے۔ یہ بڑے زبردست اور معنی خیز الفاظ ہیں جو ہم جنس پرستی جیسے مراسم کے تعلق سے خدا کی سوچ اور احساس کو واضح کرتے ہیں۔

جانور

اس باب میں جس آخری موضوع پر بات کی گئی ہے وہ ہے جانوروں کے ساتھ جنسی تعلقات قائم کرنا۔ 23 آیت بتاتی ہے کہ اگر کوئی شخص کسی جانور کے ساتھ مباشرت کرے تو وہ اپنے آپ کو ناپاک کرتا ہے۔ اگر ایک عورت ایسا مکروہ کام کرے تو یہ ایک کجروی ہو گا۔ دونوں حالتوں میں خدا کی طرف سے ملنے والی جنسی صلاحیت اور نعمت کے مقصد کی خلاف ورزی ہے احبار 20:15-16 اس بات کو واضح کرتی ہے کہ وہ دونوں یعنی وہ شخص (خواہ مرد یا عورت) اور جانور دونوں ہی مار دیے جائیں۔

" اور اگر کوئی مرد کسی جانور سے جماع کرے تو وہ ضرور جان سے مارا جائے۔ اور تم اُس جانور کو بھی مار ڈالنا۔ اور اگر کوئی عورت کسی جانور کے پاس جائے اور اُس سے ہم صحبت ہو تو تُو اُس عورت اور جانور دونوں کو مار ڈالنا۔ وہ ضرور جان سے مارے جائیں۔ اُن کا خون اُن ہی کی گردن پر ہو گا۔

24 آیت یاد دہانی کراتی ہے کہ ایسے کام اُن غیر قوموں کے درمیان ہوتے تھے جنہیں خدا اپنے لوگوں کے سامنے سے دفع دُور کرنے کو تھا۔ ساری قوم ان کی جنسی بے راہ روی کے سبب سے ناپاک ہو چکی تھی۔

25 آیت سے ہم سیکھتے ہیں کہ زمین اُس کے باشندوں کے جنسی گناہوں اور بداعمالیوں کے سبب سے ناپاک اور آلودہ ہو گئی تھی۔ وہ زمین اپنے باشندوں کو اُگلنے والی تھی۔

یہاں پر ایک بیمار سرزمین کی تصویر دکھائی دیتی ہے جو اپنی قوم کے لوگوں کو اپنے مُنہ سے نکال پھینکنے کو تھی۔ خدا ایسی قوموں کی عدالت کرے گا جو ایسے مکروہ اور نجس کام کرتی ہیں۔ وہ ایسی قوموں کو اپنے سامنے سے دفع کرے گا اور اُنہیں نیست و نابود کر کے رکھ دے گا۔ وہ زمین کو اُس کی ناپاکی سے صاف کرے گا۔

26-30 آیات میں خدا اپنے لوگوں کو یاد دہانی کراتے ہوئے اپنی بات ختم کرتا ہے کہ اُس کے لوگ اُن قوموں جیسے مکرُوہ اور نجس کاموں سے خود کو محفوظ رکھیں جن کے درمیان وہ اُنہیں لے کر جا رہا ہے۔ یہ قومیں جنسی تعلقات میں خدا کے طریقوں کے مطابق نہیں چلتے تھے اور دن بدن خود کو آلودہ کئے چلے جا رہے تھے۔ نہ صرف خود کو بلکہ وہ اپنی سرزمین کو بھی نجس اور ناپاک کر رہے تھے۔

خدا نے اپنے لوگوں کو قبل از وقت آگاہ کر دیا کہ اگر وہ ایسے کام کرنے سے خود کو نجس اور ناپاک کریں گے تو وہ اسی طرح سے اُنہیں بھی اپنے سامنے سے دفع دُور کر کے اُنہیں نیست و نابود کر دے گا جس طرح اُس نے پہلی قوموں کو نیست و نابود کر کے رکھ دیا۔

(28 آیت) ایسے کام کرنے والے کے لئے انتباہ تھا کہ وہ اپنے لوگوں میں سے کاٹ ڈالا جائے گا، یہ سخت حکم ایسے مکروہ اور نجس کاموں کو روکنے کے لئے تھا۔ جو سرزمین خدا اُنہیں دینے کو تھا، اُس میں اُنہوں نے کسی کو بھی ایسے جنسی مراسم قائم کرنے کی اجازت نہیں دینی تھی جو خدا کے مقصد اور طریقے کے متضاد تھے۔

چند غور طلب باتیں

☆۔ اس باب میں خدا اپنے لوگوں کو یاد دہانی کراتا ہے کہ وہ اُس کے لوگ ہیں، اِس لئے اُن کا فرضِ کُلی یہی ہے کہ وہ جنسی روّیوں کے تعلق سے اُس کے مقصد اور ارادے کی پیروی کریں۔ کیا آپ کے جنسی تعلقات کے تعلق سے خدا کو فکر ہے؟ کس طرح سے ہمارے تعلق سے اُس کے جنسی مقاصد ہمارے ارد گرد کی دُنیا سے مختلف ہیں؟

☆۔ آج کے دَور میں آپ کو اپنے معاشرے میں کون سے جنسی گناہ دکھائی دیتے ہیں؟ کیا اِن

گناہ آلودہ حرکات سے کلیسیا متاثر ہوئی ہے؟ اگر ہوئی ہے تو کس طرح سے ہوئی ہے، مثال دے کر وضاحت کریں۔

☆۔ناجائز تعلقات سے پیدا ہونے والے بچوں کے ساتھ ہمارا روّیہ اور سلوک کیسا ہونا چاہئے؟ اس باب میں خدا ہمیں کیا تعلیم دیتا ہے؟

☆۔ہمارے مُلک میں جنسی گناہ کا کیا اثر پڑا ہے؟

چند اہم دُعائیہ نکات

☆۔خداوند سے دُعا کریں کہ وہ آپ کے جنسی روّیوں کو اپنی مرضی اور ارادے کے مطابق اپنے تابع کر لے۔ خداوند سے التماس کریں کہ وہ آپ پر فضل کرے تاکہ آپ اس دُنیا کے طور طریقوں سے دُور اور محفوظ ہی رہیں۔

☆۔خداوند سے درخواست کریں کہ وہ اپنی کلیسیا کو غیر مناسب جنسی روّیوں سے پاک کرے۔ خداوند سے انفرادی طور پر غلط جنسی روّیوں کے لئے معافی مانگیں تاکہ آپ اُس کے حضور پاک اور صاف زندگی بسر کر سکیں۔

☆۔چند لمحات کے لئے اپنے معاشرے کی زبوں حالی کا جائزہ لیں۔ خداوند سے کہیں کہ وہ آپ کے معاشرے کو شفا دے کر بحال کرے تاکہ جنسی تعلقات میں اُس کے مقصد اور مرضی کی پیروی ہو سکے۔

☆۔خداوند سے دُعا کریں کہ آپ کے معاشرے میں مضبوط جنسی روّیے پروان چڑھ سکیں جہاں پر جنسی تعلقات خدا کی مرضی اور ارادے کے مطابق ہوں۔

باب 19

پاک رہو

احبار 19:1-37 پڑھیں

خداوند خدا 19 باب میں اپنے لوگوں کو یہ چیلنج دیتا ہے کہ وہ پاک رہیں کیونکہ وہ پاک ہے۔
(2 آیت) اس تعلق سے خاص طور پر یہ بات دلچسپی کی حامل ہے کہ کس طرح پاکیزگی اُن کی زندگی کے ہر ایک پہلو کا احاطہ کرتی تھی۔ احبار 19 باب پاک اور دیندار لوگوں کی زندگی میں پاکیزگی کے پھل کو بھی ظاہر کرتا ہے۔

والدین کا احترام (3 آیت)

تین آیت پر غور کریں کہ خدا اپنے لوگوں کو اپنے ماں اور باپ کی عزت اور احترام کرتے ہوئے زندگی بسر کرنے کے لئے بلاتے ہوئے آغاز کرتا ہے۔ آئیں مختصر وقت کے لئے اِس پر غور کریں۔ بہت سی وجوہات ہیں کہ کیوں ایک پاک شخص کو اپنے والدین کی عزت کرنے کی ضرورت ہے۔

سب سے پہلے اِس بات پر غور کریں، کیونکہ وہی ہمیں اس دُنیا میں لانے کا وسیلہ بنے۔ وہ ہمارے ساتھ کھڑے ہوئے اور ہمیں اِس زندگی کے لئے تیار کیا۔ اُنہوں نے ہماری حفاظت اور نگہداشت کی۔ ہماری تعلیم و تربیت کی اور ہماری ہر ایک ضرورت کو بھی پورا کیا۔ جو کچھ اُنہوں نے ہمارے لئے کیا، اُس کے لئے ہم پر واجب ہے کہ اُن کی عزت اور احترام کریں۔

دوسری وجہ، ہمیں اپنے والدین کی عزت اور احترام معاشرے کے سبب سے بھی کرنا

ہے۔ والدین ہی سب سے پہلے صاحبِ اختیار شخصیات ہوتے ہیں جن سے بچے کا واسطہ پڑتا ہے۔ اگر ایک بچہ اپنے والدین کے اختیار کو ماننے سے انکار کر دے تو پھر کیا ہو گا؟ اِس کے نتیجہ میں وہ معاشرے کے دیگر صاحبِ اختیار لوگوں کو احترام اور تابعداری کرنا بھی نہیں سیکھے گا۔ والدین کے اختیار کی عزت کرنا سیکھنے سے بچے کو معاشرے میں موجود دیگر قابلِ احترام لوگوں سے عزت سے پیش آنے میں مدد ملے گی۔ پاک شخص وہی ہوتا ہے جو اُن سب کی عزت کرتا ہے جو اُس پر اختیار کی حیثیت رکھتے ہیں۔ وہ ہمیشہ ایسے لوگوں کی خدمات کے لئے اُن کا شکر گزار ہوتا ہے جو وہ اُس کے لئے انجام دیتے ہیں۔

سبت کا احترام (3 آیت)

عزت اور احترام کے ایک اور پہلو کا تعلق سبت کے دن کو پاک ماننے سے ہے۔ سبت ایک ایسا دن تھا جو خدا اور اُس کے کاموں کو یاد کرنے کے لئے مخصوص تھا۔ پاک انسان کا ایک وصف یہ بھی ہے کہ (بمطابق 3 آیت) کہ وہ وقت نکال کر خداوند اپنے خدا کو یاد کرے۔ یہی اُس کی زندگی کی اوّلین ترجیح ہونی چاہیے۔ کتنی ہی بار اِس دُنیا کی طرف سے طرح طرح کے دباؤ ہمیں خدا کے لئے وقت نہیں نکالنے دیتے؟ بطور پاک لوگ خدا ہمیں بلا رہا ہے کہ ہم باقاعدگی سے اُسے اور اُس کے بھلے کاموں کو یاد کرتے رہیں۔

بُت پرستی سے باز آنا (4 آیت)

ایسے لوگ جو خدا اور اُس کے اُن کاموں کی عزت اور احترام کرتے ہیں جو اُس نے اُن کے لئے سر انجام دئے ہیں، وہ کسی بھی معبود کی طرف رجوع نہیں لائیں گے۔ پاک شخص وہی ہوتا ہے جس کا دل پورے طور پر خداوند اپنے خدا کے لئے وقف ہو چکا ہوتا ہے۔ وہ دوسرے معبودوں کی پرستش اور عبادت کرنے کی آزمائش کا مقابلہ کریں گے۔ ہم سب کو یاد رکھنے کی ضرورت ہے

کہ بُت صرف دھات اور پتھر کا ٹکڑا ہوتے ہیں۔ ایک بُت کی کئی ایک اقسام ہو سکتی ہیں۔ بعض اوقات، ہمارا کام کاج، ہمارا گھرانہ اور ہماری منسٹری بھی بُت کی حیثیت اختیار کر جاتی ہے۔ ہر وہ چیز جو ہماری زندگی میں خدا کی جگہ لے لیتی ہے وہ ایک بُت ہوتی ہے۔ ایک پاک شخص کی زندگی میں خدا ہی کو اوّل درجہ ملنا چاہئے۔

خدا کا کام خدا کے طریقہ سے کرنا (5-8 آیات)

5-8 آیات میں خدا نے اُس وقت اپنی راہوں کی پیروی کرنے کی اہمیت کے تعلق سے اپنے لوگوں سے کلام کیا جب وہ اُس کے حضور سلامتی کی قربانیاں لے کر آئے۔ اُنہیں اس طرح سے یہ قربانیاں اُس کے حضور پیش کرنا تھیں کہ وہ اُن کی طرف سے قابلِ قبول ٹھہریں۔ (5 آیت) جس دن وہ کاہن کے پاس لائی جاتی اُسی دن اُنہوں نے اُس سلامتی کی قربانی میں سے کھانا تھا۔ صبح تک کوئی چیز بھی باقی نہیں رکھ چھوڑنی تھی۔ اگر وہ اُس میں سے کچھ صبح تک رکھ چھوڑتے تو یہ پاک چیز کی تکفیر ہونی تھی۔ (7 آیت)

خدا کے لوگوں کو واجب تھا کہ وہ ہر لحاظ سے اور ہر کام میں خدا کی راہوں کی عزت اور قدر کرتے۔ پاک شخص وہی ہوتا ہے جو احتیاط کر کے خدا کی راہوں پر چلتا ہے۔ جو کچھ خدا چاہتا ہے وہ اپنی راہوں کی بہ نسبت اسی کو زیادہ اہمیت دیتا ہے۔

غریبوں کے لئے فکر مندی (9-10 آیات)

پاکیزگی کا تعلق دوسروں کی ضروریات کو مدِ نظر رکھنے اور اُن کے لئے عملی اقدام کرنے سے بھی ہے۔ 9-10 آیت پر غور کریں کہ خدا نے کہا کہ وہ کھیت کے کناروں تک فصل کی کٹائی نہ کریں بلکہ اُنہیں غریب لوگوں کے لئے چھوڑ دیں۔ اُنہیں دوسری بار اپنے تاکستانوں میں نہیں جانا تھا۔ چونکہ خداوند ہی اُن کا خدا تھا، اِس لئے اُنہوں نے اُس کی تعظیم اور تابعداری کے لئے ایسا ہی کرنا

تھا۔ وہ لوگ جو خدا کے دل کو دوسروں کے سامنے پیش کرتے ہیں وہ اپنے اردگرد دُکھی اور لاچار لوگوں کی خدمت کرنے کے لئے کمربستہ رہیں گے۔

دیانتداری(11-13آیات)

11-13 آیات دل کی دیانتداری اور نیک نیتی کی بات کرتی ہیں۔ اِن آیات میں خدا نے اپنے لوگوں کو یاد دہانی کرائی کہ جو کچھ اُن کا نہیں ہے وہ اُسے اپنی ملکیت ہونے کے لئے نہ لیں۔ کسی سے جھوٹ بھی نہ بولیں اور نہ ہی کسی سے دھوکہ بازی کریں۔

پاک لوگ ہوتے ہوئے اُنہیں خداوند خدا کے نام سے جھوٹی قسم بھی نہیں کھانا تھی۔ اپنے پڑوسی سے کوئی فریب نہیں کرنا تھا اور نہ ہی کسی مزدُور کی مزدُوری دبا کر بیٹھ جانا تھا۔(12-13آیت) خدا پر ایمان رکھنے والوں کو اپنے کردار اور دیانتداری کے سبب سے جانا اور پہچانا جانا تھا۔ ایک پاک شخص کے لئے لازم ہے کہ وہ قابلِ اعتبار شخص ہو۔

ترس(14آیت)

حقیقی پاکیزگی کے ایک اور پہلو کا تعلق معذُوروں اور محتاجوں کے لئے ترس اور رحم بھی ہے۔ 14آیت پر غور کریں، پاک شخص کسی بہرے شخص پر برہم ہو گا اور نہ ہی وہ اُن کی راہ کے آگے کوئی رکاوٹ کھڑی کرے گا۔ خدا کا خوف رکھنے کے سبب سے ایک پاک شخص ایسی حرکات سے اجتناب ہی کرتا ہے۔ بالفاظ دیگر، اُنہیں اُن لوگوں کے لئے خدا کے دل کی لالسا کا علم ہوتا ہے جو جسمانی طور پر کسی معذُوری کا شکار ہوتے ہیں۔ وہ اُن سے کسی بھی طرح کی بدسلوکی کر کے خدا کے گنہگار نہیں ہوتے۔ اِس کی بجائے وہ محتاج اور معذُور لوگوں کی خدمت کے لئے جو کچھ بھی کر سکتے ہیں، اس کے لئے ضروری عملی اقدام اُٹھاتے ہیں۔ اس سے یہ ظاہر ہوتا ہے کہ پاک شخص وہی ہوتا ہے جو انسانی زندگی عزت اور قدر کرتا ہے۔ پاک شخص کسی معذور اور محتاج کا مذاق

نہیں اُڑاتا۔ بلکہ اُس کا دل دُکھی، لاچار اور محتاج لوگوں کے لئے ترس سے بھرا رہتا ہے۔

عدل و انصاف (15 آیت)

19 باب میں پاکیزگی کا ایک اور پہلو جس پر بات کی گئی ہے اس کا تعلق عدل و انصاف سے ہے۔ عدل و انصاف اور دیانتداری کا آپس میں چولی دامن کا ساتھ ہے۔ پاک شخص عدل و انصاف کے معاملہ میں کسی کی طرفداری نہیں کرتا۔ پاکیزگی سبھی لوگوں کے ساتھ ایک جیسا سلوک کرتی ہے۔ اَمیروں کو غریبوں کی بہ نسبت زیادہ عدل و انصاف نہیں ملتا۔ پاکیزگی کسی بھی طرح کا تعصب ظاہر نہیں کرتی بلکہ سبھی سے ایک جیسا روّیہ اختیار کرتی ہے۔ خدا بھی ہماری عدالت ہمارے رنگ ڈھنگ کو دیکھ کر نہیں کرتا۔ ہماری عدالت کرتے وقت، خدا اس بات کو مدِ نظر نہیں رکھتا کہ ہمارا گھر کیسا ہے اور ہمارے خاندان کی تاریخ کیا ہے۔ اُس کی یہی فکر ہے کہ سبھی لوگوں کے ساتھ مناسب سلوک اور روّیہ اختیار کیا جائے۔ جس طرح خدا فیاض دلی سے ہمیں معاف کرتا ہے، خدا کے پاک لوگ ہوتے ہوئے، لازم اور واجب ہے کہ ہم بھی لوگوں کے لئے ایسا ہی روّیہ اور سلوک اختیار کریں۔

لُترے پن سے اجتناب (16 آیت)

کسی کی بدنامی نہ کرنے پر خاص زور دیا گیا ہے۔ لُترے پن سے مراد کسی شخص یا تنظیم کے تعلق سے منفی تاثر دینے کی نیت سے بُری باتیں کرنا ہے۔ لُتراپن کرنے والے کا مقصد یہی ہوتا ہے کہ وہ اپنی باتوں سے کسی کے کردار اور ساکھ کو تباہ کرے۔ لُتراپن کرنے والے کو کسی کے تعلق سے جھوٹ نہیں بولنا پڑتا۔ لُتراپن یا کسی کے تعلق سے منفی اور من گھرٹ باتیں پھیلانے والے کی نیت یہی ہوتی ہے کہ جس شخص کی عزت اور ساکھ کو وہ نقصان پہنچانے پر تُلا ہو ہے، وہ دوسروں کی نظر میں ذلیل و رسوا ہو جائے۔ پاک شخص لُتراپن نہیں کرتا۔ پاک شخص تو ایک دوست اور

ہمسائے کی عزت و ناموس اور کردار و شخصیت کا دفاع کرتا ہے۔

ہمسایوں سے تعلقات (16-18 آیت)

خدا کی عزت اور تعظیم کی خاطر پاک شخص اپنے ہمسائے کی جان کو خطرے سے دوچار نہیں کرتا۔ عہدِ عتیق کی شریعت میں بہت سے حوالہ جات موجود ہیں جن میں اپنی زمین کے گرد باڑ لگانے یا اپنے جانور کو اپنی حد میں باندھ کر رکھنے کی بات کی گئی ہے تاکہ وہ کسی کے لئے نقصان کا باعث نہ ہو۔ پاک شخص اپنے اعمال و افعال کا ذمہ دار ہوتا ہے اور اپنے ہمسائے کی زندگی، صحت اور عزت کو خطرے میں نہ ڈالنے کے تعلق سے ہر ایک احتیاطی تدبیر پر عمل پیرا ہو گا۔ غور کریں کہ اپنے ہمسائے کے لئے عزت دل سے پیدا ہوتی ہے۔ (17 آیت) پاک شخص وہ نہیں ہوتا جو دوسروں کے دکھاوے کے لئے کچھ کرتا ہے۔ بلکہ وہ کسی کے لئے کوئی کام اس لئے کرتا ہے کیونکہ اُس کے دل میں یہ بات ہوتی ہے کہ وہ دوسروں کے لئے کچھ کرے۔ پاکیزگی نہ صرف آپ کے ظاہر اعمال و افعال پر اثر انداز ہوتی ہے بلکہ آپ کو پاکیزگی کے سبب سے محبت اور ترس سے بھر جانے کی تحریک ملتی ہے۔

17 آیت پر غور کریں کہ ایک پاک شخص اُس وقت فکرمند ہوتا ہے جب اُس کا ہمسایہ راستبازی کی راہ سے بھٹک جاتا ہے۔ خداوند نے اپنے لوگوں کو تلقین کی کہ وہ اپنے ہمسائے کو ڈانٹیں تاکہ وہ اُس کے جُرم میں شریک نہ ہوں۔ بالفاظ دیگر، اسرائیلیوں کو ایک دوسرے کا خیال رکھنا تھا۔ ایک دوسرے کی خبر گیری کرنی تھی۔ جب وہ دیکھیں کہ اُن کا ہمسایہ ایسی راہ پر چل نکلا ہے جو اُس کے لئے روحانی یا جسمانی طور پر خطرناک یا نقصان دہ ہو گی تو اُنہوں نے اُسے آگاہ کرنا تھا۔ پاک شخص ہمسایوں کو بھی پاکیزگی کی راہ پر چلنے کی تلقین کرتا اور ہر ممکن مدد فراہم کرتا ہے کہ وہ بھی راستی اور پاکیزگی کی شاہراہ پر آگے بڑھیں۔ غور کریں کہ جب ایک پاک شخص بوقت

ضرورت اپنے پڑوسی کی ڈانٹ ڈپٹ نہیں کرتا تو وہ اُس کے جُرم میں شریک ہوتا ہے۔ بالفاظ دیگر، وہ اپنے پڑوسی کے نقصان کا ذمہ دار ہو گا۔ کیونکہ اُس کے پاس کسی بُرائی کی روک تھام کا اختیار تھا لیکن اُس نے ایسا نہ کیا۔

جب ہمسائے کی بات آتی ہے کہ ایک پاک شخص نہ تو اپنے ہمسائے کے تعلق سے کوئی تعصب، کینہ یا عداوت دل میں رکھتا ہے اور نہ ہی اُس سے کسی بات کا انتقام لیتا ہے۔ بلکہ وہ جلدی سے معاف کر دیتا ہے۔ در حقیقت پاک لوگ اپنے ہمسایوں سے اپنی مانند محبت رکھتے ہیں۔ وہ اُن کی تسلی اور تحفظ کے لئے ہر ممکن اقدام کرتے ہیں۔ وہ اپنے ہمسائے کو ہر قسم کے خطرے سے محفوظ رکھنے کے لئے عملی اقدام کرتے ہیں۔ خواہ اُن کا ہمسایہ اُن کی محبت اور توجہ کا مستحق نہ بھی ہو پھر بھی وہ ہر ممکن طریقہ سے اُس کے ساتھ اچھا سلوک کرتے اور اُس کے لئے باعثِ برکت ہوتے ہیں۔ پاک شخص اپنے پڑوسی سے اپنی مانند محبت رکھتا ہے اور جس طرح خدا اُس سے سلوک کرتا ہے، وہ بھی اپنے پڑوسی سے ویسا ہی سلوک کرتے ہیں۔

آمیزش کی ممانعت (19 آیت)

19 آیت بہت دلچسپ ہے۔ غور کریں کہ خدا نے مختلف اقسام کے جانوروں، ایک کھیت میں مختلف اقسام کے بیج بونے اور ملے جُلے تار کا کپڑا پہننے کی ممانعت فرمائی ہے۔ خدا کے اس حکم کی کئی ایک وجوہات ہو سکتی ہیں۔

اوّل، ہو سکتا ہے کہ یہ اُس دوَر کی غیر قوموں کی مذہبی رسومات کے خلاف ردِ عمل ہو۔ یاد رکھیں کہ خدا کی شریعت نے انسان اور جانوروں کے جنسی تعلق پر قدغن لگائی تھی۔ (احبار 23:18) خدا نے واضح طور پر اپنے لوگوں کو بتایا تھا کہ وہ مُلکِ کنعان کے لوگوں کی عادات واطوار نہ اپنائیں جہاں پر آباد ہونے کے لئے وہ جا رہے تھے۔ (24:18) اِس تعلق سے بے شمار کہانیاں پائی جاتی

احبار کی کتاب (تفسیر)

ہیں کہ کس طرح غیر اقوام انسانوں اور جانوروں کی مباشرت کرواتے تھے تا کہ ایک مختلف قسم کی مخلوق پیدا کریں۔ شاید یہی وجہ ہو کہ خدا نے اپنے لوگوں کو ایسی ملاوٹ اور آمیزش سے منع کیا تا کہ وہ اِرد گرد کی غیر قوموں کی عادات و اطوار سے دُور ہی رہیں۔

ہو سکتا ہے کہ خدا اپنے لوگوں کو اُس کے لئے پاک اور خالص رہنے کی یاد دہانی کرا رہا ہو۔ شریعت اُن کے لئے ایک مسلسل یاد دہانی تھی کہ وہ خدا کے لوگ ہوتے ہوئے دوسری قوموں سے الگ تھلگ رہیں اور اُن جیسے طور طریقے نہ اپنائیں۔ اُنہیں اِرد گرد کی غیر اقوام کے ساتھ گھل مل نہیں جانا تھا اور نہ ہی اُن کے ساتھ اپنے بچوں کے رشتے ناطے قائم کرنے تھے۔ اُنہوں نے زندہ خدا پر ایمان کو بھی ان قوموں کے مذہب سے نہیں ملانا تھا۔ اُنہیں اپنے ایمان کو پاک، خالص اور غیر آلودہ رکھنا تھا۔

پاک شخص سچے دل سے خدا کے ساتھ چلتا رہتا ہے۔ وہ اپنے ایمان پر سمجھوتہ نہ کرنے کے تعلق سے محتاط رہتا ہے۔ اور کبھی بھی دیگر تعلیمات اور دُنیاوی چیزوں کو موقع نہیں دیتا کہ خدا کے ساتھ اس کے رشتے اور تعلق پر اثر انداز ہوں۔ وہ اپنا ایمان پاک اور غیر آلودہ رکھنے کے لئے محتاط رہتا ہے۔

غلاموں سے سلوک (20-22)

20-22 آیات کو اُس دَور کے کلچر کو مدِ نظر رکھتے ہوئے سمجھا جائے۔ اُس دَور میں غلام رکھنا یا بیچنا ایک عام سی بات تھی۔ غلاموں کے پاس معاشرے کے دیگر لوگوں جیسی سہولیات اور حقوق نہیں ہوتے تھے۔ یہاں پر ہم غلام رکھنے یا غلامی میں رہنے کی وجوہات کو زیرِ بحث نہیں لایا جائے گا۔ ہمارے لئے اِس بات کو سمجھنا ضروری اور اہم ہے کہ 20-22 آیات میں خدا کیا کہنا چاہتا ہے۔ ان آیات میں، ہمارے پاس ایک ایسے شخص کی مثال ہے جو ایک لونڈی کے ساتھ ہم

بستر ہوتا ہے جس کی منگنی کسی دوسرے شخص سے ہو چکی ہوتی ہے۔ اگرچہ اُس لڑکی کی منگنی تو ہو گئی تھی لیکن وہ ابھی تک غلامی کی حالت میں تھی۔ بالعموم اس جُرم کی سزا موت ہوتی تھی۔ کیونکہ اُس لڑکی کی منگنی اس لئے ہوئی تھی کہ اسے دوسرے شخص سے بیاہا جائے گا۔ لیکن اس صورت میں، وہ ابھی تک غلام تھی۔ نہ تو وہ اور نہ ہی اُس سے مباشرت کرنے والا شخص مارا گیا۔ اس شخص سے تقاضا کیا گیا کہ وہ خیمہ اجتماع کے دروازہ پر جُرم کی قربانی کے طور پر ایک مینڈھا لے کر آئے تاکہ اُس کے گناہ کی معافی مل سکے۔

یہاں پر ہم دیکھتے ہیں کہ غلام کو کسی دوسرے کی ملکیت سمجھا جاتا تھا۔ کسی غلام کو مارنا گویا کسی دوسرے کی جائیداد ہتھیانے کے مترادف تھا۔ جس سے دوسرے شخص کی آمدن میں کمی واقع ہو جاتی تھی۔ شریعت نے غلام لڑکی کو تحفظ دیا اور وہ گناہ کی وجہ سے مارا نہ گیا۔ تاہم مرد سے یہ تقاضا کیا گیا کہ وہ اپنے جُرم کی قربانی خداوند کے حضور پیش کرے۔

خدا غلام کو دیکھتا تھا۔ اگرچہ غلاموں کو آزادی حاصل نہ تھی۔ تو بھی اُنہیں تحفظ حاصل تھا۔ اس سے ظاہر ہوتا ہے کہ خدا، پاک اور قدوس خدا ہوتے ہوئے اُن کی بھی فکر کرتا ہے جو کسی نہ کسی وجہ سے غلامی یا جُوئے کے نیچے ہوتے ہیں۔ خداوند یسوع مسیح کی متی 25:36-40 باتیں بہت ہی دلچسپ ہیں۔

" میں ننگا تھا تم نے مجھے کپڑا پہنایا، بیمار تھا تم نے میری خبر لی۔ قید میں تھا، تم میرے پاس آئے۔ تب راستباز جواب میں اُس سے کہیں گے اَے خداوند ہم نے کب تجھے بھوکا دیکھ کر کھانا کھلایا یا پیاسا دیکھ کر پانی پلایا؟ ہم نے کب تجھے پردیسی دیکھ کر گھر میں اُتارا؟ یا ننگا دیکھ کر کپڑا پہنایا؟ ہم کب تجھے بیمار یا قید میں دیکھ کر کر تیرے پاس آئے؟ بادشاہ جواب میں اُن سے کہے گا میں تم سے سچ کہتا ہوں کہ جب تم نے میرے اِن سب سے چھوٹے بھائیوں میں سے کسی کے ساتھ یہ سلوک کیا تو میرے ہی ساتھ کیا۔"

کسی جُرم یا بے انصافی کی وجہ سے دُکھ میں مبتلا لوگوں کے لئے خدا کے دل پر غور کریں۔ خداوند یسوع مسیح نے اپنے سامعین کو بتایا کہ جو کچھ وہ کسی چھوٹے شخص سے کرتے ہیں دراصل اُس کے ساتھ ہی کرتے ہیں۔ خداوند خدا نے لونڈی کے ساتھ ہونے والے سلوک کو دیکھا۔ معاشرے نے تو اُس کی قدروقیمت ختم کر کے رکھ دی تھی۔ لیکن خدا نے اُس پر نظر کی۔ خدا نے تقاضا کیا کہ جُرم کرنے والا اپنے جُرم کی قربانی خدا کے حضور لے کر آئے۔

ایک پاک شخص اپنے معاشرے کے مظلوموں پر نظر رکھتا ہے۔ وہ اُن کے لئے خدا کے دل کو جانتا اور اُن کے ساتھ عزت اور وقار کے ساتھ پیش آتا ہے۔ وہ اُن کا دفاع کرتا اور اُن کی ضروریات بھی پوری کرتا ہے۔ وہ جُرم کرنے والوں کو اُن کے اعمال و افعال کے لئے مجُرم ٹھہراتا ہے۔

درخت لگاتے وقت خدا کو یاد رکھنا (23-25)

خدا نے اپنے لوگوں کو یاد دہانی کرائی کہ جب وہ درخت لگائیں، تو تین برس تک وہ اُس کا پھل نہ کھائیں۔ چوتھے سال سب سے پہلے وہ خداوند کی شکر گزاری اور ستائش کے لئے اُس کا پھل خداوند کے حضور لے کر آئیں۔ پانچویں برس وہ اُس درخت کا پھل کھائیں۔

پاک شخص کے لئے خدا کی شریعت کس چیز کے تقاضے کے تعلق سے بتاتی ہے؟ یہ ہمیں بتاتی ہے کہ پاک شخص فیاض دل اور دلی طور پر شکر گزاری کا روّیہ رکھنے والا ہوتا ہے۔ خدا کی نیکی اور بھلائی کو پہچانتے ہوئے، اُس درخت کا پھل چوتھے سال خدا کے لئے مکمل طور پر مخصوص کر دیا جاتا تھا۔ اسرائیل کی سرزمین پر کتنے زیادہ درخت لگائے گئے ہوں گے؟ غور کریں کہ خدا نے اپنے لوگوں سے یہ توقع کی کہ وہ ہر درخت کے لئے اس کی شکر گزاری کریں جو پھل دیتا ہے۔ یہ بھول جانا کس قدر آسان ہوتا ہے کہ ہماری برکات خداوند کی طرف سے ہی ملی ہیں؟ پاک شخص

اس بات کا خیال رکھتا ہے کہ اس کی زندگی میں ہر طرح کی برکت خدا ہی کی طرف سے ہے اور وہ بخوشی و رضا خدا کے دیئے ہوئے میں سے اُس کو واپس کرنے کے لئے فیاض دلی اور شکر گزار روّیے کے ساتھ تیار رہتا ہے۔

جھوٹے مذاہب سے علیحدگی (26-31)

خدا نے اس بات کی توقع کی کہ پاک لوگ اُس دَور کے جھوٹے مذاہب اور بُرے رسم و رواج سے خود کو الگ ہی رکھیں۔ اُس نے احبار 31-26 میں مثالیں بھی پیش کی ہیں۔ وہ یہاں پر خون کے ساتھ گوشت کھانے اور جادو منتر اور شگون کا ذکر کرتا ہے۔ (26 آیت) 27-28 میں سر کے گوشوں کے بال کاٹ کر گول بنانے اور داڑھی کے کونوں کا بگاڑنے، مُردوں کے سبب سے اپنے جسم کو زخمی کرنے اور اپنے اُوپر کچھ گدوانے کا ذکر ہے۔ خدا کے لوگوں نے اپنی بیٹیوں کو غیر معبودوں کے لئے کسبیاں بنانے، جنات کے یاروں اور جادوگروں کے پاس جانے جیسی مکروہ رسومات سے خود کو الگ رکھنا تھا۔ (29-30) غیر قومیں اپنے جھوٹے مذاہب میں مذکورہ رسومات کیا کرتی تھیں۔ خدا کے لوگوں کو اپنے اور اِرد گرد رہنے والی غیر اقوام میں واضح طور پر فرق پیدا کرنا تھا۔ اُنہیں اُن کی رسومات اور طور طریقوں کی نقل نہیں کرنا تھی۔ اور نہ ہی لوگوں کو یہ موقع دینا تھا کہ وہ یہ سمجھنے لگیں کہ وہ اُن کے جھوٹے مذاہب کی رسومات سے کوئی تعلق رکھتے ہیں۔

ایک پاک شخص اس بات میں واضح فرق کرتا ہے کہ کون سی چیز خدا کی طرف سے ہے اور کون سی چیز خدا کی طرف سے نہیں ہے۔ اُن کا طرزِ زندگی ایسا ہوتا ہے کہ کسی کو دُنیاداری اور پاکیزگی کے درمیان کوئی ابہام نہیں ہوتا۔ جب لوگ اُنہیں دیکھتے اور اُن کے طور اطوار پر غور کرتے ہیں، تو اُنہیں علم ہو جاتا ہے کہ وہ خدا کے لوگ ہیں۔

بزرگوں کے لئے عزت اور احترام (32 آیت)

32 آیت بزرگوں کی عزت اور احترام کرنے کے موضوع پر بات کرتی ہے۔ غور کریں کہ خدا نے اپنے لوگوں کو تلقین کی کہ وہ بڑے بزرگوں کے سامنے احتراماً کھڑے ہو جائیں۔ کھڑے ہونے کا مطلب ہے کہ بڑے بزرگ کو عزت دیتے ہوئے اُس کی قدر و اہمیت کو تسلیم کیا جا رہا ہے۔

بہت سے بزرگ لوگ اپنی زندگی میں اس مقام پر آچکے ہوتے ہیں جہاں پر وہ سب کچھ کرنے کے قابل نہیں رہتے جو پہلے کیا کرتے تھے۔ ان کا بدن پہلے جیسا مضبوط نہیں رہتا۔ پہلے کی طرح دماغ بھی تیز اور ذہین نہیں رہتا۔ بعض تو یہ سوچنا شروع کر دیتے ہیں کہ آیا کلیسیا یا معاشرے کے لئے اُن کا وجود بے مقصد تو نہیں۔ بزرگوں کے سامنے کھڑے ہونے سے اُنہیں دکھایا جاتا ہے کہ اُن کی بڑی قدر و قیمت ہے اور اُن کی عمر، تجربے اور موجودگی کو سراہا جا رہا ہے۔ یہ طرزِ عمل نہ صرف بزرگ کے لئے عزت افزائی کا باعث ہو گا بلکہ اس سے اُن کی عُمر بھر کی خدمات کی بھی قدر کی جائے گی۔

خدا ہمارے بڑھاپے میں ہمیں بھولتا نہیں ہے۔ ہماری کمزوری کی حالت میں وہ ہم سے منہ نہیں موڑتا۔ ہم جیسے بھی ہوتے ہیں وہ ہم سے پیار کرتا ہے۔ وہ ہم سے ہمیشہ ہی پیار کرتا رہے گا۔ پاک شخص خدا کی طرح دیکھتا ہے۔ وہ اپنے درمیان کمزور اور بزرگ لوگوں سے باخبر رہے گا۔ وہ اُن کی قدر اور عزت کرتا رہے گا۔ وہ اُن کے بڑھاپے اور اُن کی زندگی میں خدا کی برکات کے سبب سے بھی اُن کی عزت کرتا ہے۔

پردیسیوں کے لئے محبت (33-34 آیت)

ایک پاک شخص دوسرے مُلک اور تہذیب و ثقافت کے لوگوں کی بھی عزت ہی کرے گا۔ 33

آیت میں خدا نے اس بات کو واضح کر دیا کہ بنی اسرائیل اپنے درمیان کسی پردیسی سے بُرا سلوک نہ کریں۔ اُن کے ساتھ وہ اپنے ہی لوگوں جیسا سلوک کریں۔ وہ اُن سے اپنی مانند محبت رکھیں۔ اور ساتھ ہی یاد رکھیں کہ وہ بھی مُلکِ مصر میں کسی وقت پردیسی تھے۔ (34 آیت)

خدا نے ہمیں بلایا ہے کہ ہم عالمگیر سطح پر مسیحی ہوں۔ دیگر ممالک میں بھائیوں اور بہنوں کی مشکلات بھی ہماری ہیں۔ دیگر ممالک میں جہاں لوگ مسیح سے واقف نہیں، وہ بھی ہماری فکر اور دُعاؤں میں ہونے چاہئے۔ ایک پاک شخص اپنے اندر مشنری دل رکھتا ہے۔ پاک دل شخص دیگر تہذیبوں اور قومیت کے لوگوں سے بھی محبت رکھتا ہے۔ اُس کی خواہش یہی ہوتی ہے کہ لوگ جسمانی اور روحانی طور پر فلاح پائیں۔

کاروبار میں دیانتدار (35-36)

خدا اس بات کی توقع کرتا ہے کہ وہ لوگ جو اُس سے محبت رکھتے ہیں، پاک زندگی گزاریں اور اپنے تمام کاروباری معاملات میں دیانتداری سے کام لیں۔ اِن آیات میں بنیادی نکتہ پیمائش اور وزن اور پیمانہ میں ناراستی اور بددیانتی نہ کرنا ہے۔ حقیقی پاکیزگی ہمارے کاروباری معاملات پر بھی اچھے اثرات چھوڑتی ہے۔ پاک شخص پورے باٹ استعمال کرتا ہے۔ وہ اپنے گاہکوں سے بددیانتی نہیں کرتا۔ وہ اُن سے کوئی دھوکہ اور فریب نہیں کرتا بلکہ جس چیز کا وعدہ کرتا ہے وہی چیز اُنہیں دیتا ہے۔ پاک کاروباری شخص سے کاروباری معاملات رکھنے والوں کو علم ہوتا ہے کہ اُن سے مناسب اور جائز روّیہ اختیار کیا جائے گا۔ اُنہیں پتہ ہوتا ہے کہ وہ اُس شخص کی بات پر بھروسہ کر سکتے ہیں۔

یہ بہت ضروری اور اہم ہے کہ ہم اِس باب سے یہ سمجھ لیں کہ پاکیزگی ہماری زندگی کے تمام پہلوؤں پر اثرانداز ہوتی ہے۔ اِس سے ہمارے اِردگرد لوگوں کے ساتھ تعلقات میں بہتری پیدا

ہوتی ہے۔ اِس سے ہمارے دلوں میں غریب اور محتاج کے لئے ترس پیدا ہوتا ہے۔ ہم اس دُنیا کے رد کئے ہوئے لوگوں کے لئے تسلی اور برکت کا باعث ہوتے ہیں۔ پاکیزگی ہماری گفتگو اور کاروباری معاملات پر بھی اثرات چھوڑتی ہے۔ پاکیزگی ہمارے درمیان رہنے والے لوگوں کے لئے ہمارے دل کھول دیتی ہے اور پوری دُنیا کے لئے ہمیں مشنری دل عطا کرتی ہے۔ پاکیزگی کے سبب سے ہمارے دل شکر گزاری، ترس اور سخاوت سے معمور ہو جاتے ہیں۔ پاک شخص خود کو دُنیا سے الگ تھلگ نہیں کر لیتا بلکہ وہ روزمرّہ زندگی کی سرگرمیوں میں اپنے درمیان رہنے والے لوگوں کے درمیان خدا کے دل کو اپنی عملی زندگی سے پیش کرتا ہے۔

چند غور طلب باتیں

☆۔ اپنے اِردگرد کے لوگوں کے ساتھ تعلقات پر پاکیزگی کس طرح اثرانداز ہوتی ہے؟ کیا آپ کی زندگی میں ناپاک رشتے ناطے موجود ہیں؟

☆۔ ہمارے کاروبار یا اپنے مالک کے لئے کام کرتے ہوئے پاکیزگی کس طرح اثرانداز ہوتی ہے؟

☆۔ پاک شخص وہ تھا جو سبت کے دن کو پاک مانتا تھا۔ ایک پاک شخص باقاعدگی سے خدا کے لئے وقت نکالتا ہے۔ کیا آپ اپنی زندگی میں خدا کے لئے وقت نکالتے ہیں؟

☆۔ احبار 19 باب ہمیں بتاتا ہے کہ ایک پاک شخص فیاض دل اور ترس سے بھرا ہوا ہوتا ہے۔ کیا آپ خدا کی عطا کردہ نعمتوں کے تعلق سے فیاض دل اور رحیم ہیں؟

☆۔ پاک شخص اپنے الفاظ کے استعمال سے بہت محتاط اور فکرمند ہوتا ہے۔ آپ اپنے الفاظ کے استعمال میں کس قدر محتاط رہے ہیں؟

چند اہم دُعائیہ نکات

☆۔خداوند سے دُعا کریں کہ وہ آپ کو ایسے رشتے ناطے دکھائے جن سے آپ کو قطع تعلق ہونے یا پھر صلح کرنے کی ضرورت ہے۔خداوند سے کہیں کہ آپ کی زندگی سے ہر طرح کا تعصب، کینہ اور دوسروں کے لئے ترس اور عزت کے فقدان کو ختم کر دے۔

☆۔خداوند سے التماس کریں کہ وہ آپ کی مدد کرے تا کہ آپ اپنے قول و فعل میں دیانتدار رہ سکیں۔خداوند سے مدد مانگیں تا کہ آپ باقاعدگی سے خدا کے لئے وقت نکال سکیں۔خداوند سے درخواست کریں تا کہ وہ دُعائیہ وقت میں آپ سے ملاقات کر کے آپ کی حوصلہ افزائی کرے اور روحانی تقویت بھی عطا کرے۔

☆۔خداوند سے التماس کریں کہ وہ آپ کے اِرد گرد کے لوگوں کی ضروریات دیکھنے کے لئے آپ کا دل و دماغ روشن کر دے۔خداوند سے یہ توفیق بھی چاہیں کہ آپ اپنے ارد گرد محتاجوں اور مجبور لوگوں کو خدا کی نظر سے دیکھ سکیں۔

☆۔خداوند سے کہیں کہ وہ آپ کے ہونٹوں کی حفاظت کرے تا کہ آپ دوسروں کے تعلق سے منفی اور بُری باتیں نہ کر سکیں۔

احبار کی کتاب (تفسیر)

باب20

مخصُوص گناہوں کی سزا

احبار1:20-27پڑھیں

ہمارے اعمال و افعال کا ہمیں خمیازہ بھگتنا پڑتا ہے۔ پاک اور قدوس خدا کبھی بھی ایسا نہیں کر سکتا کہ وہ کسی گناہ کو نظر انداز کر دے اور اُس کی سزا نہ دے۔ گناہ کے ہمارے مُلک اور خدا کے لوگوں کو دی گئی برکات پر بھی اثرات مرتب ہوتے ہیں۔ احبار 20 باب میں خدا نے اس بات کا تقاضا کرتا ہے کہ گناہ کی سزا دی جائے۔ بعض حالتوں میں، گناہ کرنے والے کو سزائے موت بھی ہوتی تھی۔ اگر خدا کے لوگوں پر اُس کی برکات موجود رہنا تھی تو پھر لازم تھا کہ مُلک بدی سے پاک ہوتا۔

مؤلک کے لئے بچوں کی قربانی کی سزا(2-5 آیات)

احبار کی کتاب کے 20 باب میں پہلا گناہ جس پر بات کی گئی وہ مؤلک کے لئے بچوں کی قربانی تھی۔ اِس رسم پر اظہار خیال کرتے ہوئے جیمی سن، فاسٹ اور براؤن بیان کرتے ہیں۔

" مؤلک کا معنی ہے" بادشاہ" یہ عمونیوں کا دیوتا تھا۔ اُس کا بُت پیتل کا بنا ہوا تھا۔ اور اُسی دھات کے تخت یا چبوترے پر اُسے رکھا گیا تھا۔ اُس کا سر بچھڑے جیسا تھا جسے تاج سے سجایا گیا تھا اور اُس کے بازو اِس طرح سے پھیلے ہوئے تھے کہ گویا وہ اپنے پاس آنے والوں کو گلے لگانا چاہتا ہے۔ اُس کے عقیدت مند اپنے بچوں کو اُس کے لئے وقف اور مخصوص کر دیتے تھے۔ اور جب یہ سب کچھ ہو جاتا تھا، تو پھر وہ اس بُت کو حد درجہ تک گرم کرتے تھے تو پھر بچوں کو اُس آگ کے

شعلوں پر ہلایا جاتا تھا یا پھر اُس کے دہکتے ہوئے بازوؤں میں سے گزارا جاتا تھا۔ آگ کی پوجا کرنے والے دعویٰ سے کہتے تھے کہ وہ تمام بچے جو اُس پاک کرنے والے عمل سے نہ گزراریں وہ ماں کی گود ہی میں مر جائیں گے۔ اور اس زیبین تو ہم پرستی کا اثر موسیٰ کے دَور میں بھی عروج پر تھا۔ آسمانی شریعت دینے والے نے اِس رسم کی عدالت کی تاکہ یہ ایک آئین اور قانون نہ بن جائے۔

بچوں کو غیر معبودوں کے لئے وقف اور مخصوص کرنا خدا کے لوگوں کے لئے بھی ایک آزمائش تھی۔ یہ تصور کرنا بھی محال ہے کہ کس طرح بنی اسرائیل اس طرح کے ہولناک گناہ میں گر سکتے تھے۔ لیکن غیر اقوام کی توہم پرستی ایمانداروں کے لئے بھی آزمائش کا باعث ہوتی ہے۔ اگر کوئی بھی اسرائیلی اپنے بچے کو مولک کی نذر کرتا ہوا پکڑا جاتا تو ساری برادری نے اُسے سنگسار کر دینا تھا۔

3 آیت پر غور کریں، کہ اپنے بچے کو مولک کی نذر کرنے والا خدا کے مقدس کو ناپاک کرتا اور خدا کے نام کی تکفیر کرتا تھا۔ یہ بہت اہم ہے کہ ہم اِس بات پر غور کریں۔ ایسے شخص کا جُرم محض اپنے بچے کے نہیں بلکہ خدا کے خلاف بھی ہوتا تھا۔ ایسا شخص خدا کے حضور جوابدہ تھا کہ اُس نے اپنے اُس بچے کے ساتھ کیسا سلوک کیا جو خدا کی طرف سے اُسے ملا تھا۔ بچے کے خلاف کوئی بھی گناہ خدا کے خلاف بھی جُرم تھا۔ اپنے بچے کو مولک کی نذر کرنے اور بچے کو یہ تعلیم نہ دینے سے کہ وہ اسرائیل کے خدا کی پیروی کرے، ایسا شخص خدا کے نام کی تکفیر کرتا تھا۔ یہ ہر ایک ایماندار کا فرض ہے کہ وہ اپنے بچوں کو بدی سے بچائے اور اس طرح سے اُن کی تربیت اور پرورش کرے کہ خداوند خدا سے محبت اور اُس کی پہچان میں بچے بڑھتے اور ترقی کرتے چلے جائیں۔

غور کریں کہ بچے کو مولک کی نذر کرنے کے معاملہ کو پوری برادری نے ہی سنجیدگی سے لینا تھا۔

اگر وہ اِس بدی کے تعلق سے اپنی آنکھیں بند کر لیتے اور ایسے مُجرم کو سزائے موت نہ دیتے تو پھر خدا نے اُن کے خلاف ہو جانا تھا۔ خدا نے ہمیں معاشرے میں رہنے کے لئے بلایا ہے۔ ایمانداروں کی جماعت ہوتے ہوئے، ہمیں ایک دوسرے کا خیال رکھنا ہے۔ جب ہم کسی بھائی یا بہن کو راہ حق سے گمراہ ہوتے ہوئے دیکھیں تو پھر ہماری ذمہ داری ہے کہ ہم اُنہیں تنبیہ کریں۔

جنات کے یاروں اور جادوگروں سے صلاح مشورے کی سزا (6-7 آیات)

ایک اور جُرم جنات کے یاروں اور جادوگروں کے پاس جانا تھا (مشورت یا صلاح لینے کی غرض سے روحوں سے رابطہ کرنا) 6 آیت سے دو چیزوں پر غور کریں۔

اوّل۔ خدا ایسے شخص کا مخالف ہوتا تھا جو جنات کے یاروں یا جادوگروں کے پاس جاتا تھا۔ یہ بڑا سخت جملہ ہے۔ خدا ایسے شخص سے مُنہ موڑنے کے لئے سخت ردِ عمل کا اظہار کرتا تھا۔ جنات کے یاروں اور جادوگروں کے پاس جانے سے ایسا شخص اپنے آپ کو خدا کا دُشمن بنالیتا تھا۔

دوسری بات، غور کریں کہ خدا کس طرح سے جنات کے یاروں اور جادوگروں کے پاس جانے کو بیان کرتا ہے۔ وہ 6 آیت میں بیان کرتا ہے کہ وہ جو ایسے کام کرتے ہیں زناکاری کرتے ہیں۔ بالفاظ دیگر، وہ خدا سے بے وفائی کر رہے ہوتے تھے۔ وہ بُری روحوں سے صلاح مشورہ لینے کے جُرم کے مرتکب ہوتے ہوئے خدا کے ساتھ اپنے عہد و پیمان کا پامال کر رہے ہوتے تھے۔

روحوں اور جنات کے یاروں سے مشورت لینے کی بجائے، خدا کے لوگوں کو چاہئے تھا کہ وہ خداوند اپنے خدا پر ہی گھیان دھیان لگاتے اور اُسی کے کلام کی پیروی کرتے، اُنہیں اپنے دل خدا سے لگانے تھے اور اُس کی راہوں پر چلنے کو ہی اپنی سلامتی سمجھنا تھا۔ خدا کی راہوں پر تابعداری سے چلنا ہی اُن کے دل کی گہری آرزو ہونی چاہئے تھی۔

میں اس معاملہ پر مختصر طور پر اپنے خیالات کا اظہار کرنا چاہتا ہوں۔ ہمارے دَور میں بھی بہت

سے جنات کے یار اور جادو گر پائے جاتے ہیں۔ جادو ٹونے سے علاج کرنے والے، زائچہ بنانے والے اور دیگر رسومات جو اچھی قسمت کی ضمانت دیتی ہیں، ابھی تک ایمانداروں کے لئے آزمائش کا باعث بنی ہوئی ہیں۔ خدا نے ہمیں بلایا ہے کہ ہم مکمل طور پر اُس پر بھروسہ اور توکل کریں۔ کیا ہمارا خدا ایسا بڑا اور قوّی و قادر نہیں کہ ہماری ضروریات کا خیال رکھ سکے؟ کیا ہم پورے طور پر اُس پر بھروسہ اور توکل کر سکتے ہیں؟ وہ جو اُس کے ہو چکے ہیں، لازم ہے کہ وہ صرف اور صرف اُسی پر توکل کریں اور اُس کے مقصد کو فروغ دینے کے لئے کوشاں رہیں۔ وہ لوگ جو جنات کے یاروں یا روحوں سے رابطے میں رہتے ہیں، وہ شیطان کی مشورت کے طالب ہوتے ہوئے، خدا کی مخالفت کرتے ہیں۔ عہدِ عتیق کے دَور میں روحوں یا جنات کے یاروں سے رابطے میں رہنے والی کی سزا یہی تھی کہ اُسے سنگسار کر دیا جائے۔

اپنے والدین پر لعنت کرنے والے کی سزا(9 آیت)

والدین کی عزت اور احترام خدا کے نزدیک ایک سنجیدہ معاملہ تھا۔ 9 آیت ہمیں بتاتی ہے کہ ایسے لوگ جو اپنے والدین پر لعنت کریں اُنہیں سزائے موت دی جائے۔ یہ بات اپنی جگہ پر سچ ہے کہ ہر باپ یا ماں اپنی ذات میں کامل اور اچھے نہیں تھے۔ لیکن یہاں پر اس موضوع پر بات نہیں کی گئی۔ بچے کے لئے لازم تھا کہ وہ اپنے والدین کی عزت اور اُن کا احترام کرتا، حتیٰ کہ اُس وقت بھی جب وہ عزت کے لائق نہ بھی ہوتے۔

والدین کا کردار اِس قدر اہم تھا کہ اُسے سنجیدگی سے ہی لیا جاتا تھا۔ والدین کی عزت کی جانی چاہیے تھی کیونکہ خدا نے اُنہیں ادا کرنے کے لئے ایک کردار دیا تھا۔ اُنہیں ذمہ داری اور اختیار دیا گیا تھا کہ وہ اُن بچوں کی پرورش، محافظت اور تربیت کریں جو خدا کی طرف سے اُنہیں ملے ہوتے تھے۔ وہ خدا کے چھوٹے سے گلے کے چوپان اور روحانی قائدین تھے۔ والدین کا کردار مقدس تھا

جس کے ساتھ روحانی ذمہ داریاں اور فرائض منسلک تھے۔ بالکل ایسے ہی جس طرح کوئی کاہن کے خلاف بات کرنے کا سوچ بھی نہیں سکتا، اسی طرح سے والدین کے خلاف کوئی بات کہنے کا تصور بھی نہیں کر سکتا تھا۔ خدا نے والدین کے کردار کی اس قدر پذیرائی کی کہ اگر کوئی والدین پر لعنت کرتا تو اُسے مار دیا جاتا تھا۔

جنسی گناہوں کی سزا (10-21 آیات)

10-21 آیات خاص طور پر جنسی گناہوں کی بات کرتی ہیں۔ آئیں یہاں پر مختصر طور پر اِن جنسی گناہوں پر بات کرتے ہیں۔ بہت سے جنسی گناہ تھے جن کے لئے سزائے موت مقرر تھی۔ کسی دوسرے شخص کی بیوی سے جنسی تعلق قائم کرنا۔ (10 آیت) باپ کی بیوی سے۔ (11 آیت) بہو سے مباشرت، (12 آیت) ہم جنس پرستی کے تعلقات (13 آیت) یا پھر کسی جانور سے جماع کرنا (15-16 آیات) اِن سب جنسی گناہوں کے لئے سزائے موت مقرر تھی۔ اِن تمام حالتوں میں، عورت اور مرد یا پھر نر جانور اور مادہ جانور کو مار دیا جاتا تھا۔ ایسے شخص کے لئے بھی سزائے موت ہی مقرر تھی جو ماں اور بیٹی دونوں سے ہی بیاہ کرتا تھا۔

(14 آیت) ایسے تینوں قسم کے لوگوں کے لئے سزاے موت مقرر کی گئی تھی۔

17-18 آیات میں ایسے جنسی گناہوں کا ذکر ہے جس کی بنا پر لوگوں نے اپنے لوگوں سے کاٹ ڈالے جانا تھا۔ ایسے لوگوں کو خدا کے لوگوں میں شمار نہیں ہونا تھا۔ اور نہ ہی اُنہیں خدا کی طرف سے کوئی برکت ملنا تھی۔ اپنی بہن سے شادی کرنے والا شخص (خواہ وہ اُس کی اپنی ماں سے پیدا نہ ہوئی ہو،) اپنی بہن سے مباشرت کرنے والے کو بھی اپنے لوگوں سے کاٹ ڈالے جانا تھا۔

(17 آیت) ماہواری کی حالت میں عورت سے جماع کرنے والے کے لئے بھی یہی سزا تھی۔

(18 آیت)

کچھ ایسے جنسی گناہ بھی تھے جن کے لئے قصوروار نے " ذمہ دار اور جوابدہ " ٹھہرنا تھا۔ ان جنسی گناہوں میں اپنی خالہ (خواہ ماں کی بہن یا پھر باپ کی بہن ہوتی) یا پھر بھائی کی بیوی (21 آیت) اس کی سزا20- 21 آیات میں بیان کی گئی ہے۔ ایسے جُرم کے مرتکب شخص نے بے اولاد ہی رہنا تھا۔ ایسے شخص کی زندگی سے خدا کی برکات جاتی رہنا تھی۔ ایسے جُرم کے مرتکب شخص نے مر جانا تھا اور اُس کا نام زندہ رکھے والا شخص بھی اس دُنیا میں موجود نہیں ہونا تھا

انتباہ اور چیلنج (22-27)

22-27 آیات میں خدا نے اپنے لوگوں کو یاد دہانی کرائی کہ وہ اُنہیں اپنا مُلک دے رہا ہے۔ وہ اُنہیں ایسے مُلک میں لے کر جا رہا ہے جہاں کے باشندوں کی رسومات اور طور و اطوار بُرے ہیں۔ اُن لوگوں کی عادات اور رسم و رواج اس قدر بھیانک تھے کہ وہ ملک اُنہیں گویا اپنے مُنہ سے نکال پھینکنے کو تھا۔ خدا چاہتا تھا کہ اُس کے لوگ اُس مُلک کو فراوانی اور کثرت کا ملک بنا دیں جہاں پر سب کچھ آسانی اور فراوانی سے دستیاب ہو۔ بالفاظ دیگر وہ چاہتا تھا کہ وہ دوسروں کے لئے باعثِ برکت ہوں اور اُن پر بھی مُلک کی ہر اچھی نعمت بارش کی مانند برسے۔ یہ سب کچھ اسی صورت میں واقع ہو سکتا تھا جب اُس کے لوگوں نے ناپاک اور پاک میں واضح فرق ظاہر کرنا تھا۔ اُنہیں پاک اور ناپاک جانوروں کے درمیان فرق کرتے ہوئے اپنے آپ کو ہر طرح کی بے دینی سے بچائے رکھنا تھا۔

خدا کے کلام کی نافرمانی اور اس کے مقصد کو پس پشت ڈال دینے سے خدا کی برکات اُن کی زندگیوں سے جاتی رہنا تھیں۔ اس حوالہ میں خدا اِس بات کو واضح کرتا ہے کہ وہ گناہ کے تعلق سے سنجیدگی اختیار کریں۔ اگر اُنہیں خدا کی کثرت کی برکات کے نیچے رہنا تھا تو پھر اُنہیں پاکیزگی اور خالص دل سے اُس کے ساتھ چلنے کی ضرورت تھی۔

احبار کی کتاب (تفسیر)

چند غور طلب باتیں

☆۔ بطور والدین اپنے بچوں کی پرورش اور افزائش کے تعلق سے ہماری کچھ ذمہ داریاں ہیں اور وہ یہ کہ ہمارے بچے خدا کو جانیں اور اپنی زندگی سے اُسے عزت اور جلال دیں۔ اس تعلق سے ہم اس باب میں کیا سیکھتے ہیں؟ خداوالدین کے کردار کو کس قدر سنجیدگی سے لیتا ہے؟

☆۔ کون سی توہم پرستی یا روایات آپ نے ایسے لوگوں سے اپنی زندگی میں لی ہیں جن کا توکل اور بھروسہ خدا کی فراہمی اور راہنمائی پر نہیں ہے؟

☆۔ خداوند خدا اپنے لوگوں کو چیلنج کرتا ہے کہ وہ اُس سر زمین کے لوگوں کی طرح نہ ہوں جن کا ملک وہ اُنہیں دینے کو ہے ورنہ وہ سر زمین اُنہیں اپنے درمیان سے نکال پھینکے گی۔ گناہ ہمارے معاشرے یا ملک پر کیسے اثرات مرتب کرتا ہے؟

☆۔ اگر ہم خدا کی برکت کا تجربہ کرنا چاہتے ہیں تو پھر تابعداری اور پاکیزگی کس قدر اہم ہیں؟

چند اہم دُعائیہ نکات

☆۔اپنے معاشرے کے والدین کے لئے دُعا کرنے کے لئے کچھ وقت نکالیں۔ خداوند سے درخواست کریں کہ والدین اپنے بچوں کی پروّرش خداوند کی راہوں کے مطابق کرنے کے لئے حکمت اور توفیق پائیں۔

☆۔ خداوند سے درخواست کریں کہ وہ آپ کی زندگی اور معاشرے میں کسی توہم پرستی یا غیر قوموں کی طور واطوار آپ پر منکشف کرے۔ خداوند سے توفیق چاہیں تاکہ آپ اپنی زندگی کے لئے اُس کے منصوبے پر توکل اور بھروسہ رکھ سکیں۔ خداوند کی شکرگزاری کریں کہ وہ مکمل طور پر اس قابل ہے کہ آپ اُس پر اُمید لگا سکیں۔

☆۔اپنے آپ کو مکمل طور پر خدا اور اُس کی راہوں کے لئے وقف کر دیں۔ خداوند سے پاک اور خالص رہنے کے لئے بھی توفیق مانگ لیں۔ خداوند سے دُعا کریں کہ وہ اپنی برکات کے لئے اپنے آسمان کو کھول کر آج آپ کو برکت سے نوازے۔

باب 21

کاہنوں کے لئے تقاضے

احبار 21:1-24 پڑھیں

اگرچہ قوم بنی اسرائیل کو پاک قوم بننا تھا۔ تاہم کاہن کے لئے یہ بات خاص طور پر اہمیت کی حامل تھی کہ وہ اپنی بلاہٹ کے مطابق زندگی بسر کرے۔ 21-22 ابواب میں خدا نے اُنہیں خاص ہدایات دیں کہ کس طرح اُنہوں نے اُس کے لئے زندہ رہنا اور اُس کے حضور خدمت گزاری کا کام کرنا ہے۔

خدا کے حضور پاکیزگی (4-11 آیات)

کاہنوں کے لئے پہلا اور بنیادی تقاضا یہ تھا کہ وہ اپنے آپ کو پاک رکھیں۔ کاہن مُردہ کے سبب سے بھی ناپاک ہو سکتے تھے۔ گنتی 14:19 میں خدا کی شریعت پر غور کریں۔

" اگر کوئی آدمی کسی ڈیرے میں مر جائے تو اُس کے بارے میں شرع یہ ہے کہ جتنے اُس ڈیرے میں آئیں اور جتنے اُس ڈیرے میں رہتے ہوں وہ سات دن تک ناپاک رہیں گے۔"

1-11 آیات پر غور کریں، کہ کاہن نے اپنے ہی لوگوں میں سے کسی کے وفات پا جانے پر خود کو ناپاک نہیں کرنا تھا۔ اس کا معنی یہ ہے کہ کاہن کو اپنے کسی قریبی رشتہ دار خواہ مرد یا عورت کی لاش کے قریب نہیں آنا تھا، تاکہ وہ ناپاک نہ ہو جائے۔

تاہم کچھ بہت ہی قریبی لوگوں کے تعلق سے کاہن کو استثنٰی حاصل تھا۔ اِس اصول کا اطلاق قریبی رشتہ داروں، جیسا کہ ماں، باپ، بھائی، بیٹا، بیٹی یا وہ بہن جس کی ابھی شادی نہیں ہوئی تھی

کی وفات پر نہیں ہوتا تھا۔ صرف اِن عزیزوں میں سے کسی کی وفات پر کاہن خود کو ناپاک کر سکتا تھا۔ کیونکہ یہ لوگ اُس پر انحصار کرتے تھے۔ اور اُن کی وفات پر اُسی نے اُن کے تدفین اور دیگر ذمہ داریوں کو پورا کرنا ہوتا تھا۔

اس کا مطلب یہ ہوا کہ کاہن کسی غمزدہ خاندان کو اُن کے دُکھ کی گھڑی میں تسلی بھی نہیں دے سکتا تھا۔ کیونکہ عین ممکن ہے کہ اِس وقت غمزدہ خاندان کا کوئی فرد و بشر ناپاکی کی حالت میں ہو۔ اس لئے کاہن کو اُن کے قریب نہیں جانا تھا۔ اُس کی پہلی اور اوّلین ترجیح خداوند کے لئے پاک بنے رہنا تھا۔ جہاں تک برگزیدہ خادم کی بات ہے، اُسے ہر وقت خدا کے لئے پاک اور صاف رہنا ہوتا تھا۔ (5-6 آیات)

خدا کے مقصد کی پیروی

5 آیت پر غور کریں کہ کاہنوں کو اپنے سر نہیں منڈوانے تھے، اپنی داڑھیوں کے کونے بھی نہیں بنوانے تھے اور نہ ہی اُنہوں نے اپنے جسم پر کوئی کٹ لگنے دینا تھا۔ کیونکہ یہ سب کچھ تو اُن کے اِرد گرد آباد قوموں کے رسم ورواج کا حصہ تھا۔ وہ قومیں یہ سب کچھ ماتم کے نشان کے طور پر اپنے دیوتاؤں کی توجہ حاصل کرنے کے لئے کرتی تھیں۔ اِس کی ایک مثال 1 سلاطین 18:27-29 میں دیکھنے کو ملتی ہے جب ایلیاہ بعل کے نبیوں سے مخاطب ہوا۔

اور دوپہر کو ایسا ہوا کہ ایلیاہ نے اُن کو چڑا کر کہا، بلند آواز سے پکارو کیونکہ وہ تو دیوتا ہے۔ وہ کسی سوچ میں ہو گا یا وہ خلوت میں ہے یا کہیں سفر میں ہو گا۔ یا شاید وہ سوتا ہے سو ضرور ہے کہ وہ جگایا جائے۔ تب وہ بلند آواز سے پکارنے لگے اور اپنے دستور کے مطابق اپنے آپ کو چھُریوں اور نشتروں سے گھائل کر لیا یہاں تک کہ لہولہان ہو گئے۔

کاہن کو احتیاط کر کے خدا کی راہوں پر چلنا ہوتا تھا۔ اُسے کسی طور پر بھی اپنے ارد گرد آباد قوموں

احبار کی کتاب (تفسیر)

کے رسم و رواج سے متاثر نہیں ہونا تھا۔ اُسے صرف اور صرف خدا اور اُس کی راہوں پر چلنے کے لئے مخصوص رہنا تھا۔ خدا کے خدام ہوتے ہوئے، ہم جو چاہیں کرنے کے لئے آزاد نہیں ہیں۔ خدا ہماری زندگی اور خدمت کے لئے ایک منصوبہ رکھتا ہے۔ بعض اوقات خدا کے لئے کچھ کرنے کے لئے ہمیں تن تنہا کسی راہ پر آگے بڑھنا ہو گا۔ خدا اپنے خدام کو اپنے احکام سے وفادار رہنے کے لئے بلاتا ہے۔ وہ اُن سے تابعداری کی زندگی کا تقاضا کرتا ہے۔ صرف اُسے ہی ہماری زندگی کا رہنما ہونا چاہئے۔

پاک ساتھی (7، 8 اور 13-15 آیات)

خدا نے کاہن کو حکم دیا کہ وہ کسی طلاق یافتہ عورت یا کسی کسبی سے شادی نہ کرے۔ کاہن خدا کے مقدس لوگ تھے اور خدا نے اِس بات کا تقاضا کیا کہ جس عورت سے وہ بیاہ کریں وہ پاک اور اچھا کردار رکھنے والی عورت ہو۔ کاہنوں کی بیویوں کو یاد رکھنا تھا کہ اُن کے شوہر خدا کے برگزیدہ بندے ہیں۔ اُن عورتوں نے ایسا کوئی کام نہیں کرنا تھا جس سے اُن کے شوہروں کی خدمت میں کوئی رکاوٹ آ جاتی۔

13-14 آیات اس بات کو اور بھی واضح کر دیتی ہیں کہ کاہن نے جس عورت سے شادی کرنا تھی، وہ کنواری ہو۔ نہ تو وہ بیوہ، طلاق یافتہ یا کسبی عورت ہو۔ وہ پاک اور مکمل طور پر پاک اور اپنے شوہر کے لئے ایک لائق اور مناسب جیون ساتھی ہو۔ اس طرح سے اُن کے بچے بھی پاک ہونے تھے۔ (15 آیات) اُن کے بچوں کو بھی ایک پاک آدمی اور عورت کی نسل ہوتے ہوئے خدا کی راہوں پر چلنے کے لئے تربیت پانا تھی۔

کاہن کی بیوی نے اپنے شوہر کی خدمت میں پورا پورا ساتھ دینا تھا۔ ہم اپنی خدمت میں اپنے جیون ساتھی کے کردار کی اہمیت کو کم تر نہیں کر سکتے۔ جنہیں خدا نے اپنی خدمت کے لئے بلایا

ہے، وہ ایسے جیون ساتھی کا چناؤ کرنے میں احتیاط سے کام لیں جو اُن کی خدمات اور بلاہٹ میں اُن کے ساتھ کھڑا ہو سکے۔

کاہن کی اَولاد (9 آیت)

کاہن کے بچوں کو خدا کی اُس بلاہٹ کی عزت اور قدر کرنا سیکھنا تھا جو اُن کے باپ کی زندگی پر تھی۔ ہمارے پاس ایک ایسی مثال ہے جو کاہن کی بیٹی تھی لیکن وہ کسبی بن گئی۔ اُس کی حرکات و سکنات اِس بات کا پتہ دیتی تھیں کہ وہ بنی اسرائیل میں اپنے باپ کے رُتبے اور مقام کا کوئی لحاظ نہیں رکھتی۔ اُس نے اِس طرح کا طرزِ عمل اختیار کرنے سے اپنے باپ کی زندگی پر خدا کی بلاہٹ کی تحقیر کی۔ خدا نے اِس بات کا تقاضا کیا کہ وہ لڑکی اپنی بد اعمالیوں کی وجہ سے زندہ جلا دی جائے۔ یاد رہے کہ وہ صرف اپنی بد اعمالیوں کے سبب سے ہی نہیں بلکہ اپنے باپ کی زندگی میں موجود خدا کی بلاہٹ کی قدر نہ کرنے کے سبب سے بھی سزائے موت پانے والی ہوئی۔

غور کریں، یہاں پر کاہن کو سزا دینے کا کوئی ذکر نہیں ہے۔ بعض لوگ اِس بات کا تقاضا کرتے ہیں کہ پاسبان اپنے بچوں کے بُرے روّیوں اور بد اعمالیوں کے سبب سے مُستعفی ہو جائے۔ یہاں پر کاہن کو سزا ملتی ہوئی نظر نہیں آتی۔ سارا قصور تو بیٹی کا ہے جس نے باغیانہ روّیہ اختیار کیا۔ کاہن سے یہ تقاضا نہ کیا گیا کہ وہ اپنی بیٹی کے کرتوتوں کی وجہ سے اپنی خدمت سے دستبردار ہو جائے۔

کاہن کہ ذمہ داری تھی کہ وہ خدا کی راہوں پر چلنے کے لئے اپنے بچوں کی ہر ممکن طریقہ سے تربیت کرے۔ اگرچہ یہ کاہن ہی کی ذمہ داری تھی، تاہم بچوں کو شخصی طور پر اس بات کا چناؤ کرنا ہوتا تھا کہ وہ خدا کی راہوں پر چلیں اور اُنہیں اپنے اعمال و افعال کے لئے خدا کے حضور جوابدہ بھی ہونا تھا۔

وقار و مقام (10 آیت)

10 آیت سردار کاہن کے تعلق سے بات کرتی ہے۔ اس آیت میں خدا نے تقاضا کیا کہ وہ کہانت کا لباس پہلے، ہمیشہ اپنا سر ڈھانپ کر رکھ۔ اُس کے بال بھی بکھرنے نہ پائیں۔ اور وہ اپنے کپڑے کبھی نہ پھاڑے۔ ایوب 20:1 میں ہم ایوب کے ردِ عمل کو دیکھتے ہیں جب اُسے اطلاع ملی کہ اُس کے بچے وفات پا گئے ہیں۔

" تب ایوب نے اُٹھ کر اپنا پیراہن چاک کیا اور سر منڈایا اور زمین پر گر کر سجدہ کیا۔"

غور کریں کہ ایوب نے کیا کیا۔ اُس نے اپنا سر منڈواتے ہوئے اُسے ننگا کیا۔ اُس نے اپنے کپڑے پھاڑے۔ ایوب نے اپنے غم کا اظہار اسی طرح سے کیا۔ بعض اوقات ماتم اور رنج والم کی حالت میں لوگ اپنے اُوپر راکھ اور مٹی بھی ڈال لیتے تھے۔ (2سموئیل 19:13) اس طرح گہرے غم کی حالت میں گزرنے والوں کو بالکل پرواہ نہیں ہوتی تھی کہ وہ ایسا کرنے سے کس طرح کے دکھائی دیتے ہیں۔ وہ گندے اور پھٹے ہوئے کپڑے پہنے رہتے جبکہ اُن کے بال بھی بکھرے ہوتے تھے۔

خدا نہیں چاہتا تھا کہ کاہن اِس طرح سے اظہارِ غم یا ماتم کرے۔ سردار کاہن کو تو خدا کے لئے پُر وقار حالت میں رہنا ہوتا تھا۔ اسے اپنی وضع قطع کے تعلق سے بھی محتاط رہنا ہوتا تھا کہ وہ کیسا دکھائی دیتا ہے۔ اُسے نہ تو اپنا لباس پھاڑنا، بال بکھیرنے اور نہ ہی اپنے سر پر راکھ ڈالنی تھی۔ کیونکہ خدا کی طرف سے اُس کی زندگی میں ایک بہت بڑی بلاہٹ تھی۔ اُسے اپنے مقام اور وقار کی قدر کرتے ہوئے ہر وقت معزز اور قابلِ احترام شخصیت کے طور پر رہنا تھا۔ اُسے کہانت کا لباس پہنے کاہن جیسا طرزِ عمل اختیار کرنا تھا۔

خدمت کے لئے وفادار اور ہر وقت مستعد (11-12 آیات)

یوں لگتا ہے کہ 11 آیت میں خدا کے اُس حکم کو دہرایا گیا ہے جو پہلی چار آیات میں بھی دکھائی دیتا ہے لیکن یہاں پر سردار کاہن کے تعلق سے ایک اور بات کا بھی ذکر پایا جاتا ہے۔ 11 آیت میں خداوند نے سردار کاہن کو حکم دیا کہ وہ مُردہ کے قریب جانے سے خود کو ناپاک نہ کرے۔ یہ آیت واضح کرتی ہے کہ وہ اپنے باپ یا ماں کے سبب سے بھی ایسا نہ کرے۔ در حقیقت سردار کاہن کو مقدس سے جُدا نہیں ہونا تھا۔ اُسے خدا اور اُس کی خدمت کے لئے ہر وقت تیار اور دستیاب رہنا تھا۔ حتیٰ کہ ماں یا باپ کی وفات پر بھی اُسے خدا کے لئے اپنی ذمہ داریوں سے دستبردار نہیں ہونا تھا۔

وہ لوگ جنہیں اپنی زندگیوں پر خدا کی بلاہٹ کا علم ہوتا ہے، لازم ہے کہ وہ اُس بلاہٹ کے لئے خود کو وقف کر دیں۔ اِس مقصد کے تحت اُسے کچھ قربانیاں بھی دینا ہوتی تھیں۔ اُس شاگرد سے باتیں کرتے ہوئے جو یسوع کی پیروی سے قبل اپنے باپ کو دفن کرنا چاہتا تھا، یسوع نے متی 22:8 میں فرمایا۔

"تو میرے پیچھے چل اور مُردوں کو اپنے مُردے دفن کرنے دے۔"

خدا کی بلاہٹ کو کاہن کی زندگی میں اوّلیت ملنا چاہیئے تھی۔ کوئی چیز بھی اُس بلاہٹ کی راہ میں رکاوٹ نہیں بنی چاہیئے تھی۔ اگرچہ یہ عہدِ عتیق کے کاہن کے لئے تھا۔ لیکن آج کے دَور میں بھی اس اصول کا اطلاق اُن سب کی زندگیوں پر ہوتا ہے جنہیں خدا نے کسی نہ کسی طور سے ایک خدمت کے لئے بلایا ہے۔ ہمیں خدا کی بلاہٹ کو معمولی نہیں سمجھنا چاہیئے۔ جو نعمتیں، صلاحتیں اور توڑے خدا نے ہمیں اپنی بادشاہی کے لئے دئے ہیں، ہم اُنہیں اُس کے جلال کے لئے استعمال کریں۔ بطور خدا کے خادم، ہمیں بڑی سے بڑی قربانی دینے کے لئے تیار اور مستعد رہنا چاہیئے۔

لازم ہے کہ ایک خادم کسی بھی قیمت پر اپنی زندگی میں خدا کی بلاہٹ کو پورا کرے۔

جسمانی نقائص کے بغیر (16-23)

16-23 آیات میں، خدا نے موسیٰ سے کہا کہ اُس کی نسل کے وہی لوگ جن کے کوئی جسمانی نقص نہ ہو بطور کاہن خدمت سر انجام دے سکتے ہیں۔ ہارون کی نسل میں سے جو کوئی اندھا، لنگڑا، بدشکل ہو بطور کاہن خدمت سر انجام دینے نہ پائے۔ ایسے شخص کو بھی بطور کاہن خدمت کی ممانعت تھی جس کا ہاتھ یا پاؤں ٹوٹا ہوا ہو۔ نہ ہی کوئی بہرہ یا کبڑا یا کوئی بونا ہی اس خدمت کے لئے آگے آسکتا تھا۔ جس کی آنکھ میں کوئی نقص ہو یا وہ کھجلی بھرا ہو، اُس کے پپڑیا ہوں یا جس کے خصیئے پچکے ہوں وہ بھی اس خدمت سے دُور ہی رہے۔(19-20)

ایسے لوگ کاہن کے لئے مخصوص کی گئی غذا تو کھا سکتے تھے لیکن بطور کاہن خدمت سر انجام نہیں دے سکتے تھے۔ (22 آیت) اگر کوئی جسمانی نقص رکھتا ہوا خدا کے مذبح کی طرف آتا، تو اُس نے خدا کے مذبح کو بے حُرمت کرنا تھی۔ (22 آیت) ایسے شخص کو خدا نے اُس کے گناہ کا ذمہ دار ٹھہرانا تھا۔

جب ایک کاہن ایک برّہ بطور قربانی خدا کے حضور پیش کرے، تو وہ بے نقص برّہ ہو، اسی طرح خداوند کی خدمت کے لئے آگے آنے والے بھی بے نقص ہوں۔

غور کریں کہ کس طرح خدا نے اُن سب کو اپنی خدمت کے لئے رد کر دیا جن کے کوئی جسمانی نقص تھا۔ خدا کی پاکیزگی اس قدر زیادہ تھی کہ کسی بیماری یا کمزوری کے اثرات رکھنے والے بھی اُس کی حضوری میں داخل نہیں ہو سکتے تھے۔

جب خداوند یسوع مسیح نے ہمارے لئے صلیب پر جان دی۔ اُس نے ہمارے ہر ایک گناہ اور اُس کے اثرات کو اپنے خون سے ڈھانپ لیا۔ ہمارے گناہ اور ہماری بدنی کمزوریاں اَب ہمیں خدا سے

احبار کی کتاب (تفسیر)

جُدا نہیں کر سکتیں۔ اب ہماری کمزوریاں اور خامیاں ہمیں زندہ خدا کے ساتھ بھرپور اور زندہ رشتہ قائم کرنے سے روک نہیں سکتیں۔

خداوند خدا پاک اور قدوس خدا ہے۔ جنہیں خدا نے اپنی خدمت کے لئے بلایا ہے، اُن کی زندگیوں پر اُس کی طرف سے ایک اعلیٰ بلاہٹ پائی جاتی ہے۔ اُنہیں اس طور سے اُس کی خدمت کرنی ہے جس سے اُسے عزت اور جلال ملے۔ آمین!

چند غور طلب باتیں

☆ کاہن کو اپنے خدا کے لئے خود کو پاک اور صاف رکھنا ہوتا تھا۔ آج کے دَور میں خدا کے خادموں کے لئے کون سی آزمائشیں پائی جاتی ہیں؟

☆ کیا ممکن ہے کہ کوئی خدمت تو کرے لیکن دُنیاداری کے طریقہ سے؟ دُنیاداری کے طریقے کس طرح سے آج ہماری زندگی پر اثرانداز ہو چکے ہیں؟

☆ یہ کس قدر اہم ہے کہ ایک خادم کے پاس ایسا جیون ساتھی ہو جو اُس بلاہٹ اور خدمت کی عزت اور قدر کرے جس کے لئے خدا نے اُسے بلایا ہو؟ آپ کا جیون ساتھی کس طرح سے آپ کی خدمت میں تقویت اور حوصلہ افزائی کا باعث ہوا ہے؟

☆ جس خدمت کے لئے خدا نے آپ کو بلایا ہے، آپ اُس کے لئے کس حد تک وفادار ہیں؟ آپ کو اپنی خدمت کی بلاہٹ کی تکمیل کے لئے کس طرح کی قربانیاں دینا پڑیں؟

☆ عہدِ عتیق میں جسمانی نقائص کے تعلق سے ہم کیا سیکھتے ہیں؟ خداوند یسوع مسیح کی موت نے کس طرح سے اُن کمزوریوں اور خامیوں کو ڈھانپ لیا ہے؟

احبار کی کتاب (تفسیر)

چند اہم دُعائیہ نکات

☆۔ خداوند سے دُعا کریں کہ وہ آپ کی زندگی میں کسی ایسی چیز کو منکشف کرے جسے معاف کرنے یا پاک کئے جانے کی ضرورت ہے۔ خداوند کی شکر گزاری کریں کہ ہمارے گناہوں اور خطاؤں کی معافی موجود ہے۔

☆۔ کیا آپ کا جیون ساتھی خدا سے پیار کرنے اور آپ کی خدمت کے لئے معاون اور حوصلہ افزائی کا باعث ہے؟ اس کے لئے خداوند کی شکر گزاری کریں۔ خداوند سے دُعا کریں کہ آپ اپنے جیون ساتھی کی اُس بلاہٹ کے لئے اُس کے معاون ہو سکیں جس کے لئے خدا نے اُسے بلایا ہے۔

☆۔ خداوند سے دُعا کریں کہ آپ اُس کی بلاہٹ کو اپنی زندگی میں سنجیدگی سے لے سکیں۔ اُس بلاہٹ کے لئے درکار قربانیاں دینے کے لئے خداوند سے توفیق مانگ لیں۔

☆۔ خداوند کی شکر گزاری کریں کہ خداوند یسوع مسیح کی موت نہ صرف ہمارے گناہ ڈھانپتی ہے بلکہ گناہ کے اثرات کو بھی ختم کرتی ہے۔ اُس کی شکر گزاری کریں کہ جو لوگ اپنے بدنوں پر گناہ کے اثرات کو محسوس کرتے ہیں، وہ مسیح کے ساتھ عظیم رفاقت سے آشنا ہو جائیں۔

باب 22

خدا کے لئے مخصوص چیزوں کا احترام

احبار 22: 1-33 پڑھیں

پچھلے باب میں ہم نے دیکھا کہ خدا نے اپنے کاہنوں سے کس طرح ایک خاص معیارِ زندگی اپنانے کی توقع کی۔ اُنہیں ایک مقدس قوم بن کے رہنا تھا۔ اُنہیں اپنے ہر ایک اعمال و افعال سے خدا کی خوشنودی حاصل کرنا تھی۔ مقدس اور پاک زندگی گزارنے کا ایک حصہ یہ بھی تھا کہ وہ خدا کے لوگوں کی طرف سے پیش کئے گئے نذرانوں اور قربانیوں کا احترام کرتے۔ 2 آیت ہمیں بتاتی ہے کہ ہارون کے بیٹوں کو مقدس چیزوں کے لئے باعزت روّیہ اختیار کرنا تھا، غور کریں کہ اُن چیزوں کے تعلق سے نارواں اور غیر مناسب روّیہ اختیار کرنے سے اُنہوں نے اُس خدا کے نام کی تکفیر کرنا تھی جس کے لئے یہ ہدیہ جات اور قربانیاں گزرانی جارہی تھیں۔ خدا کے نام کی تکفیر اور توہین ایک سنجیدہ معاملہ تھا۔ اس باب کے لکھے جانے کا مقصد ہی یہی تھا کہ کاہن اس بات کو سمجھیں اور جانیں کہ کس طرح لوگوں کی طرف سے لائے جانے والے ہدیہ جات اور نذرانوں کے تعلق سے اُنہوں نے احترام کرنا ہے۔

شرعی طور پر ناپاک (3-8 آیات)

کاہن خود کو پاک رکھتے ہوئے بھی اُن قربانیوں اور نذرانوں کے تعلق سے عزت اور احترام ظاہر کرتے تھے جو لوگوں کی طرف سے خدا کے حضور لائی جاتی تھیں۔ کسی بھی شرعی طور پر ناپاک کاہن کو قریب آکر خداوند کے حضور کوئی قربانی اور ہدیہ گزراننے کی ممانعت تھی اور اُنہیں ناپاکی کی حالت میں اس حصہ میں سے بھی کچھ نہیں کھانا تھا جو اُنہیں دیا جاتا تھا۔ اگر کوئی کاہن ناپاکی کی

حالت میں قربانی گزران دیتا یا اُس حصے میں سے کچھ کھالیتا جو اُسے دیا جاتا تھا تو اُس نے خداوند کی حضوری سے کاٹ ڈالے جانا تھا۔ بعض صورتوں میں، خدا نے اُنہیں اپنے نام کی حقارت کرنے کے سبب سے موقع پر ہی مار دینا تھا۔

یہاں پر ہمیں اِس بات کو سمجھنے کی ضرورت ہے کہ خداوند کے حضور خدمت کرنے والوں کو دیانتدار اور خالص لوگ ہونا چاہئے۔ خداوند کے حضور اُنہیں خدمت کرتے ہوئے کسی بھی طرح کی ریاکاری سے کام نہیں لینا تھا۔ خدا نے یہ تقاضا کیا کہ اُس کی خدمت کرنے والے اور اُس کی مقدس کی ہوئی چیزوں کو چھونے والے پاک لوگ ہوں۔ کسی دانستہ گناہ کو اپنی زندگی میں رکھتے ہوئے خدا کی خدمت گویا اُس کے نام کی تحقیر کرنا تھا۔

عہدِ عتیق کے کاہنوں کو پاکیزگی اور نیک نیتی کو اپنی زندگی میں برقرار رکھنا تھا۔ خدا کی طرف سے اُن کی یہ ذمہ داری تھی کہ وہ اپنے آپ کو جانچتے اور پرکھتے رہیں۔ تا کہ خدا کے ساتھ اُن کا تعلق اور رشتہ قائم رہے اور وہ لوگوں کی طرف سے خدا کے حضور گزرانی جانے والی قربانیوں اور نذرانوں کو وصول کرتے رہیں۔

ہمارے دَور میں، گناہ کو نظر انداز کرنا بہت آسان ہو گیا ہے۔ خدا کے بہت سے خدام دل، بدن اور روح کی پاکیزگی کو قائم رکھنے میں ناکام رہے ہیں۔ خدا ہمارے ناپاک روّیوں، اعمال و طرزِ عمل کے لئے ہمیں ذمہ دار ٹھہرائے گا۔ خدا کا ایک حقیقی خادم اس بات کو یقینی بنائے گا کہ وہ خدا کے ساتھ درُست رشتہ اور تعلق رکھتے ہوئے خدا کے نام سے خدمت کرے۔

4-8 آیات میں، خدا نے واضح طور پر اُن شرائط کو بیان کیا جن سے کاہن ناپاک ہو سکتا تھا اور اُس کی خدمت میں رکاوٹ آسکتی تھی، یعنی وہ لوگوں سے خدا کے لئے قربانیاں اور نذرانے وصول نہیں کر سکتا تھا۔ کسی بھی طرح کی جلدی بیماری یا جسم سے کسی رطوبت اور مادے کے اخراج سے بھی کاہن ناپاک ہو سکتا تھا۔ ایسی حالتوں میں کاہن کو خدا کے لوگوں کی طرف سے کوئی

ہدیہ یا قربانی وصول کر کے خدا کے حضور گزراننے کی قطعاً اجازت نہیں تھی۔ کسی مُردہ کے سبب سے ناپاک ہو جانے والی چیز کو چھُونے سے بھی کاہن ناپاک ہو سکتا تھا۔ کسی ناپاک چیز کو ہاتھ لگانے یا پھر کسی رینگنے والی مخلوق کے چھُو جانے اور حتیٰ کہ اپنی اہلیہ سے جائز جنسی تعلق قائم کرنے سے بھی کاہن ناپاک ہو سکتا تھا۔ مُردہ حالت میں ملنے والی کسی چیز کو کھانے سے بھی کاہن ناپاک ہو سکتا تھا اور اِس صورت میں اُسے غسل کر کے پاک ہونے کے لئے شام کے ڈھلتے ہوئے سائے کا انتظار کرنا پڑتا تھا۔

زمین پر جسمانی ناپاکی خدا کی خدمت میں رکاوٹ کا باعث بن سکتی تھی۔ اس دُنیا کی ناپاکی، کاہن کے بدن کو لگ جانے سے وہ ناپاک ہو سکتا تھا اور پھر وہ قدُوس خدا کے حضور اپنی خدمات جاری نہیں رکھ سکتا تھا۔ اگر کوئی کاہن یہ جانتے ہوئے کہ کسی ناپاک چیز کے چھُو جانے سے ناپاک ہو گیا ہے، وہ پھر بھی خدا کی خدمت کرتا تو اُس نے خدا کے لوگوں میں سے کاٹ ڈالے جانا تھا۔ یا پھر بصورت دیگر اُس نے موقع پر ہی خدا کے ہاتھوں لُقمہ اَجل ہو جانا تھا۔

کیا ہم آج خدا کی مقدس چیزوں کا احترام کرتے ہیں؟ خدا کے خدام ہوتے ہوئے کیا ہم اپنے دلوں، زندگیوں اور خیالات کو جانچتے اور پرکھتے رہتے ہیں تاکہ ہم خدا کے حضور پاکیزگی اور خالص نیت اور دیانتداری سے آ سکیں؟

خدا کے آئین واحکام کو ماننا (9 آیت)

خدا کے حضور مقدس ہدیہ جات اور قربانیاں گزراننے والوں سے خدا کا دوسرا تقاضا یہ تھا کہ وہ اُس کے کلام کی پیروی میں زندگی بسر کریں اور اُس کے آئین و احکام کو مانیں۔ ایسا کرنے کے لئے اُنہیں خدا کے کلام کے اچھے طالب علم ہونا تھا۔ اُنہیں محض خدا کے آئین واحکام کو جاننا ہی نہیں تھا بلکہ اپنی پوری طاقت سے اُن احکامات پر عمل پیرا بھی ہونا تھا۔

9 آیت پر غور کریں جو خداوند کے آئین و احکام کو نہ ماننے والوں کی سزا بیان کرتی ہے۔ اُنہیں خدا کے آئین و احکام کی حقارت کرنے پر سزائے موت کا سامنا کرنا تھا۔ خدا کا کلام پاک ہے۔ خدا نے اپنے کاہنوں کو یاد دہانی کرائی کہ وہ ایسے لوگ بنیں جو بڑی احتیاط سے اُس کے آئین و احکام کی پیروی میں زندگی بسر کر سکیں۔ اُنہیں انسانی حکمت اور دُنیا کے زیرِ اثر ہوتے ہوئے، خدا کی راہ سے ہٹ نہیں جانا تھا۔ اُنہیں پورے اعتماد اور دھیان سے خدا کی راہوں پر چلنا تھا اور اپنے ہر عمل اور فعل میں محتاط روّیہ اختیار کرتے ہوئے خدا کے کلام کی پیروی کرنا تھی۔

بلاہٹ کی اہمیت (10-13 آیات)

کاہن کی خدمت اور اُس کا کردار ایک مقدس کردار تھا جو مخصوص لوگوں کو ہی دیا جاتا تھا۔ کہانت ہر کسی کے لئے نہیں تھی۔ لازم تھا کہ کاہن ہونے کا بلاہٹ خدا کی طرف سے ہی ہو۔ خدا نے لاوی کے قبیلہ کو اپنے نمائندگان اور کاہن ہونے کے لئے چن لیا تھا۔ 10 سے 13 آیات ہمیں بتاتی ہیں کہ کاہن کے گھرانے کے علاوہ باہر کا کوئی شخص بھی مقدس چیزوں کو کھا نہیں سکتا تھا۔ اگر کاہن کی بیٹی کسی ایسے مرد سے شادی کر لیتی جو کہ کاہن نہ ہو تو اُس پر بھی پابندی لگ جاتی کہ وہ کاہن کو دئے گئے حصہ میں سے کھانے نہ پائے۔ اگر وہ بیوہ ہو جاتی یا پھر اُس کو طلاق مل جاتی تو اُس نے اپنے باپ کے گھر واپس لوٹ آنا تھا۔ اِس صورت میں اُسے دوبارہ سے اُس خوراک میں سے کھانے کی اجازت تھی جو بطور حصہ کاہن کو ملتی تھی۔ وہ اُسے کھا سکتی تھی کیونکہ اَب وہ شادی سے پہلے کی طرح اپنے باپ کے زیرِ کفالت تھی۔

یہ آیات ہمیں کیا سکھاتی ہیں؟ صرف وہی جنہیں خدا خاص طور پر بلائے، وہی بطور کاہن خدمات سر انجام دیں، وہی اُس کی طرف سے لوگوں کے درمیان خدمت سر انجام دیں، کوئی دوسرا بطور کاہن خدمت سر انجام نہ دے۔ اگر کوئی خدا کی بلاہٹ کے بغیر اِس خدمت کا بیڑا اُٹھائے، تو وہ

خدا کی مقدس چیزوں کی حقارت کرنے کے جُرم کا مرتکب ہو گا۔

اگرچہ خدا نے ہمیں اپنی خدمت کے لئے بلایا ہے، اور ہم ان توڑوں اور نعمتوں کو استعمال کرتے ہیں جو ہمیں اُس کی طرف سے ملی ہیں، تو بھی ایسے لوگوں کی زندگیوں میں خدا کی طرف سے ایک خاص بلاہٹ ہوتی ہے جنہیں خدا آج اپنی کلیسیا میں بطور قائد مقرر کرتا ہے۔ ہمیں اس ذمہ داری کو معمولی نہیں سمجھنا چاہیے۔ بہت سے پاسبان اور قائدین ہیں جو کلیسیاؤں میں خدمت سر انجام دے رہے ہیں لیکن اُنہیں خدا نے اپنی خدمت کے لئے نہیں بلایا۔ بعض لوگوں کی تو بہت بڑی بڑی منسٹریز ہیں، لیکن وہ خدا کی مرضی اور ارادے میں شامل نہیں ہیں۔

عہدِ عتیق کے متن کو مدِ نظر رکھتے ہوئے، ہم کہہ سکتے ہیں کہ ایسے لوگ خدا کی مقدس چیزوں کی حقارت کر رہے ہیں۔ اُنہیں سزا ہو گی۔ بہت ضروری ہے کہ ہم خدا کی طرف سے اپنی بلاہٹ کو یقینی طور پر معلوم اور اُس کی تصدیق کر لیں اور تب ہی اُس کی مرضی اور ارادے کے مطابق اُس کی خدمت کریں، کہیں ایسا نہ ہو کہ آخر میں اَجر کی بجائے خدا کے نام کی تکفیر کرنے کے جُرم کی سزا کے مستحق ٹھہریں۔

(معافی 14-16)

بطور کاہن خدا کے خوف میں زندگی بسر کرنا آسان ہو گا۔ پاکیزگی اور خالص نیت کے لئے خدا کی طرف سے تقاضا اِس قدر شدید تھا کہ اُس کے مقدس ہدیہ جات اور قربانیوں کو ناپاک کرنے کی سزا موت تھی۔ 14-16 آیات ہم پر یہ ظاہر کرتی ہیں کہ کاہن کے لئے مخصوص غذا کو غلطی سے کھا جانے والے کاہن کے لئے معافی بھی دستیاب تھی۔ اگر ایسا ہو بھی جاتا، کہ وہ کاہن جو غلطی سے مقدس غذا کھا جاتا، تو وہ اپنی طرف سے ناپاک کئے جانے والے ہدیہ کے مساوی ہدیہ لاتا اور اُس میں پانچ گنا اور ملاتا۔ خدا یہ دیکھ کر سہواً ہو جانے والے گناہ پر کاہن کو معاف کر دیتا

تھا۔

اگرچہ خدا تو یقیناً پاک اور قدوس ہے، تو بھی وہ محبت اور معاف کرنے والا ہے، خدا دانستہ گناہ کرنے اور اُس کے حکموں کو نظر انداز کرنے والوں اور ایسے لوگوں میں فرق واضح کرتا ہے جن سے سہواً خطا ہو جاتی ہے۔ خداوند کی عزت کے طالب لوگوں کے لئے معافی اُس وقت بھی موجود ہوتی ہے جب اُن سے سہواً خطا ہو جاتی ہے۔ ایسے لوگ بحالی اور معافی حاصل کر سکتے ہیں۔

واجب قربانیاں گزراننا (17-30 آیات)

خدا نے 17-30 آیات میں اپنے کاہنوں کو یاددہانی کرائی کہ وہ اُس کے حضور وہی قربانیاں گزرانیں جو قابلِ قبول ہوں۔ ایسی قربانی جو سوختنی قربانی کے طور پر اُس کے حضور لائی جاتی تھی، وہ اُن کے گلہ میں سے بے عیب، بکرے یا بھیڑیں ہونی تھیں۔ کوئی بھی عیب دار جانور خداوند کے حضور قبول نہیں ہونا تھا۔ کوئی بھی زخمی، عیب دار شکستہ عُضو، لُولا، یا جس کے خصیئے پچکے ہوتے وہ خدا کے حضور سوختنی قربانی کے طور پر نہیں چڑھایا جا سکتا تھا۔ (22-24) کاہن نے لوگوں سے ایسی قربانیاں وصول نہیں کرنا تھیں۔ (25 آیت) عیب دار جانور جو قبول ہو سکتا تھا وہ بیل یا بھیڑ تھی جو رضا کی قربانی کے طور پر قبول ہو سکتی تھی۔ (23 آیت)

خدا کی شریعت میں ایک اور تقاضا یہ تھا کہ برہ، بچھڑا یا بکری اپنی ماں کے ساتھ سات دن تک رہے۔ اُس کے بعد آٹھویں دن وہ قربانی کے لئے قبول ہو گا۔ (26-27 آیت) 28 آیت میں، خدا نے ایک ہی دن بھیڑ یا گائے کو اُس کے بچے کے ساتھ ہی ذبح کرنے کی بھی ممانعت فرمائی۔ اگرچہ اُن دنوں کثیر تعداد میں جانور قربان کئے جاتے تھے، لیکن یہاں پر خدا کی نرمی پر غور کریں، خدا پیدا ہونے والے جانوروں کے تعلق سے بھی فکر مندی رکھتا ہے۔ خدا اِس بات پر راضی نہیں تھا کہ ایک بچے کو اُس کی ماں سے الگ کر دیا جائے تاوقتیکہ وہ اپنے طور پر جینا شروع

نہ کر دے۔

یاد کریں کہ کاہن اپنے اور اپنے گھرانے کے لئے ان ہدیہ جات میں سے کچھ حصہ وصول کیا کرتا تھا۔ کاہن کے لئے عیب دار جانور قبول کر لینے کی آزمائش موجود ہوتی تھی کیونکہ اُسے تو اُس جانور کے گوشت میں سے بھی اپنے گھرانے کے لئے حصہ ملنا ہوتا تھا۔ اِس معاملہ میں کاہن کو بڑی ہوشیاری اور سمجھداری سے کام لینا ہوتا تھا۔ اسے کسی بھی ایسے عیب دار جانور کو خدا کے حضور قربان کرنے کے لئے لوگوں سے نہیں لینا تھا جو خدا کے مقرر کردہ معیار سے کم تر ہو۔ خواہ ایسا کرنا اُس کے اور اُس کے گھرانے کے لئے نقصان کا باعث ہی کیوں نہ ہوتا۔ اِس سلسلہ میں کسی بھی قسم کے سمجھوتہ سے کام نہیں لیا جانا تھا۔

خدا کے خادم ہوتے ہوئے، ہمیں اِس بات کو سمجھنا اور محسوس کرنا چاہیئے کہ جب ہم ایمان کی زندگی بسر کرتے ہیں تو ہماری راہ میں بھی آزمائشیں آئیں گی۔ بعض اوقات خدا کے تقاضے اور معیار سے کم تر چیزوں پر مطمئن ہو جانے کی آزمائش بھی آئے گی۔ عہدِ عتیق کے کاہنوں کو خداوند اور اُس کی مقدس چیزوں کی تکفیر نہیں کرنا تھی۔ کاہن کو اِس معاملہ کو سنجیدگی سے لینا ہوتا تھا۔ اُسے ہر ایک قربانی اس فہم و ادراک کے ساتھ خدا کے حضور گزراننا تھی کہ پیش کی گئی قربانی کے تعلق سے اُس کے روّیہ اور سوچ کے بارے میں خدا اُسے جوابدہ ٹھہرائے گا۔

غور کریں کہ نہ صرف کاہن کو اِس طرح کی قربانیاں گزراننا تھیں بلکہ ایسی قربانیاں گزراننا تھیں جو خدا کی خوشنودی کا باعث ہوتیں۔ اُسے اُن قربانیوں میں سے حصہ بھی اس طرح سے کھانا تھا کہ وہ خدا کی خوشنودی، عزت اور جلال کا باعث ہوتا۔ صبح تک کوئی چیز باقی نہیں چھوڑنا تھی۔

(29-30 آیات) یعنی جو حصہ اُس نے کھانا تھا، اُسے بھی اُس نے مقدس جان کر کھانا تھا۔ جو حصہ اُسے ملنا تھا، خدا نے اُس پر بھی نظر رکھنا تھی کہ وہ اُس کے ساتھ کیسا روّیہ اختیار کرتا ہے۔

اِس سے ظاہر ہوتا ہے کہ خدا ہم سے توقع کرتا ہے کہ جو کچھ ہمیں اُس کی طرف سے ملا ہے، ہم

عقلمندی سے اُس کو استعمال میں لائیں۔ اگر آپ لوگوں سے اپنی گزر بسر کے لئے ہدیہ جات قبول کریں، تو آپ اُن ہدیہ جات کے ساتھ واجب عزت اور احترام کا روّیہ اختیار کریں۔ کیونکہ وہ چیزیں خدا اور اُس کی عبادت کے لئے مخصوص کی گئیں ہوتی ہیں۔ جو کچھ خدا نے ہمیں عطا کیا ہے، لازم ہے کہ ہم اُن چیزوں کو عزت اور احترام کے ساتھ، اِس بات کو محسوس کرتے ہوئے استعمال میں لائیں کہ خدا سب باتوں کے لئے ہمیں جوابدہ ٹھہرائے گا۔ کہ ہم اُن چیزوں کو کیسے استعمال کرتے ہیں جو خدا کے لوگوں نے قربانی سے اُس کے حضور پیش کی ہوتی ہیں۔

کاہن کو تسلیم کرنا تھا کہ خدا قدُوس اور پاک ہے۔ مطلب یہ ہوا کہ اُسے خدا اور اُس کی چیزوں کے لئے عزت اور احترام رکھتے ہوئے زندگی بسر کرنا تھی۔ اُس نے ایسا کچھ بھی نہیں کرنا تھا جس سے خدا کے نام پر کُفر بکا جاتا یا جس سے اُس کے خدا کے نام کی تکفیر ہوتی

چند غور طلب باتیں

☆۔ یہ کس قدر اہم ہے کہ ہم اپنے دلوں کو جانچیں اور پرکھیں اور خداوند خدا کے حضور پاک اور صاف ہوں؟ اگر ہمارے دل اور زندگیاں خدا کے حضور دُرست نہ ہوں، تو کیا ہم حقیقی طور پر اُس کی عزت اور تعظیم کر سکتے ہیں؟

☆۔ عہدِ عتیق کے کاہنوں سے اِس بات کا تقاضا کیا جاتا تھا کہ وہ خداوند کے آئین و احکام کی پیروی کریں۔ آج یہ کس قدر بڑی آزمائش ہے کہ ایک خادم دُنیاداری کی راہوں پر چل نکلے اور خدا کے کام کو خدا کے طریقِ کار کے تحت کرنے کے لئے پابند نہ رہے؟

☆۔ کیا یہ ضروری ہے کہ خدا ہمیں اپنی خدمت کے لئے بلائے؟ خدا کی بلاہٹ کو نظر انداز کرنے سے ہم کس طرح سے اُس کی راہوں اور اُس کے منصوبوں کو بے حُرمت کرتے ہیں؟

☆۔ آپ کو اِس حقیقت سے کیا تسلی ملتی ہے کہ خدا معاف کرنے والا ہے اور اُسے ہماری کمزوریوں کا علم ہے؟

☆۔ عہدِ عتیق کے کاہنوں کی یہ ذمہ داری ہوتی تھی کہ وہ اِس بات کو یقینی بنائیں کہ خیمہ اجتماع کے دروازہ کے پاس لائی جانے والی قربانی پاک اور خالص ہو۔ بعض اوقات اِس کا مطلب یہ بھی ہوتا تھا کہ وہ شخصی قربانی دیتے ہوئے ایسی قربانی کو رد کر دیں جو خدا کے لئے عزت اور جلال کا باعث نہ ہو۔

☆۔ خدا آپ کی زندگی اور دوسروں کی زندگی میں عزت اور جلال پائے، آپ اِس مقصد کے پیشِ نظر کون سی قربانی دینے کے لئے تیار اور رضامند ہیں؟

احبار کی کتاب (تفسیر)

چند اہم دُعائیہ نکات

☆۔ خداوند سے دُعا کریں کہ وہ آپ کے دل کو جانچے اور پرکھے اور اگر آپ کی زندگی میں کوئی آلودگی ہے تو اُسے آپ پر ظاہر کرے۔ خداوند سے کہیں کہ وہ آپ کو پاک کرے تاکہ آپ اُس کے ہاتھوں میں ایک چنا ہوا اور پاک وسیلہ بن کر خدا کی بادشاہی کی وُسعت کے لئے کام کر سکیں۔

☆۔ خداوند سے ایسے وقتوں کے لئے معافی مانگ لیں جب آپ اُس کی راہوں پر چلنے کے لئے محتاط نہ رہے۔ خداوند کی شکر گزاری کریں کہ وہ اپنے کام کے لئے ایک مقصد اور منصوبہ رکھتا ہے۔

☆۔ خداوند کی شکر گزاری کریں کہ وہ آپ کی خطاؤں اور دانستہ گناہوں کو بھی معاف کرنے کے لئے تیار اور رضامند رہتا ہے۔ خداوند کی شکر گزاری کریں کہ وہ ایک ترس اور رحم سے بھرا ہوا عظیم خدا ہے۔

☆۔ خداوند سے توفیق چاہیں تاکہ آپ اپنے ذاتی مفادات کو قربان کرنے کے لئے تیار اور رضامند ہو جائیں۔ تاکہ آپ اپنی زندگی اور اپنے دل میں اُس کو عزت اور جلال دے سکیں۔

باب 23

مقدس مجمع

احبار 23:1-44 پڑھیں

بنی اسرائیل کے ایمان کا ایک اہم پہلو وہ مقدس مجمعے ہوتے تھے جو وہ سال میں باقاعدگی سے فراہم کرتے تھے۔ یہ وہ وقت ہوتے تھے جب خدا کے لوگوں سے توقع کی جاتی تھی کہ وہ خداوند اپنے خدا کے نام کا جشن منائیں، ہمارے لئے اس بات کو سمجھنا بہت اہم ہے کہ مسیحی زندگی تن تنہا نہیں گزاری جاسکتی۔ خدا ہم سے توقع کرتا ہے کہ ہم دوسرے ایمانداروں کے ساتھ میل ملاقات اور رفاقت رکھیں، اُن کی حوصلہ افزائی، مالی معاونت کریں جو اُس کے نام کی عبادت اور پرستش کرتے ہیں۔

سبت کا دن (3 آیت)

سب سے پہلے سبت کے دن کا ذکر۔ یہ سات دنوں میں سے ایک دن تھا جب یہودی لوگ کام کاج سے اجتناب کرتے تھے۔ 3 آیت میں، یہ مقدس محفل یا مجمع فراہم کرنے کا دن ہوتا تھا۔ بالفاظ دیگر، یہودی لوگوں کو ہفتے میں ایک دن خدا کی پرستش اور ستائش کے لئے فراہم ہونا ہوتا تھا۔ اُس دن خدا کے لوگ جمع ہو کر اپنے خدا کو اور اُس کے اُن کاموں کو یاد کرتے جو اُس نے اُن کے لئے سر انجام دئے تھے۔ یہودیوں کے لئے سبت جمعہ کی شام سے ہفتہ کے دن غروبِ آفتاب تک ہوتا تھا۔

فسح اور بے خمیری روٹی کی عید (4-8 آیات)

دوسرا موقع فسح کی تقریب کا مجمع اور بے خمیری روٹی کی عید ہوتی تھی۔ فسح اُس وقت کی یادگاری کے طور پر منائی جاتی تھی جب خداوند مُلکِ مصر میں بنی اسرائیل کے گھروں کو چھوڑ کر آگے بڑھ گیا اور اُن کے پہلوٹھوں کو نہ چھوا جن کے دروازوں کی چوکھٹوں پر برّے کا خون لگا ہوا تھا۔ (خروج 12:1-14) فسح کی تقریبات پہلے مہینے کی چودہ تاریخ کو شروع ہوا کرتی تھیں۔

(5 آیت) یہ بے خمیری روٹی کی عید کے فوراً بعد ہوا کرتا تھا جہاں پر بنی اسرائیل سات دن تک بے خمیری روٹی کھاتے تھے۔ اس عید کے آخری دن، بنی اسرائیل جشن کے لئے جمع ہوا کرتے تھے۔ اِس عید کے ساتویں دن بھی کوئی کام کاج نہیں کیا جاتا تھا۔ (8 آیت)

کتابِ مقدس میں خمیر گناہ اور بدی کو پیش کرتا ہے۔ اِس بات پر غور کرنا دلچسپی کا حامل ہے کہ مُلکِ مصر سے خدا کی طرف سے رہائی کا جشن منانے کے بعد، (فسح کے ذریعہ یادگاری) خدا کے لوگ اپنے گھروں سے خمیر کو نکال کر پاک صاف کرتے جو کہ بدی اور گناہ کو پیش کرتا ہے۔ بے خمیری روٹی کی عید خدا کے لوگوں کو یاد دہانی کراتی کہ اُس بڑی رہائی کے ملنے کے بعد اُنہیں خدا کے لئے کیسی زندگی بسر کرنی ہے۔ جنہیں خدا نے رہائی دی تھی انہیں اَب اُس کی تابعداری میں اپنے آپ کو گناہ اور بدی سے پاک کر کے زندگی بسر کرنا تھی۔

پہلے پھل (9 تا 14 آیات)

خدا کے لوگوں کو وعدہ کی سرزمین پر پہنچنے کے بعد پہلی دفعہ فصل کی کٹائی کے وقت بھی خداوند اپنے خدا کو یاد کرنا تھا۔ اُنہیں اپنی فصل کا پہلا پُولا خداوند کے پاس خیمہ اجتماع میں لے کر جانا اور کاہن کو پیش کرنا تھا۔ (10 آیت) کاہن نے خدا کے حضور اُسے ہلانا ہونا ہوتا تھا۔ (11 آیت)

جس دن اُنہوں نے اپنی فصل کا پہلا پولا خداوند کے حضور لانا تھا، اُسی دن اُنہوں نے ایک یکسالہ برّہ، تیل ملا ہوا میدہ اور نذر کی قربانی کے طور پر مے بھی خدا کے حضور پیش کرنا تھی۔ اُنہوں نے یہ سب کچھ فصل کی شکر گزاری کے طور پر کاہن کو پیش کرنا ہوتا تھا۔ جب تک خداوند کے حضور شکر گزاری کی قربانی گزرانی نہ دی جاتی اُس وقت تک کسی نے بھی اُس فصل میں سے کچھ اناج نہیں کھانا تھا۔ (14 آیت)

ہفتوں کی عید (15-22 آیات)

پہلے پھل خدا کے حضور پیش کرنے کے بعد، یہودی لوگ سات ہفتے یا پچاس دن شمار کرتے (پہلے پھلوں کے بعد سات سبت) یہ فصل کے اختتام کی نشانی ہوتی تھی۔ اُس روز اُنہیں میدہ کی دو روٹیاں، خمیر، سات یکسالہ نر برّے، ایک بیل اور دو مینڈھے بھی خداوند کے حضور لانے ہوتے تھے۔ بکرے کو گناہ کی قربانی کے طور پر خدا کے حضور قربان کر دیا جاتا تھا۔ (19 آیت) دو یکسالہ برّے اور روٹی خداوند کے حضور سلامتی کی قربانی کے طور پر پیش کی جاتی تھی۔ (19 تا 20 آیات) اُس دن لوگ مقدس مجمع فراہم کرتے تھے۔ (21 آیت) لوگ فصل کی کٹائی کے وقت خدا کی نیکی اور بھلائی کا جشن منانے کے لئے جمع ہوتے تھے۔

غور کریں کہ اُس جشن کا ایک حصہ یہ بھی تھا کہ اُنہوں نے اپنے درمیان غریب لوگوں پر ترس کھانا تھا۔ 22 آیت میں، خداوند نے حکم دیا کہ جب وہ فصل کی کٹائی کریں تو وہ کھیت کے کناروں تک نہ کریں بلکہ وہ کچھ اناج اپنے کھیتوں میں غریبوں کے لئے رہنے دیں جو کہ محتاج اور غریب غُربا اپنے گھرانوں کے لئے وہاں سے کاٹ لیں گے۔

یہاں پر دو چیزیں قابلِ غور ہیں کہ لوگوں کو خدا کی تعظیم کے لئے دو کام کرنے تھے، اوّل۔ انہیں اس بات کو تسلیم کرنا تھا کہ خدا ہی اُن کا روزی رساں ہے، اور اِس بات کا اظہار اُنہوں نے کاہن

کو اپنی پہلی فصل کا پُولا پیش کر کے کرنا تھا۔ دوئم۔ اُنہیں اپنی فصل کا ایک حصہ محتاجوں اور غریبوں کو بھی دینا تھا۔ خداوند یسوع مسیح نے متی 40:25 میں اِس اصول کی یاددہانی کرائی جب اُس نے فرمایا۔

" میں تم سے سچ کہتا ہوں کہ جب تم نے میرے اِن سب سے چھوٹے بھائیوں میں سے کسی کے ساتھ یہ سلوک کیا تو میرے ہی ساتھ کیا۔"

جب اُنہوں نے اپنے کھیت کے حاصل سے اپنے درمیان غُربا اور محتاجوں کی خدمت کرنا تھی تو اِس سے اُن کے خدا کی تعظیم اور بُزرگی ہونا تھی۔

ساتویں مہینے کی تقریبات

ساتویں مہینے کی پہلی تقریب نرسنگوں کی عید تھی۔ یہ مہینے کی پہلی تاریخ کو ہوا کرتی تھی۔ یہ دن خدا کے لوگوں کے لئے آرام کا دن ہوتا تھا۔ اور اُس دن کوئی کام کاج نہیں کیا جاتا تھا۔ اُس دن، نرسنگے پھونک کر خدا کے لوگوں کو فراہم کیا جاتا تھا کہ وہ خداوند کے لئے دن کو پاک مانیں اور خدا کے حضور نذرانے لے کر جائیں۔ (24-25 آیات)

یومِ کفارہ (26-32 آیات)

ساتویں مہینے کی دوسری تقریب یومِ کفارہ تھا۔ یومِ کفارہ مہینے کے دسویں دن منانا جاتا تھا۔

(27 آیت) اس دن خدا کے لوگ فراہم ہوتے تھے۔ 27 آیت پر غور کریں۔ اس دن اُنہیں اپنی خودی کا انکار کرنا ہوتا تھا،، یعنی اُنہیں روزہ رکھ کر جنسی تعلقات سے پرہیز کرنا ہوتا تھا جس سے وہ ناپاک ہوسکتے تھے۔ اُس دن، کاہن لوگوں کے گناہ کی قربانی گزرانتا اور خیمہ اجتماع اور اُس کی چیزوں کو پاک اور مقدس کرتا تھا۔ ہر وہ شخص جو اُس دن اپنی خودی کا انکار نہیں کرتا تھا شرعی طور پر ناپاک خیال کیا جاتا تھا اور وہ بنی اسرائیل میں سے کاٹ ڈالا جاتا تھا۔ (28 آیت) یہ ایک

مقدس دن تھا۔ اور یہ دن اِس بات کا تقاضا کرتا تھا کہ جو اس جشن میں شامل ہوں، خدا کے ساتھ درُست اور واجب رشتہ قائم کریں۔ یومِ کفارہ، کوئی کام کاج نہیں کیا جاتا تھا۔

خیموں کی عید (33-35 آیات)

ساتویں مہینے کی تیسری عید، خیموں کی عید ہوتی تھی۔ اُسے جھونپڑیوں یا سائبانوں کی عید بھی کہتے تھے۔ خیموں کی عید ساتویں مہینے کی پندرہ تاریخ کو منائی جاتی تھی اور یہ سات دن تک منائی جاتی تھی۔ پہلے دن خدا کے لوگ جمع ہوتے اور پھر ہفتہ بھر اِس عید کو مناتے، اپنے نذرانے خداوند کے حضور لے کر آتے۔ (40-41 آیات) آٹھویں دن، ایک اور مجمع ہوتا اور یہ اختتامی مجمع ہوتا تھا۔ اس دن خداوند کے حضور خاص قسم کے نذرانے لائے جاتے تھے اور اس دن کو بھی خداوند کے لئے مخصوص کیا جاتا تھا۔ پہلے دن اور آٹھویں دن کوئی کام کاج نہیں کیا جاتا تھا۔

خیموں کی عید کے نام ہی سے یہ حقیقت سامنے آجاتی ہے کہ بنی اسرائیل کھجور کی ٹہنیوں سے بنائے گئے خیموں میں ہفتہ بھر رہتے تھے۔ اس موقع پر، وہ اپنے گھروں کو چھوڑ کر اُن خیموں میں رہائش پذیر ہو جاتے تھے، یہ سب کچھ اُس وقت کو یاد کرنے کے لئے کیا جاتا تھا جب اُن کے باپ دادا وعدہ کی سرزمین کی طرف چلتے ہوئے اِس طرح بیابان میں رہائش پذیر ہوا کرتے تھے۔ یہ دن اُن کے دُکھوں اور خدا کی نیکی اور بھلائی کی یاد میں منایا جاتا تھا جو اُنہیں بیابان سے گزار کر اُن کے باپ دادا کو وعدہ کی سرزمین میں لے آیا۔ (42-43 آیات)

یہ وہ باقاعدہ عیدیں اور تہوار تھے جن کو منانے کا حکم خداوند نے دیا تھا۔ ان دنوں، خدا کے لوگ جمع ہو کر خدا کے حضور اپنے ہدیہ جات لاتے، یہ نذرنے بڑے خاص ہدیہ جات ہوتے تھے ، یہ اُن ہدیہ جات اور قربانیوں کے علاوہ ہوتے تھے جو خداوند کے حضور گزرانی جاتی تھیں۔

چند غور طلب باتیں

☆۔خدا نے عہدِ عتیق میں اپنے بچوں کو حکم دیا کہ وہ معمول کے اجتماعات میں فراہم ہو کر اُس کی نیکی اور بھلائی کو یاد کرتے ہوئے اُس کے حضور جشن منایا کریں۔دوسرے ایمانداروں کے ساتھ فراہم ہونا کس قدر اہم ہے؟ دوسرے ایمانداروں کے ساتھ جمع ہونے سے کیا فوائد حاصل ہوتے ہیں؟

☆۔بے خمیری روٹی کی عید کے دوران، جو کہ عید فسح کے بعد ہوتی تھی، خدا کے لوگ اپنے گھروں سے ہر طرح کے خمیر کو بالکل کو نکال دیتے تھے۔اِس سے ہمیں باقاعدگی سے گناہ کے تعلق سے اپنی زندگیوں کا جائزہ لینے کے بارے میں کیا تعلیم ملتی ہے؟

☆۔پہلے پھلوں کی عید خدا کے لوگوں کو یقین دہانی تھی کہ خدا ہی اُن کی فصل کا منبع ہے۔یہ بھول جانا کس قدر آسان ہوتا ہے کہ خدا ہی ہمارے وسائل وبرکات کا منبع ہے؟ آپ کس طرح خدا کی طرف سے دی گئی نعمت وبرکات کی یاددہانی اپنے آپ کو کرا سکتے ہیں؟

☆۔خدا کے لوگوں کو کھیت کے کناروں تک فصل نہیں کاٹنی تھی۔یہ کنارے غریبوں اور محتاجوں کے لئے تھے۔یہ کس قدر اہم ہے کہ ہم اپنے معاشرے میں موجود غریب اور ضرورت مند لوگوں کے لئے اپنی آنکھیں کھولیں۔آپ اپنے اِردگرد ضرورت مند لوگوں کے لئے کیا کر سکتے ہیں؟

☆۔خیموں کی عید کے دوران بنی اسرائیل کو بیابانی سفر کی سختیاں اور مصائب کی یادگاری کے لئے خیموں میں رہنا ہوتا تھا۔آپ کے آباؤاجداد نے وہ کون سے دکھ اور مصائب جھیلے تاکہ آپ خدا کے کلام کی سچائیوں کے مطابق چل سکیں؟

احبار کی کتاب (تفسیر)

چند اہم دُعائیہ نکات

☆۔ خداوند سے ایسے مواقعوں کے لئے دُعا کریں جب آپ دوسرے ایمانداروں کے ساتھ مل کر خدا کی نیکی اور بھلائی کی یادگاری منا سکیں۔ ایسا کرنے کے لئے جو مواقع خدا نے پہلے سے آپ کو دے رکھے ہیں، اُن کے لئے اُس کی شکر گزاری کریں۔ ایسے بھائیوں اور بہنوں کے لئے خداوند کی شکر گزاری کریں جنہوں نے آپ کے ایمان کو مضبوط کرنے کے لئے خدمات سر انجام دیں۔

☆۔ اپنی زندگی کے لئے خدا کی فراہم کردہ نعمت و برکات پر غور کرنے کے لئے کچھ وقت دُعا میں جھکیں۔ جو کچھ خدا نے آپ اور آپ کے خاندان کو دیا ہے، اِس کے لئے اُس کی شکر گزاری کریں۔

☆۔ خداوند سے دُعا کریں کہ وہ آپ کی آنکھیں کھول دے تاکہ آپ اپنے ارد گرد ضرورت مندوں اور محتاجوں کو دیکھ سکیں۔ خداوند سے یہ توفیق بھی چاہیں کہ آپ یہ جان سکیں کہ آپ اپنے معاشرے میں پائے جانے والے نادار اور محتاج لوگوں کے لئے کیا خدمات سر انجام دے سکتے ہیں۔

باب 24

خدا کا پاک مقدس اور اُس کا قدوس نام

احبار 24: 1-23 پڑھیں

خیمہ اجتماع کی مقدس جگہ پر، فرنیچر کی تین چیزیں موجود تھیں۔ (شمعدان، بخور کی قربان گاہ اور میز) جب ہم احبار کی کتاب کا آغاز کرتے ہیں تو ہم خدا کو مُوسیٰ سے اِن دو چیزوں کے تعلق سے بات کرتے ہوئے دیکھتے ہیں۔

شمعدان (2-4 آیات)

2 آیت میں، خداوند نے بنی اسرائیل کو حکم دیا کہ وہ شمعدان میں جلانے کے لئے زیتون کا صاف اور شفاف تیل لے کر آئیں۔ خدا نے واضح طور پر مُوسیٰ کو بتادیا کہ شہادت کے پردہ کے باہر چراغ کبھی بجھنے نہ پائے یہ کاہنوں کی ایک مقدس ذمہ داری تھی کہ وہ اس بات کو یقینی بناتے کہ چراغ جلتا رہے اور ہمیشہ چراغ کو جلتا رکھنے کے لئے کافی تیل موجود رہا کرے۔

اس متن میں ہمارے سمجھنے کے لئے ایک اہم بات یہ ہے کہ خدا نے عہد کے صندوق کے اُوپر کروبیم (سونے کے تراشے ہوئے فرشتگان) کے پروں کے درمیان اپنی حضوری کو ظاہر کرنے کا چناؤ کیا۔

" وہاں میں تجھ سے ملا کروں گا اور اُس سرپوش کے اُوپر سے اور کروبیوں کے بیچ میں سے جو عہد نامہ کے صندوق کے اُوپر ہوں گے اُن سب احکام کے بارے میں جو میں بنی اسرائیل کے لئے تجھے دوں گا تجھ سے بات چیت کیا کروں گا۔ (خروج 25: 21-22)

عہد کا صندوق پاک ترین مقام کے اندر تھا۔ شمعدان نے اپنی روشنی پردے پر ڈالنی تھی جو خدا کی حضوری کی طرف لے کر جاتا تھا۔ یہ کاہن کی ذمہ داری تھی کہ وہ اُس روشنی کو جلتا رکھے۔ آج ہر ایک مسیحی کی بھی یہی ذمہ داری ہے۔ خدا کی طرف سے ہمیں یہ ذمہ داری ملی ہے کہ ہم اُن راہوں پر روشنی کریں جو خدا کی طرف جاتی ہیں۔ ہم اس دُنیا کے نور ہیں جو خداوند یسوع کے لئے پوری آب و تاب کے ساتھ چمکتے ہوتے لوگوں کو خداوند کے پاس لا رہے ہیں۔ ہمیں کبھی بھی اُس روشنی کو بجھنے نہیں دیتے۔

میز (9-5)

احبار 5 باب میں خدا کی طرف سے پاک ترین مقام میں رکھی گئی میز کے تعلق سے یہ تھا۔ بارہ روٹیاں پکا کر اُنہیں دو قطاروں یعنی چھ چھ کی قطاروں میں رکھا جائے۔ ہر ایک قطار میں کاہن نے خالص بخور رکھنا تھا۔ ہر ایک سبت کے دن روٹی کو بدلا جاتا تھا یعنی پرانی روٹی اُٹھا کر اُس کی جگہ پر نئ روٹی رکھ دی جاتی تھی۔ اس روٹی کو صرف کاہن ہی خیمہ اجتماع میں کھا سکتا تھا۔

کتاب مقدس میں بخور دُعا کی علامت کے طور پر نظر آتا ہے۔ ہم مکاشفہ 8:5 میں اس بات کو واضح طور پر دیکھ سکتے ہیں۔

" اور جب اُس نے کتاب لے لی تو وہ چاروں جان دار اور چوبیس بزرگ اس برّہ کے سامنے گر پڑے اور ہر ایک کے ہاتھ میں بربط اور عُود سے بھرے ہوئے سونے کے پیالے تھے یہ مقدسوں کی دُعائیں ہیں۔

یہ حقیقت کہ میز پر بارہ روٹیاں رکھی جاتی تھیں بڑی اہم ہے۔ کیا ممکن ہے کہ بارہ روٹیاں اسرائیل کے بارہ قبیلوں کو پیش کرتی ہیں اور وہ بخور جو میز پر سے اُٹھتا تھا وہ ان دُعاؤں کی عکاسی کرتا ہے جو اُن کی طرف سے خدا کے حضور کی جاتی تھیں؟

ہر سبت کو میز پر روٹیاں رکھنے سے، کاہن اپنے آپ کو یاد دلاتا تھا کہ اسرائیل کے بارہ قبیلوں کے لئے اُس کی ایک ذمہ داری ہے کہ وہ خدا کے حضور اُن بارہ قبیلوں کی نمائندگی کرے۔ ایسا کرنے سے وہ خود کو یہ بھی یاد دلاتا تھا کہ اُسے اُن لوگوں کے لئے دُعا کرنے کی ذمہ داری بھی سونپی گئی ہے۔

سلومیت کا بیٹا (10-23 آیات)

10-23 آیات میں ایک اسرائیلی ماں اور مصری باپ کے بیٹے کی کہانی بیان کی گئی ہے۔ لڑائی کے دوران سلومیت کے فرزند نے خدا کے نام پر کُفر بکا اور اُس پر لعنت کی۔ اس وجہ سے اُنہوں نے اُسے حراست میں لے لیا تا کہ معلوم کیا جائے کہ خدا اُس کے تعلق سے کیا فرماتا ہے۔ (12 آیت)

13 آیت میں، خداوند مُوسیٰ سے ہمکلام ہوا اور اُسے بتادیا کہ اُس نے اُس لڑکے کے ساتھ کیا سلوک کرنا ہے۔ اُس نے کفر بکنے والے کو خیمہ سے باہر لے جا کر اُن لوگوں کے ہاتھ اُس پر رکھوانے تھے جنہوں نے اُسے خدا کے نام پر لعنت کرتے سُنا تھا اور پوری جماعت نے اُسے سنگسار کرنا تھا۔ آر کے ہیری سن سلومیت کے بیٹے کی سزا کے بارے کچھ اِس طرح سے بیان کرتا ہے۔ "اُسے خیمہ اجتماع سے باہر لے جا کر سنگسار کر دیا گیا، یہی اُس کی سزا تھی۔ تا کہ خیمہ اجتماع کا تقدس اور جماعت ناپاک نہ ہونے پائے۔ وہ لوگ جنہوں نے اُسے کفر بکتے اور خدا کے نام پر لعنت کرتے سنا تھا اُنہوں نے اُس جرم میں گواہ کے طور پر اپنا کردار ادا کرنا تھا۔ اُس کے بعد ہی اُسے موت کے گھاٹ اُتارا جانا تھا۔ یہاں پر سزا دینے کے طریقہ کی تفصیل نہیں دی گئی۔ شائد مُجرم کو لٹایا جاتا ہو اور پھر بڑے بڑے پتھروں سے اُس کے سر کو کچل دیا جاتا ہو۔ اور پھر اُس کے جسم کے بقیہ حصہ کو چھوٹے چھوٹے پتھروں سے ڈھانپ دیا جاتا ہو۔ ایسا کرنے سے دوسروں کو

بھی نصیحت ہونا تھی کہ وہ اس طرح کے جُرم کے مرتکب نہ ہوں۔ پتھروں کا یہ ڈھیر لوگوں کو اس گھنونے جُرم کی یاد دلاتا رہتا تھا۔ اور اِس کے ساتھ اُنہیں یہ بھی یاد رہتا ہو گا کہ ایسے جُرم کی سزا یہ ہولناک موت ہے۔"

موسیٰ نے بنی اسرائیل کو یہ یاد دلانا تھا کہ جو کوئی خدا کے نام پر لعنت کرے گا وہ اپنے کلام اور کام کا ذمہ دار ٹھہرے گا اور اُس کو سزائے موت دی جائے گی۔ خواہ وہ اسرائیلی ہو یا پھر پردیسی جو اسرائیل کے درمیان رہتا ہو، ساری جماعت نے اُسے سنگسار کرنا تھا۔

17-22 آیات میں اِس بات پر غور کرنا بہت اہم ہے کہ اسرائیلیوں کو کسی کی جان لینے کے معاملہ کو معمولی نہیں سمجھنا تھا۔ اگرچہ یہ خدا کی طرف سے یہی تقاضا تھا کہ ایسے جُرم کا مرتکب شخص مار ڈالا جائے، اگر کوئی اسرائیلی کسی اور وجہ سے کسی کو قتل کر ڈالتا، تو اُسے سزائے موت دی جاتی تھی، حتیٰ کہ اگر کوئی کسی کے جانور کو مار ڈالتا تو وہ بھی اُس کے مالک کو اُس کی قیمت ادا کرتا تھا یا پھر اُس کی جگہ پر اپنا جانور مالک کو دے دیتا تھا۔ اگر وہ اپنے ہمسائے کو مار کر زخمی کر دیتا، تو وہ اُس چوٹ کے بدلے اپنے پڑوسی کو معاوضہ دیتا۔ عمومی طور پر چوٹ لگانے کے بدلے چوٹ لگانا، دانت کے بدلے دانت اور آنکھ کے بدلے آنکھ تھی۔ جس طرح اُس نے کسی کو زخمی کیا ہوتا، اُسی طرح سے اُسے بھی زخم لگایا جاتا تھا۔ (17-20)

خدا نے اِس حکم سے یہ بات واضح کر دی کہ کچھ ایسے وقت تھے جب کسی کی جان لی جا سکتی تھی لیکن عمومی طور پر اُنہیں ایسا کرنے سے اجتناب کرنا تھا۔ جو کسی کی جان لے اُس کے لئے سزائے موت مقرر کی گئی تھی۔ جیسا کہ اِس باب میں خدا کے نام پر کفر بکنے اور اُس پر لعنت کرنے والے شخص کی سزا کا ذکر کیا گیا ہے۔ خدا نے یہ تقاضا کیا کہ اُسے خیمہ اجتماع کے باہر لے جا کر مارا جائے۔ اُس نے خداوند خدا کے نام کی تکفیر کی، اس لئے اُس جُرم کی پاداش میں اُسے سزائے موت دی جائے۔

اِس سے ہمیں کاہن کی ایک اور ذمہ داری بھی دیکھنے کو ملتی ہے۔ اُنہیں خدا کے قدوس نام کی حفاظت کرنا اور اپنے معاشرے میں اُسے پاک اور مقدس جاننا تھا۔ ہمارے معاشرے میں بہت سی ایسی چیزیں ہیں جن سے خدا کے نام کی تکفیر ہو رہی ہے۔ ہمارے معاشرے میں خدا کے فرمانوں اور آئین و احکام کی کھلم کھلا خلاف ورزی اور اُس کا نام بے فائدہ لیا جانا عام سی باتیں ہو کر رہ گئیں ہیں۔ خدا نے تقاضا کیا تھا کہ ایسی بُرائیوں کی بیخ کنی کی جائے۔ (جڑ سے اُکھاڑ دیا جائے۔)

چند غور طلب باتیں

☆۔اس باب میں آپ اپنے اردگرد لوگوں کے لئے نور بننے کے تعلق سے اپنی ذمہ داری کے بارے میں کیا محسوس کرتے ہیں تا کہ آپ انہیں خدا کے پاس لے آئیں؟

☆۔خدا کے خادم کی ذمہ داری یہ ہوتی تھی کہ وہ اُن لوگوں کے لئے دُعا کرے جن لوگوں کو خدا نے اُس کی زیرِ نگرانی رکھا تھا۔ یہ کس قدر اہم ہے کہ ہم ایسے لوگوں کے لئے دُعا کرنے میں وفادار ہی رہیں جنہیں خدا نے آپ کی نگرانی اور نگہبانی میں رکھا ہوا ہے۔ کیا آپ دُعا میں وفادار رہے ہیں؟

☆۔آج آپ کے معاشرے میں خدا کے نام پر کس طرح سے کُفر بکا جاتا ہے؟ آپ کے معاشرے میں خداوند کے نام کو سربلند کرنے کے لئے آج کیا کیا جا رہا ہے؟

چند اہم دُعائیہ نکات

☆۔خداوند سے توفیق چاہیں تاکہ آپ اپنے اردگرد کے لوگوں کے لئے مسلسل نُور بنے رہیں اور انہیں مسیح کے پاس لاتے اور اُس کے لئے کام کرتے رہیں۔ خداوند سے توفیق چاہیں تاکہ آپ اُس کے لئے پوری آب و تاب سے چمکنے والا نور بن سکیں۔

☆۔خداوند کی شکر گزاری کہ وہ ہماری دُعاؤں کو سُنتا ہے۔ خداوند سے ایسے لوگوں کے لئے مزید دُعا میں جھکنے کے لئے کہیں جنہیں اُس نے آپ کی نگرانی اور نگہبانی میں رکھا ہوا ہے۔

☆۔خداوند سے ایسے وقتوں کے لئے معافی چاہیں جب آپ اپنے کاموں سے اُس کے نام کی تکفیر کا باعث ہوئے۔ خداوند سے توفیق چاہیں تاکہ آپ کو معلوم ہو کہ اپنے معاشرے میں اُس کے نام کی سربلندی کے لئے آپ مزید کیا کر سکتے ہیں تاکہ آپ کے معاشرے میں اُس کے قدوس نام پر کُفر نہ بکا جائے۔

باب 25

ساتواں سال اور یوبلی

احبار 25: 1-55 پڑھیں

سبت کے قانون کا تقاضا تھا کہ ساتویں دن کو آرام اور روحانی غور وخوص کے لئے مخصوص کیا جائے۔ سبت کے روز کوئی کام کاج نہیں کیا جاتا تھا۔ احبار 23 باب سے ہم یہ دریافت کرتے ہیں کہ ہر سال کے ساتواں مہینہ مقدس مہینہ ہوتا تھا جس میں تین اہم مذہبی تقریبات ہوتی تھیں۔ ساتویں مہینے کے تعلق سے یہ بات سچ تھی کہ ساتواں مہینہ سات سالوں کا سبت بنتا ہے۔ اُسے سبت کا سال کہا جاتا تھا۔

ساتوں سال (2-7اور 18-22 آیات)

2 آیت میں، خدا نے موسیٰ کو بتایا کہ جب وہ وعدہ کی سرزمین میں داخل ہوں، جو خداوند انہیں دے گا تو وہاں پر وہ سبت کے دن کو پاک مانیں۔ وہ کھیتوں میں بیج بو سکتے تھے، تاکستانوں میں کام کرسکتے اور چھ برس تک وہ اپنی فصلوں کو کاشت اور اُن کی کٹائی کرسکتے تھے لیکن ساتویں سال زمین کو بھی آرام کرنا تھا۔ اس سال، زمین خداوند کی ہو جانا تھی۔ اُنہیں اُس کے تعلق سے ہر ایک دعوے سے دستبردار ہو جانا تھا۔ جو کچھ اُس زمین میں از خود اُگ آنا تھا وہ اُن لوگوں کی خوراک ہونا تھی جو اُن کے درمیان سکونت پذیر تھے۔ (6-7 آیات)

اس سے بنی اسرائیل کے اندر فطرتی طور پر ایک فکر مندی پیدا ہو گئی ہو گی۔ کہ اگر وہ سبت کے سال کچھ بوئیں گے نہیں تو پھر کھائیں گے کہاں سے؟ خدا نے 18-22 آیات میں اِس فکر مندی

کے تعلق سے کلام کیا۔ اُس نے اُنہیں بتایا کہ اگر وہ اُس کے آئین واحکام کے مطابق زندگی بسر کریں اور اُس کے حکم کے مطابق سبت کے سال کالحاظ رکھیں، تو وہ امن وسلامتی سے اُس مُلک میں بسے رہیں گے۔ خدا اُن کا محافظ اور نگہبان ہو گا۔ وہ چھٹے سال ہی اُنہیں کثرت سے برکت دے گا کہ آنے والے تین سال کھانے کے لئے اُن کے پاس کافی ہو گا۔ (چھٹا سال، سبت کا سال اور حتیٰ کہ فصل کی کٹائی کا سال) اگر وہ اُس کے حکموں کو مانتے تو اُنہیں کسی چیز کی کمی نہ ہونا تھی۔ سبت کے سال کے تعلق سے کئی ایک اصولوں پر غور وفکر کرنے کی ضرورت ہے۔

اوّل۔ خدا چاہتا تھا کہ لوگ یاد رکھیں کہ وہی اُن کا مہیا کرنے والا اور روزی رساں ہے۔ ہم تصور ہی کر سکتے ہیں کہ خدا کے لوگوں کے لئے ساتویں برس بغیر کام کاج کے زندگی بسر کرنا اُنہیں کیسا محسوس ہوتا ہو گا۔ اُس سال تو اُنہیں اپنی ہر ایک ضرورت کے لئے خدا پر ہی توکل اور بھروسہ کرنے کے لئے مجبور کیا گیا تھا۔ سبت کا یہ سال اُن کے لئے ایک پُرزور یاددہانی تھی کہ خدا ہی اُن کی ساری ضروریات کا خیال رکھتا ہے۔

دوئم۔ اس سال خدا کے لوگوں کو ملکیت کے اصول کو سیکھنے کی ضرورت تھی۔ ہر ساتویں سال زمین خداوند کو واپس کی جانی تھی اور ہر کسی نے اپنے حقوق سے دستبردار ہو جانا تھا۔ اِس کا مطلب یہ تھا کہ کوئی بھی زمین پر اُگی ہوئی کھانے والی چیز کو کھا سکتا تھا۔ خدا کے لوگوں کے لئے یہ کس قدر آسان تھی کہ وہ اُس زمین کو اپنی کہتے اور اُس پر اپنی ملکیت کا حق جتاتے۔ ساتویں سال اپنی زمین سے دستبردار ہو جانے کا مطلب یہ تھا کہ وہ یاد رکھیں کہ اصل میں کچھ بھی اُن کی ملکیت نہیں ہے بلکہ سبھی کچھ خدا کا ہے۔ بلکہ جو کچھ خدا کی طرف سے اُنہیں ملا ہے، وہ اُس کے مختار اور اُس کی دیکھ بھال کرنے والے ہیں۔

تیسرا اصول جو خدا اُنہیں ساتویں سال کے حوالہ سے سکھا رہا تھا وہ سخاوت کا اصول تھا۔ ساتویں سال ہر ایک محتاج اور ضرورت مند زمین کی پیداوار میں سے کھانے کے لئے آزاد تھا۔ کوئی اُنہیں

وہاں سے بھگا نہیں سکتا تھا اور نہ ہی اُنہیں منع کر سکتا تھا کہ وہ اُس زمین کی پیداوار میں سے نہ کھائیں۔ کیونکہ ساتویں سال زمین اُن کی ملکیت نہیں تھی۔ اس سے خدا کے لوگوں کو اپنی یہ ذمہ داری بھی یاد کرائی گئی کہ اُن کے درمیان کوئی غریب اور محتاج نہ رہے۔

آخری بات، سبت کے سال کا اصول خدا کے لوگوں کو یہ تعلیم دینے کے لئے تھا کہ وہ زمین کا خیال رکھیں۔ زمین کو ایک سال آرام کرنے کا موقع دینے سے، وہ اُسے پھر سے تر و تازہ ہونے کا موقع دیتے تھے۔

اس سے یہ ظاہر ہو گیا کہ بنی اسرائیل کو اس زمین کی حفاظت اور دیکھ بھال کرنا ہے جو خدا کی طرف سے اُن کے سپرد کی گئی ہے۔ اُنہیں اُس زمین کو اس حد تک استعمال نہیں کرنا تھا کہ وہ بنجر اور بے پھل ہو کر رہ جائے۔ خدا نے یہ تقاضا کیا کہ وہ اُس زمین کو آرام کرنے دیں تا کہ یہ پھر سے بحال ہو جائے اور اُن کے لئے اچھی فصل پیدا کرتی رہے۔ سبت کا سال تندرُست زمین کے لئے قائم کیا گیا۔ یہ خدا کے لوگوں کو ماحول کا خیال رکھنے کی تعلیم دینے کے لئے بھی تھا۔

یوبلی (8-55 آیات)

8 آیت میں خدا نے اپنے لوگوں کو حکم دیا کہ وہ سبت کے سات سالوں کا شمار کرلیں، اُسے یوبلی کا سال کہا گیا۔ جیسا کہ سبت کے سال زمین نے آرام کرنا تھا، لیکن یوبلی کا سال اس آزادی میں بڑا خاص تھا، اسرائیل کے باشندے اپنی اپنی زمینوں کے مالک اور وارث ہو سکتے تھے اور زمین اُس کے اصل مالک کے پاس واپس آجاتی تھی۔ (10-11 آیات)

دوسری تہذیبوں کی طرح، اسرائیل میں بھی، کئی ایک وجوہات کی بنا پر زمین کی خرید و فروخت کی جاسکتی تھی۔ اسرائیل کی تہذیب میں ایک فرق پایا جاتا تھا، اور وہ یہ کہ یوبلی کے سال زمین اُس کے اصل مالک کے پاس واپس آجاتی تھی۔ اِس کا مطلب یہ تھا کہ کوئی بھی شخص زیادہ سے

زیادہ 49 برس کے لئے زمین خرید سکتا تھا۔ جب زمین کا ٹکڑا فروخت کیا جاتا تو اس کی قیمت بھی اس بات کو مدِ نظر رکھ کر مقرر کی جاتی تھی کہ یوبلی کے سال میں کتنے برس باقی رہ گئے ہیں۔ کیونکہ ایک مخصوص مدت کے بعد زمین کے مالک کو یہ زمین کا ٹکڑا واپس کیا جانا ہوتا تھا۔ اگر یوبلی کے سال کے آنے میں زیادہ سال باقی ہوتے اور زیادہ فصل اُگائی اور کاٹی جانی ہوتی تھی تو پھر زمین کی قیمت بھی زیادہ ہی ٹھہرائی جاتی تھی۔ (15 آیت)

اسرائیل میں زمین مستقل طور پر فروخت نہیں کی جاتی تھی۔ 23 آیت میں اِس کی وجہ بھی بیان کی گئی ہے۔ اور وہ یہ کہ زمین خداوند کی تھی۔ خدا نے 23 آیت میں اپنے لوگوں کو بتایا کہ وہ اس کی زمین پر عارضی طور پر رہنے کے لئے آئے ہیں۔

اگرچہ یوبلی کے سال اصل مالک کو زمین واپس کر دی جاتی تھی، لیکن اس سے پہلے کہ ایسا ہوتا خدا نے اِس کے لئے ایک انتظام مہیا کر دیا۔ خدا نے ایک طریقہ کار بتا دیا جس کے تحت وہ زمین چھڑائی جا سکتی تھی۔ (24 آیت) ہمیں 25-28 آیات میں اِس کی مثال بھی دیکھنے کو ملتی ہے۔

یہاں پر ان آیات میں، ہمیں ایک غریب شخص نظر آتا ہے جس نے غریبی کی حالت میں اپنے گھرانے کی کفالت کے لئے زمین کا ٹکڑا بیچ ڈالا۔ اُس زمین کی قیمت بھی یوبلی کے سال آنے میں باقی مدت کو سامنے رکھ کر مقرر کی گئی۔ اگر وہ غریب شخص اس زمین کو چھڑانے کے لئے کافی روپیہ پیسہ جمع کر لیتا تو وہ یوبلی کے سال سے پہلے بھی اس زمین کو واپس خرید کر اُس پر کاشت کاری کر سکتا تھا۔ اگر اُسے کوئی ایسا عزیز یا رشتے دار نہ ملتا جو اُس کے لئے ادائیگی کر کے اُس کی زمین کو واپس خرید لے، تو پھر اُس شخص کو اپنی زمین کا مالک ہونے کے لئے یوبلی کے سال تک انتظار کرنا پڑتا تھا۔ (28 آیت)

مُلک کے اندر زمین کہ بہ نسبت فصیل دار شہر میں زمین کے تعلق سے الگ سے قانون اور اصول مقرر تھا۔ اگر کوئی شخص فصیل دار شہر میں اپنا گھر فروخت کرتا تو اُس کے پاس اُس گھر کو واپس

خریدنے کے لئے صرف ایک سال کا عرصہ ہوتا تھا۔ (29 آیت) اگر وہ ایک سال کے بعد بھی اپنی زمین کو واپس خرید نہ سکتا، تو پھر خریدار ہی اُس کا مستقل مالک بن جاتا تھا اور اِس کے بعد اُس کی اولاد اُس زمین کی وارث ٹھہرتی تھی۔ فصیل دار شہر میں گھر ہونے کی صورت، یوبلی کے سال میں یہ اصل مالک کو واپس نہیں کیا جاتا تھا۔ یہ قانون صرف اور صرف فصیل دار شہر کے لئے تھا۔ گاؤں یا کسی قصبے میں گھر ہونے کی صورت میں، کوئی بھی زمین مستقل طور پر خریدی نہ جا سکتی تھی۔ (31 آیت)

لاویوں کی زمین بھی مستقل طور پر خریدی نہیں جا سکتی تھی۔ کیونکہ اُن کی زمین اُن کی مستقل ملکیت ہوتی تھی۔ (34 آیت)

یوبلی سال کا ایک اور پہلو یہ بھی تھا کہ اس سال غلام بھی آزاد ہو جاتے تھے۔ اگرچہ اسرائیل میں غلام رکھنا اور بیچنا واجب نہ تھا۔ تاہم غلاموں سے سلوک کے بارے میں سخت قانون وضع کیا گیا تھا۔

35 آیت میں خدا نے اپنے لوگوں کو حکم دیا کہ وہ اپنے درمیان غریبوں کا خیال رکھیں۔ اُنہیں غریبوں کو بلا سُود قرض بھی دینا تھا۔ اُنہیں منافع کی غرض سے اُنہیں کھانے پینے کی چیزیں فروخت نہیں کرنا تھیں۔ اِس کی بجائے اُنہیں یاد رکھنا تھا کہ مُلک مصر میں اُن سے بد سلوکی کی گئی تھی۔ اِس طرح سے ایک دوسرے کا خیال رکھنے سے، غلاموں کی تعداد میں کمی واقع ہو جانا تھی۔ اگر کوئی اسرائیلی غریب ہو جاتا، اور اپنے آپ کو بیچ ڈالتا، اپنا قرض ادا کرنے سے قاصر رہتا، تو اس کے مالک نے اس کی مجبوری سے فائدہ نہیں اٹھانا تھا۔ اُنہوں نے اُس کے ساتھ ظالمانہ سلوک نہیں کرنا تھا۔ یوبلی کے سال تک انہیں مزدور کے طور پر اُس کے ساتھ سلوک کرنا تھا۔ اس صورت میں وہ اور اُس کا گھرانہ دوبارہ سے اپنی زمین کا مالک بن سکتا تھا۔ (39-42 آیت) کسی اسرائیلی کو بھی غلام کے طور پر رکھا نہیں جا سکتا تھا۔ اسرائیل کے اردگرد آباد قوموں سے

غلام لیے جاتے تھے۔ غیر قوموں سے لئے گئے غلام، اُن کی مستقبل ملکیت ہو سکتے تھے اور اِس کے بعد اُن کی اولاد کی ملکیت ہو جاتے تھے۔ اجنبی یا غیر اقوام سے لوگ غلام بن سکتے تھے لیکن اسرائیلی غلام کے طور پر رکھے نہیں جاسکتے تھے۔ (45-46)

اگر کوئی پردیسی اس قدر دولت مند ہو جاتا اور کوئی اسرائیلی مجبور ہو کر اپنے آپ کو اُس کے ہاں فروخت کر ڈالتا، تو اُس کا کوئی رشتہ دار اسے واپس خرید سکتا تھا۔ وہ اپنے اجنبی مالک سے اپنی آزادی کو از خود بھی خرید سکتا تھا۔ یوبلی کے سال اُسے آزادی مل جاتی تھی۔ (54 آیت) اسرائیلیوں کے حکمرانوں کو اس بات کو مدِ نظر رکھنا تھا کہ اسرائیلی غلام کے ساتھ کوئی اجنبی مالک بد سلوکی نہ کرنے پائے۔ (53 آیت) کوئی اسرائیلی کبھی کسی کی ملکیت نہیں ہو سکتا تھا کیونکہ وہ خدا کے خدام تھے۔ یوبلی کے سال غلام اپنے مالکوں سے آزاد ہو کر اپنی زندگی جی سکتے تھے۔ اس طرح ان کی جائیداد و املاک بھی اُنہیں واپس مل جاتی تھیں۔

یوبلی کا سال ایک طرح سے اسرائیلیوں کے لئے محافظت تھی کہ وہ مستقل طور پر کسی کے غلام ہو کر نہ رہ جائیں۔ یہ سال ان کے گھرانے کی جائیداد و املاک کی بھی محافظت کرتا تھا، یہ سال ہر ایک انہیں موقع فراہم کرتا تھا کہ وہ اپنی غلامی کی حالت سے آزاد ہو کر پھر سے بحال اور خوشحال زندگی بسر کرسکیں۔ خدا کا ارادہ اور منصوبہ یہی تھا کہ اُس کے لوگ ہر طرح کے ظُلم وستم سے آزاد زندگی بسر کریں۔ ہم ایک گناہ بھری دنیا میں رہتے ہیں۔ یہ دنیا ظالمانہ رویہ اختیار کر لیتی ہے اور بعض دفعہ دوسروں کی زندگی اجیرن بنا دیتی ہے۔ اسرائیلی مجبور ہو کر اپنے آپ کو یا پھر اپنی زمین کو پردیسیوں کے ہاں فروخت کر دیتے تھے تا کہ اپنے گھرانوں کی ضروریات پوری کرسکیں۔ خدا نے یہ دیکھا تو اسے ان پر ترس آیا، یوبلی کا سال ظُلم وستم سے رہائی کا سال تھا، یہ غلامی سے آزادی کا سال بھی تھا۔ اگرچہ گناہ کا خمیازہ بھگتنا پڑتا ہے۔ تو بھی خدا نے رہائی کے لئے ایک انتظام کر دیا۔ ہمارے لئے بھی خدا کے دل کی یہی لالسا ہے۔ یہ اِس کا مقصد اور ارادہ نہیں

کہ ہم گناہ کے بندھن اور غلامی میں زندگی بسر کریں اور گناہ کے اثرات ہماری زندگیوں پر مرتب ہوں۔ خدا نے یوبلی کا سال مقرر کیا تا کہ اُس کے لوگ رہائی پا سکیں۔

چند غور طلب باتیں

☆۔ یہ سوچ لینا کس قدر آسان ہوتا ہے کہ ہر چیز کا دارومدار ہم پر ہی ہے؟ سب چیزیں اصل میں کون مہیا کرتا ہے؟ کیا آپ نے کبھی سوچا ہے کہ آپ اپنی محنت سے ہی سب کچھ حاصل کرتے ہیں؟

☆۔ چند لمحات کے لئے غور کریں کہ خدا نے آپ کو کیا عطا کیا ہے۔ کیا یہ سب کچھ واقعی آپ کا اپنا ہے؟ خدا اِن سب چیزوں پر کیا حق رکھتا ہے؟ کیا آپ نے اُس کے تابع ہو کر اُس کے حقوق کے سامنے سر تسلیم خم کیا ہے؟

☆۔ بنی اسرائیل سے کہا گیا کہ وہ ہر ساتویں سال کام نہ کریں اور خداوند پر بھروسہ کریں۔ اس سال بنی اسرائیل نے کیا سبق سیکھنا تھا؟ کیا آپ خدا پر اِس طرح سے بھروسہ کر سکتے ہیں کہ وہ بھی آپ کو سب کچھ مہیا کرے گا؟

☆۔ آج کے دَور کے لئے سال جوبلی سے ہم خدا کی آرزو اور خواہش کے بارے میں کیا سیکھتے ہیں؟ کیا وہ چاہتا ہے کہ آپ دُنیاداری اور گناہ کے زور سے رہائی پا جائیں؟

چند اہم دُعائیہ نکات

☆۔ جس طور سے خدا آپ کی ضروریات پوری کرتا چلا آیا ہے، اِس کے لئے شکر گزاری کریں۔ خداوند سے توفیق چاہیں تاکہ آپ اپنی زندگی میں اُس کی مہیا کردہ برکات کے لئے ہمیشہ ہی اُس کے شکر گزار ہو سکیں۔

☆۔ خداوند سے مزید توفیق چاہیں تاکہ آپ ہر ایک چیز اُسے دے دینے کے لئے تیار اور رضامند ہو جائیں۔ خداوند سے ایسی سوچ کے لئے معافی مانگیں کہ جو کچھ اُس نے دیا ہے، وہ آپ کا اپنا ہے۔

☆۔ خداوند کی شکر گزاری کریں کہ وہ ہمیں گناہ اور اُس کے اثرات سے رہائی دینے کا متمنی ہے۔ جو کچھ ابلیس نے آپ یا کلیسیا سے چھین لیا ہے، اُسے واپس لینے کے لئے اُس سے زور اور رہنمائی مانگیں۔

☆۔ خداوند سے اپنے ایمان کی بڑھوتی کے لئے دُعا کریں تاکہ زیادہ سے زیادہ آپ اُس پر توکل کر سکیں۔

باب26

برکتیں اور لعنتیں

احبار26:1-46 پڑھیں

احبار کی کتاب شریعت کی کتاب ہے۔ لیکن یہ اِس سے بھی بڑھ کر ہے۔ اِس کتاب میں لکھی گئی شریعت کی تابعداری اُس مُلک میں برکت کا باعث ہوئیں جس میں بنی اسرائیل آباد تھے۔ جبکہ اس شریعت کی نافرمانی اُن کے لئے لعنت کا باعث ہوئی۔ اگر بنی اسرائیل چاہتے تھے کہ اُن کے مُلک میں خوشحالی اور فراوانی ہو، تو پھر اُنہیں خدا کے کلام کو سنجیدگی سے لینا تھا۔

تابعداری کی برکات (1-13 آیات)

احبار26 باب کا آغاز خدا کے تین احکام سے ہوتا ہے، 1 آیت میں اُس نے اپنے لوگوں کو یاد دہانی کرائی کہ وہ اپنے لئے لکڑی یا پتھر کے بُت بنا کر اُن کو سجدہ نہ کریں۔ اُنہیں خداوند اپنے خدا ہی کو اپنا مالک اور معبود ماننا تھا۔ اس کا مطلب یہ ہے کہ اُنہیں اُن کے دیوتاؤں اور بتوں سے کچھ سروکار نہ رکھنا تھا۔

غور کریں کہ بتوں سے کچھ سروکار رکھنا ہی کافی نہ تھا۔ خدا نے یہ توقع کی کہ اُس کے لوگ اُس کے سبت اور اُس کی ہیکل کا تقدس برقرار رکھیں۔ سبت کا دن خدا کو یاد کرنے کے لئے مخصوص کیا گیا تھا تا کہ اس دن خدا کی برکات اور نعمتوں کے لئے اُس کی شکرگزاری کی جائے۔ خدا چاہتا تھا کہ اُس کے لوگ اس کے شکرگزار رہیں۔ وہ چاہتا تھا کہ وہ اُسے جانیں اور اپنا خداوند مانتے ہوئے اُس کی پرستش اور عبادت کریں اور اُس کے اُن کاموں کے لئے اس کی شکرگزاری کریں جو اُس

نے اُن کے لئے سر انجام دئے تھے۔ کتنی ہی بار ہم اپنی زندگی میں خدا کی فراہمی اور محافظت کے لئے اُس کی شکر گزاری کئے بغیر ہی زندگی بسر کرتے رہتے ہیں؟ سبت، خواہ، ہفتہ وار، ماہانہ، یا پھر سالانہ سبت ہوتا، خدا نے اپنے لوگوں کو موقع دیتا تھا کہ وہ اُس کی نیکی اور بھلائی کو یاد کرتے ہوئے اُس کے شکر گزار رہیں۔

تیسرا حکم 2 آیت میں خدا نے اپنے لوگوں کو یہ دیا کہ وہ اُس کی ہیکل کا تقدس بر قرار رکھیں۔ تقدس قائم رکھنے سے مراد کسی چیز کو بہت زیادہ عزت دینا یا اُس کی تعظیم کرنا ہے۔ یہ حکم دینے سے، خدا اُنہیں یہ کہہ رہا تھا کہ وہ ایسی زندگی بسر کریں جو اس کے لئے عزت اور جلال کا باعث ہو۔ اُنہیں اپنی اچھی سے اچھی نعمتوں کے ہدیہ جات خداوند کے حضور لے کر آنے تھے۔ اُنہیں محتاط ہو کر اُس کے حکموں پر عمل پیرا ہونا تھا جو ہیکل میں اس کی پرستش اور عبادت کے لئے دئے گئے تھے۔ ایسا کرنے سے، اُنہوں نے اُس کی عزت اور تعظیم کرنا تھی۔

خدا صرف ان سے یہ توقع نہیں کر رہا تھا کہ وہ بڑی سختی سے اُس کے احکامات پر عمل پیرا ہو، بلکہ ایسے لوگوں کا متلاشی تھا جو پورے دل سے اُس کی شکر گزاری اور اُس کی عزت اور تعظیم کرتے۔ خدا کی تابعداری کا اصل مقصد یہی تھا۔ ایسی تابعداری، محبت اور شکر گزاری خدا کی برکات کے بہاؤ کو ممکن بناتی ہے جس سے ملک میں فراوانی اور خوشحالی آتی ہے۔ غور کریں کہ خدا سے محبت اور دل سے اس کی تابعداری کا کیسا بڑا اجر ملتا ہے۔

3-4 آیات میں، خدا نے وعدہ کیا کہ اگر وہ احتیاط کر کے اس کے حکموں پر عمل کریں گے، تو وہ وقت پر اُن کے مُلک میں مینہ برسائے گا، زمین اپنا حاصل دے گی اور اُن کے درختوں میں کثرت سے پھل پیدا ہوں گے۔ وہ مسلسل اپنے کھیتوں کی فصل کاٹتے رہیں گے۔ وہ اپنے گھروں میں محفوظ، بلا خوف و خطر رہیں گے اور اُنہیں کسی چیز کی محتاجی بھی نہیں ہوگی۔ (5 آیت) چونکہ خدا کے لوگوں نے دل سے خدا کے حکموں کی تابعداری کرنا تھی، اس وجہ سے

خدا نے بھی اُن کے مُلک اور سرزمین کو برکت بلکہ کثرت سے برکت دینا تھی۔

اس تابعداری کے نتیجہ میں خدا کے لوگوں نے بے خوف و خطر زندگی بسر کرنا تھی اور اُن کی سرحدوں میں اَمن اور سلامتی قائم ہونا تھی۔ انہیں اپنے مُلک میں موجود جانوروں سے خوفزدہ ہونے کی ضرورت نہ تھی کیونکہ خدا نے جنگلی جانوروں کو اُن کے مُلک سے دُور کر دینا تھا۔ نہ ہی اُنہیں اپنے دُشمنوں سے خوفزدہ ہونے کی ضرورت تھی کیونکہ انہوں نے اپنے دُشمنوں پر فاتح ہونا تھا۔ خدا نے اُنہیں ایسی شکتی دینا تھی کہ اُن کے پانچ لوگوں نے ایک سو کو رگیدنا اور اُنہیں شکست دینا تھی۔ ایک سو اسرائیلیوں نے دس ہزار دُشمنوں کو مار گرانا تھا۔ خدا نے اپنے لوگوں کو طاقت اور قوت بخشنی تھی تاکہ انہیں دُشمنوں پر فتح حاصل ہو، یاد رہے کہ یہ سب کچھ تابعداری اور خدا کے حکموں کی فرمانبرداری سے ممکن ہونا تھا۔

خدا نے وعدہ کیا کہ اس کے لوگ اس کے حکموں کی تابعداری کریں گے تو اس کی نظرِ کرم اُن پر رہے گی۔ اُن کے ہاں کثرت سے اولاد ہونی تھی اور اُنہوں نے رفتہ رفتہ ہوتے بڑی قوم بن جانا تھا۔ ابھی انہوں نے پچھلے سال کا اناج کھا رہے ہونا تھا کہ خدا نے اُنہیں کثرت سے فصل فراہم کر دینا تھی۔ جگہ نہ ہونے کے سبب سے اُنہوں نے اپنے گھروں اور گوداموں سے پچھلے اناج کو نکال دینا تھا۔ خدا نے ان کے درمیان چلنے پھرنے اور اُن کا خدا ہونے کا وعدہ کیا۔ اُنہوں نے اپنے سربلند کر کے زندگی بسر کرنا تھی انہیں خدا کی طرف سے برکت ملنا تھی، خدا کی طاقت اور قوت سے اُنہوں نے اپنے دشمنوں پر غالب آنا تھا اور خدا کی طرف سے اُن کی ہر ایک ضرورت بکثرت پوری ہونا تھی۔

یہاں پر خدا کے حکموں کی تابعداری اور برکات میں تعلق پر غور کرنا بہت اہم ہے۔ اسرائیل کی تابعداری اُن کے لئے باعث برکت ہونا تھی اور اُن کی فصلوں کو بھی خدا نے بڑھانا تھا۔ اُن کی تابعداری کے نتیجہ میں دُشمنوں نے اُن کے سامنے سے بھاگ جانا تھا، اُنہوں نے خدا کی

تابعداری کے نتیجہ میں خدا کی حضوری کو اپنے درمیان محسوس کرنا تھا۔
ہمارے لئے سوچنے کا مقام ہے کہ اگر ہم بھی خدا کے حکموں کی مکمل تابعداری میں زندگی بسر کریں تو اِس کا کیا نتیجہ سامنے آئے گا۔ اس سے یہ ظاہر ہوتا ہے کہ ہماری قوت ہماری صلاحیت اور قابلیت میں پنہاں نہیں ہے۔ بلکہ خدا کی نظرِ عنایت تابعدار خُدام پر ہوتی ہے۔ اسرائیل کو اپنے دُشمنوں پر فتح اُن کی بڑی فوج کے سبب سے نہ ملی بلکہ خدا کے حکموں کی تابعداری کرنے سے اُنہیں فتح اور سرفرازی عطا ہوئی۔ بطور قوم اُن کی خوشحالی کاشتکاری کی اچھی ٹکنیک کے سبب سے نہیں تھی بلکہ خدا کے ساتھ وفاداری سے چلنے اور اس کے حکموں کی تابعداری کرنے کے سبب سے تھی۔ ہم اکثر اپنے دور میں تابعداری نہ کرنے کے سبب سے خدا کی بڑی بڑی برکات کو کھو دیتے ہیں؟ ہم اپنی کلیسیائیں تعمیر کرنے، اپنے اچھے اچھے پروگرامز کرنے یا پھر اپنی انسانی کاوشوں سے خدا کے کام کو بڑھانے کے لئے تگ ودَو کرتے ہیں۔ خدا نے اپنے لوگوں کو اپنے دل اُس کے سامنے انڈیل کر مکمل تابعداری اور اُس کے حکموں کی مکمل وفاداری کرنے کے لئے کہا۔ کوئی بھی چیز کلیسیا کو تباہ وبرباد نہیں کرتی، کوئی اور چیز ایک قوم کی بربادی کا باعث نہیں ہوتی بلکہ خدا کے مقصد اور اُس کے کلام کو اپنی زندگیوں میں نظر انداز کرنے سے ہی سب کچھ واقع ہوتا ہے۔ اگر ہم خدا کی برکات کو جاننا اور اُن کا شخصی تجربہ کرنا چاہتے ہیں، تو پھر لازم ہے کہ ہم خدا اور اُس کے کلام کو جانیں اور اُس کے مطابق زندگی بسر کریں۔

نافرمانی کی لعنتیں (14-39 آیات)

14-39 آیات میں، خدا نے اپنے لوگوں کو انتباہ کیا کہ وہ اس کی شریعت کی نافرمانی نہ کریں۔ اگر وہ اُس کے فرمانوں کو رد کر دیتے اور اُس کی شریعت کے متضاد زندگی بسر کرتے، تو خدا کی طرف سے اُن کی زندگیوں پر لعنت آنا تھی۔ اُن کے مُلک میں دہشت، وحشت اور تپالی اور وبا نے

ڈیرے ڈال لینے تھے۔ (16 آیت) اُنہوں نے کھیتوں میں بیج بونا تھا، لیکن اُن کے دُشمنوں نے اُن کا پھل کھانا تھا۔ ان کے دُشمنوں نے اُن پر حکمرانی کرنی تھی۔ اسرائیلیوں نے اپنے دُشمنوں سے اس قدر خوفزدہ ہونا تھا کہ اُنہوں نے اُس وقت بھی بھاگتے رہنا تھا جب کوئی ان کا پیچھا بھی نہ کر رہا ہوتا۔ (17 آیت) اُنہوں نے مسلسل خوف اور دہشت میں زندگی بسر کرنا تھی۔ خدا کے لوگوں پر یہ سب کچھ بطور ایک انتباہ واقع ہونا تھا۔ اور اگر وہ توبہ نہ کرتے تو یہ سب کچھ محض آغاز ہونا تھا۔

اگر خدا کے لوگ انتباہ کرنے والے اشارے دیکھ کر بھی اس کی طرف رجوع نہ لاتے، خدا نے انہیں سزا دینا تھی بلکہ سات گناہ سزا دینا تھی۔ (18 آیت) خدا نے ان کے تکبر اور گھمنڈ کو توڑنے کے لئے اُنہیں سزا دینا تھی۔ (19 آیت) اس مقصد کے پیشِ نظر اُس نے آسمان کو پیتل کا اور زمین کو تانبے کی کر دینا تھا۔ کہنے کا یہ مطلب ہے کہ آسمان اِس قدر سخت ہو جانا تھا کہ زمین پر پانی نہیں برسنا تھا۔ جس کے نتیجہ میں کوئی فصل بھی نہیں ہونا تھی۔

اس صورتحال میں بھی اگر وہ خدا کی بات سننے سے انکار کرتے، تو پھر اور بھی سخت طریقہ سے خدا نے اُن کی عدالت کرنا تھی۔ (21 آیت) اس بار خدا نے اُن کے درمیان جنگلی جانور بھیج دینے تھے جنہوں نے اُن کے بچوں اور مویشیوں کو مار ڈالنا تھا۔ تاکہ اسرائیل میں تھوڑے سے رہ جائیں۔ اِس طرح سے اُن کی شاہراہیں سونی پڑ جانی تھیں۔ (22 آیت)

اگر یہ سب کچھ دیکھنے کے بعد بھی وہ خدا کی طرف رجوع لا کر اُس کی تنبیہ پر کان نہ لگاتے، تو پھر خدا نے اُن کا مخالف ہو جانا تھا۔ (23-24 آیات) خدا نے اپنے ساتھ اُن کے عہد کو ٹوٹتے ہوئے دیکھ کر ان کے درمیان تلوار لے کر آنا تھی۔ اُس نے اُن کے درمیان وباؤں کو بھیج دینا تھا ، اُنہوں نے اپنے دشمنوں کے ہاتھ میں چلے جانا تھا۔ قحط اس قدر شدید ہونا تھا کہ دس عورتوں نے روٹی پکانے کے لئے ایک ہی تنور پر فراہم ہونا تھا۔ روٹی تول تول کر دی جانی تھی کیونکہ روٹی

نایاب ہو جانی تھی۔ اُنہوں نے کھانا تھا پر آسودہ نہیں ہونا تھا۔ اُن کی بھوک کی تسکین کے لئے ان کے پاس کافی خوراک نہیں ہونا تھی۔

اگر تب بھی خدا کے لوگ توبہ نہ کرتے، خدا نے اُن کے اونچے مقامات پر حملہ آور ہو جانا تھا۔ خدا نے اُن کے مذبحوں کو ڈھا دینا تھا۔ اُن کے مُلک میں لاشوں کے ڈھیر لگ جانے تھے، صورتحال اس قدر گھمبیر اور ناگفتہ بہ ہو جان تھی کہ اُنہوں نے اپنے ہی بیٹوں اور بیٹیوں کا گوشت کھایا کرنا تھا تاکہ کسی طرح سے زندہ رہ سکیں۔ اُن کے شہر ویران اور سنسان ہو جانے تھے۔ خدا نے اب اُن کے ہدیوں سے خوشنود نہیں ہونا تھا۔ خدا نے اُن سے منہ موڑ لینا تھا۔ اُنہوں نے قوموں میں تتر بتر ہو جانا تھا۔ خدا نے اُنہیں اپنے دشمن سمجھنا تھا۔ اور اپنی تلوار نکال کر ان کے خلاف نبرد آزما ہو جانا تھا۔ (33 آیت) زمین نے سبت سے لطف اندوز ہونا تھا جو خدا نے اُس کے لئے مقرر کیا پر اُنہوں نے اُسے نظر انداز کیا تھا۔ چونکہ اُنہوں نے دُشمنوں کے ہاتھوں اسیر ہو کر دوسرے مُلکوں میں چلے جانا تھا، اس لئے زمین کو آرام ملنا تھا، کیونکہ کوئی کاشتکاری کرنے والا نہیں ہونا تھا۔ (34-35 آیات)

جس کسی نے ملک میں رہ جانا تھا، اس قدر خوف کی حالت میں ہونا تھا کہ اُس نے اُس وقت بھی بھاگنا تھا جب کوئی پیچھا نہ بھی کر رہا ہو۔ جو ملک اُنہیں خدا کی طرف سے ایک برکت اور نعمت کے طور پر ملا تھا، اسی میں انہوں نے گھل گھل کر مرنا تھا۔ خدا کی برکات ان کی زندگیوں سے جاتی رہنا تھیں۔ (39 آیت) اُن کے بھائیوں اور بہنوں نے دُشمن کے ہاتھوں اسیر ہو کر چلے جانا تھا اور اسیری کی حالت میں وہیں مر جانا تھا۔

غور کریں کہ خدا سے منہ موڑنے کی وجہ سے ان لوگوں نے تباہ حال ہو جانا تھا۔ خدا کی خوشنوی اس بات میں نہیں تھی کہ ان کی سرزمین پر لعنت کرے۔ غور کریں کہ خدا نے انہیں کس طرح بار بار انتباہ کیا۔ رفتہ رفتہ اس کی سزا بڑھتی چلی گئی۔ اُنہیں سزا دے کر خدا خوش نہیں ہوتا تھا۔

مقصد یہ تھا کہ کسی نہ کسی طرح سے اُنہیں تنبیہ کر کے واپس بحال کیا جائے۔

اعتراف (40-46 آیات)

40-46 آیات میں خدا نے ایک حوصلہ افزا نوٹ کے ساتھ اپنے لوگوں کو آخری انتباہ کیا۔ ان آیات میں اس نے اپنے لوگوں کو بتایا کہ اگر وہ اپنے اور اپنے باپ دادا کے گناہوں کا اقرار و اعتراف کریں، تو پھر وہ اپنے اس عہد کو یاد کرے گا جو اُس نے اُن کے ساتھ قائم کیا تھا۔ وہ کھلے بازوؤں سے اُنہیں دوبارہ خوش آمدید کہے گا۔ اگرچہ اُنہیں اپنی بد اعمالیوں کا خمیازہ بھگتنا پڑے گا، تو بھی وہ مکمل طور پر انہیں برباد نہیں کرے گا۔ توبہ کرنے اور خداوند اور اُس کی راہوں کی طرف رجوع کرنے والوں کے لئے ایک اُمید باقی تھی

ہمارے لئے اس باب میں یہ دیکھنا بہت ضروری اور اہم ہے کہ خدا کی وہ شریعت جو اس کے لوگوں کو دی گئی محض آئین و قوانین کا مجموعہ نہیں تھی کہ خدا کے لوگ اُس کی تعمیل کریں۔ بلکہ یہ اُس کے لوگوں کے لئے حیات کا سرچشمہ تھی۔ اگر خدا چاہتا تھا کہ وہ اُس کی برکات کے سائے میں زندگی بسر کریں، اور اپنی زندگیوں کے لئے اُس کے مقصد کو پورے طور پر سمجھیں، بار آوری اور مُلک میں سلامتی سے رہنے کے لئے خدا کی برکات کا دھارے بہنا شروع ہو جائے، تو پھر خدا کے لوگوں کو اس کی عظیم برکات کے لئے اُس کے مقصد اور شریعت کی دل سے تابعداری اور فرمانبرداری کرنے کی ضرورت تھی۔

میں اپنی زندگی میں ایسے بہت سے لوگوں سے ملا ہوں جو اپنی زندگیوں میں خدا کی برکات کا تجربہ کرنے کے لئے کوئی طریقہ پوچھتے ہیں، اُنہوں نے کوشش کی، انسانی حکمت اور طاقت سے خدا کی برکات تک رسائی پانے کی، ایک کے بعد دوسرا طریقہ اور خیال آزمایا، پھر بھی اُن کے ملک اور کلیسیا میں خوشحالی اور برکت نہ آسکی۔ بلکہ خدا کی لعنت کے نیچے ہی رہے۔ خدا بہتر طریقوں اور

خیالات کی تلاش میں نہیں ہے۔ وہ ایسے لوگوں کی تلاش میں ہے جو سنجیدگی سے اس کی راہوں پر چلیں، اس کی عظیم برکات اُن لوگوں کو ہی ملتی ہیں جو مکمل تابعداری اور دل سے فرمانبرداری کرتے ہوئے اس کے حکموں کے مطابق زندگی بسر کرتے ہیں۔ خواہ یہ سب کچھ اُن کے لئے کتنا ہی مشکل اور کٹھن کیوں نہ ہو۔

چند غور طلب باتیں

☆۔ یہ کیوں کر نہیں کہا جا سکتا ہے کہ احبار کی کتاب صرف شریعت کی کتاب ہے؟ عمومی طور پر اسرائیلی معاشرے میں صحت کی اہمیت کے موضوع یہ باب کتاب ہذاہ کی اہمیت کے بارے ہمیں کیا تعلیم دیتا ہے؟

☆۔ جس معاشرے میں بنی اسرائیل رہتے تھے اس معاشرے کی بہتری اور بھلائی کے لئے شریعت کی تابعداری نے کیا کیا؟ اگر آج کے دَور میں لوگ خدا کے کلام کی تابعداری میں زندگی بسر کرنا شروع کر دیں تو اس سے کیا تبدیلیاں واقع ہوں گی؟

☆۔ ہم نے اپنی کلیسیا کی ترقی کے لئے خدا کی برکت کے حصول کے لئے کون کون سے طریقہ کار یا پروگرام شروع کر لئے ہیں؟ احبار کی کتاب کا 26واں باب خدا کی برکت کو جاننے اور اُس میں چلنے کے تعلق سے کیا تعلیم دیتا ہے؟

☆۔ احبار کی کتاب کا 26واں باب خدا کے اُن لوگوں کو تنبیہ کرتا ہے جو نافرمانی راہ پر چل نکلے تھے، چند لمحات کے لئے اپنے معاشرے پر نظر ڈالیں، کیا آپ دَورِ جدید میں اپنے معاشرے اور چرچ میں خدا کے نظم وضبط کے نشانات دیکھ رہے ہیں؟

چند اہم دُعائیہ نکات

☆۔خداوند کی شکر گزاری کریں کہ اُس نے ہمیں اپنا کلام دیا ہے، اگر آپ اُسے محض شریعت کی کتاب کے طور پر ہی دیکھتے رہے ہیں، تو خدا سے معافی مانگیں۔ خداوند کی شکر گزاری کریں کہ یہ کلام اُس کے ساتھ درُست رشتہ استوار کرنے کے لئے ایک کنجی کی حیثیت رکھتا ہے۔ خداوند کی شکر گزاری کریں کہ یہ کلام ہماری زندگی اور ہمارے معاشرے میں اُس کی برکات کے بھیدوں کو کھولتا ہے۔

☆۔خداوند سے التماس کریں کہ وہ آپ کی زندگی کا وہ حصہ آپ پر ظاہر کرے جہاں پر آپ اُس کی اور اُس کے کلام کی مکمل تابعداری میں زندگی بسر نہیں کر رہے۔

☆۔خداوند کی شکر گزاری کریں کہ جب ہم توبہ کرتے ہیں تو یہ اُس کے لئے خوشی کا باعث ہوتا ہے۔ خداوند کی شکر گزاری کریں کہ جب ہم اُس کی طرف واپس لوٹ آتے ہیں تو وہ ہمیں دوبارہ سے قبول کرنے کے لئے بے حد خوش اور تیار ہوتا ہے۔

☆۔خداوند سے التماس کریں کہ ہمارے معاشرے میں جُنبش کرے اور اپنے لوگوں کو اپنی طرف پھر سے کھینچ لے تاکہ وہ اُس کے کلام کی تابعداری میں زندگی بسر کر سکیں۔

باب 27

منتوں کے بارے قوانین

احبار 27: 1-34 پڑھیں

عہدِ عتیق میں ایک فردِ واحد خدا کے حضور منت مان سکتا تھا، وہ کہہ سکتا تھا" خداوند اگر تو میری مدد کرے تو میں اپنے بیٹے کو تیری خدمت کے لئے وقف کر دوں گا۔" یا" اگر تو اِس صورتحال میں میرے لئے مہیا کرے، تو میں اپنا بہترین بیل تیری نذر کر دوں گا۔"

ہم 1 سموئیل 1:10-11 میں اِس طرح کی منت کی واضح مثال دیکھ سکتے ہیں۔ جہاں پر سموئیل کی ماں نے خدا کے حضور درج ذیل وعدہ کیا۔

اور اُس نے منت مانی اور کہا اَے ربّ اَلافواج! اگر تو اپنی لونڈی کی مصیبت پر نظر کرے اور مجھے یاد فرمائے اور اپنی لونڈی کو فراموش نہ کرے اور اپنی لونڈی کو فرزندِ نرینہ بخشے تو میں اُسے زندگی بھر کے لئے خداوند کو نذر کر دوں گی اور اُسترہ اُس کے سر پر کبھی نہ پھرے گا۔

خدا نے حنہ کی دُعا کا جواب دیا اور اس نے وفاداری سے اپنے بیٹے کو خداوند کی خدمت کے لئے دے دیا، خدا نے سموئیل کو اُس دَور میں بڑی قدرت کے ساتھ استعمال کیا۔

بعض منتیں اور عہد مخصوص وقت کے لئے خدا کے حضور باندھے جاتے تھے۔ کوئی شخص ایک سال کے لئے خیمہ اجتماع میں خدمت کرنے کے لئے خود کو مخصوص کر سکتا تھا۔ جب وہ وقت پورا ہو جاتا، تو وہ ایک ادائیگی کر کے اپنے عہد سے آزاد ہو کر اپنی معمول کی زندگی بسر کر سکتا تھا۔ کسی بحرانی صورتحال میں کوئی شخص احمقانہ عہد بھی کر سکتا تھا، جب وہ بحران گزر جاتا تو اسے اس

عہد پر پچھتاوہ بھی ہوتا تھا۔ لیکن خدا اُس شخص سے اس عہد کی تکمیل کا تقاضا کرتا تھا جو اُس نے خدا کے ساتھ کیا ہوتا تھا۔ خدا نے اُن کے لئے کچھ طریقہ کار فراہم کئے تھے جن کے وسیلہ سے وہ اپنے اُوپر لئے گئے بوجھ کو بہت زیادہ محسوس نہ کریں۔

(لوگوں کو مخصوص کرنے کی منت 1-8 آیات)

اگر کوئی شخص کسی شخص کو خدا کے لئے مخصوص کرنے کی منت مانتا اور پھر اُس منت کی تکمیل و تعمیل اُسے مشکل دکھائی دیتی، تو وہ ایک رقم کاہن کو ادا کر کے اپنی ذمہ داری سے آزاد ہو سکتا تھا۔ عمر اور جنس کے مطابق ہی اس رقم کو مقرر کیا جاتا تھا۔ ہمیں یہاں پر یہ سمجھنے کی ضرورت ہے کہ ایک شخص کے منت سے آزاد ہونے کے لئے مطلوبہ رقم کا انسان کی قدر و قیمت سے کوئی تعلق نہیں تھا۔ بلکہ اِس رقم کا تعلق تو اُس کاروبار سے ہوتا تھا جو کوئی شخص کر رہا ہوتا تھا۔ اس کے ساتھ خیمہ اجتماع کے نقصان اور اُس کی خدمت سے بھی اِس رقم کا تعلق ہوتا تھا۔ مثال کے طور پر ایک جوان شخص سخت محنت کر سکتا تھا، وہ کسی بھاری کام کو بھی سر انجام دے سکتا تھا جب کہ ایک بچے یا ضعیف العمر شخص میں جوان عُمر جیسی طاقت نہیں ہوتی۔ ذیل میں وہ رقم دی گئی ہے جو کسی شخص کو اُس کی منت سے آزاد کرنے کے لئے مقرر کی جاتی تھی۔

20-60 برس کی عمر کا مرد	چاندی کی 50 مثقال
20-60 برس کی عورت	چاندی کی 30 مثقال
5- 20 سال کا جوان	چاندی کی 20 مثقال
60 برس کی عمر کا مرد	چاندی کی 15 مثقال
5-20 برس کی لڑکی	چاندی کی 10 مثقال

1 ماہ- 5 برس تک کا لڑکا	چاندی کی 5 مثقال
1 ماہ سے 5 برس کی لڑکی	چاندی کی 3 مثقال

اگرچہ خداوند کی خدمت کے لئے باندھے گئے عہد سے آزاد ہونے کا یہ ایک عمومی قانون تھا۔ لیکن انتہائی غریب لوگوں کے لئے جو یہ رقم ادا نہیں کر سکتے تھے، وہ اس قانون سے آزاد تھے۔ کسی غریب کے لئے رقم کاہن ہی مقرر کرتا تھا۔ مطلب یہ ہوا کہ صرف امیر لوگ ہی اپنے عہد سے آزاد نہیں ہو سکتے تھے بلکہ غریب لوگوں کے لئے بھی اپنے عہد سے چھوٹ جانے کا انتظام خدا کی طرف سے کیا گیا تھا۔

جانور خدا کے لئے مخصوص کرنے کا عہد (9-13 آیات)

جانوروں کو بھی خدا اور اُس کی خدمت کے لئے مخصوص کیا جاتا تھا، جب کوئی جانور خداوند کے لئے مخصوص کر دیا جاتا تھا تو وہ مقدس ٹھہرتا تھا۔ (9 آیت) کہنے کا یہ مطلب ہے کہ اب یہ جانور خداوند کی ملکیت ہو جاتا تھا اور اَب جانور کے مالک کا اُس پر کوئی حق دعویٰ نہیں رہتا تھا۔ تاہم مالک خداوند سے اُس جانور کو واپس خرید سکتا تھا۔ وہ اُس جانور کے بدلے کوئی اور جانور خداوند کو دے نہیں سکتا تھا۔ خداوند کے لئے مخصوص کئے گئے جانور کو کاہن کے پاس لایا جاتا جو اُس کی قیمت کا اندازہ لگاتا (12 آیت) اگر مالک اپنا جانور واپس لینا چاہتا، تو وہ کاہن کی مقرر کردہ رقم کے ساتھ پانچ گناہ اور ملا کر اُسے واپس لے سکتا تھا۔ اُسے یہ رقم ادا کر کے ہی کاہن سے وہ جانور واپس مل سکتا تھا۔

گھر کو مخصوص کرنے کا عہد (14-15 آیات)

بعض اوقات کوئی شخص اپنا گھر بھی خدا کے لئے مخصوص کر دیتا تھا، تاکہ کسی خاص مقصد اور

احبار کی کتاب (تفسیر)

ایک خاص وقت کے لئے وہ گھر استعمال کیا جاسکے، اُس مُدت کے مکمل ہو جانے کی صورت میں وہ اپنے گھر کو عام استعمال کے لئے واپس لینا چاہتا، تو اُسے اُس گھر کو خداوند سے واپس خریدنا پڑتا تھا، کاہن ہی اُس گھر کی قیمت کا تخمینہ لگاتا، وہ شخص مقرر کی گئی رقم میں پانچ گنا اور ملا کر ادا کرنے سے اس گھر کو واپس خرید سکتا تھا۔ جب یہ ادائیگی کر دی جاتی تو پھر سے وہ گھر اُس کی ملکیت ہو جاتا اور وہ اسے جیسے چاہتا کسی عام مقصد کے لئے استعمال کر سکتا تھا۔

یہاں، اِس بات پر غور کرنا بہت اہم ہے کہ جب ہم کسی چیز کو خدا کے لئے مخصوص کر دیتے ہیں، تو اس چیز کے تعلق سے ہم اپنے سارے حقوق خداوند کو دے دیتے ہیں۔ کتنی ہی بار ہم اپنی جائیداد و املاک اور زندگیاں خداوند کے لئے مخصوص کرتے ہیں، اور پھر انہیں ایسے استعمال کرنا شروع کر دیتے ہیں کہ گویا وہ ہماری اپنی ملکیت ہیں۔ یہ آیات ہم پر ظاہر کرتی ہیں کہ جو کچھ بھی ہم خدا کے لئے مخصوص کر دیتے ہیں، وہ مکمل طور پر اُس کی ملکیت ہو جاتا ہے، پھر خدا جیسے چاہے اُسے استعمال کرے۔ جو کچھ ہم خدا کو دے دیتے ہیں، اُس پر ہمارا کوئی حق نہیں رہتا۔

زمین خدا کے لئے مخصوص کرنے کا عہد (16-25 آیات)

زمین بھی خداوند اور اُس کی خدمت کے لئے مخصوص کی جاسکتی تھی۔ اس زمین کی قیمت کا تخمینہ جوبلی سال تک اُن فصلوں کی تعداد کو سامنے رکھتے ہوئے لگایا جاتا تھا جو وہ سال یوبلی تک پیدا کر سکتی تھی۔ کیونکہ سال یوبلی یہ زمین واپس کر دی جاتی تھی۔ شریعت کے مطابق، یوبلی سال میں یہ زمین اُس کے اصل مالک کی ہو جاتی تھی۔ (16-18 آیات) اگر وہ شخص اس زمین کو سال یوبلی سے قبل واپس لینا چاہتا تھا، تو پھر اسے کاہن کی طرف سے مقرر کی گئی رقم (زمین کی ملکیت فصلوں کے شمار کے مطابق) کے ساتھ پانچ گنا اور ملا کر ادا کرنا ہوتا تھا۔ جب وہ شخص یہ ادائیگی کر دیتا، تو وہ زمین اُس کے اپنے استعمال کے لئے اُس کی ملکیت ہو جاتی تھی۔ اِس اصول کا اطلاق اُس

شخص پر بھی ہوتا تھا جو کسی اور سے زمین خرید کر اُسے خداوند کے لئے مخصوص کر دیتا تھا۔ وہ بھی فصلوں کے شمار کے مطابق جو یوبلی سال تک پیدا ہو سکتی تھی، قیمت ادا کر کے اُسے خداوند سے واپس لے سکتا تھا لیکن اُسے مقررہ قیمت کے ساتھ پانچ گنا اور بھی ملانا پڑتا تھا۔ یوں خداوند کے لئے مخصوص کی گئی زمین اُس کے اصل مالکوں کو واپس مل سکتی تھی کہ دوبارہ اُن کی ملکیت ہو جائے۔

پہلوٹھے جانوروں کو خداوند کی نذر کرنے کا عہد (26-27 آیات)

ہمیں یاد کرنے کی ضرورت ہے کہ خدا کی شریعت میں ہر رحم سے پیدا ہونے والے پہلوٹھے کے لئے ایک اصول و قانون تھا۔ خروج 13:1-2 میں خدا کا کلام ہمیں بتاتا ہے۔

"اور خداوند نے موسیٰ کو فرمایا کہ سب پہلوٹھوں کو یعنی جو بنی اسرائیل میں خواہ انسان ہو خواہ حیوان پہلوٹھی کے بچے ہوں اُن کو میرے لئے مقدس ٹھہرا کیونکہ وہ میرے ہیں۔"

26 آیت میں خدا نے اپنے لوگوں کو یاد دہانی کرائی کہ کوئی شخص بھی اپنے پاک جانوروں میں سے پہلوٹھے کو خداوند کے لئے مخصوص نہیں کر سکتا کیونکہ وہ تو پہلے ہی خداوند کی ملکیت ہیں۔ تاہم اگر وہ ناپاک جانوروں میں سے پہلوٹھے کو خداوند کے لئے مخصوص کر دیتے، تو وہ کاہن کی مقرر کردہ قیمت میں پانچ گنا اور ملا کر خداوند سے اُسے واپس خرید سکتے تھے۔ اگر مالک ناپاک جانور کو واپس نہ خریدتا، تو یہ کاہن کی مقررہ کردہ رقم کے مطابق فروخت کر دیا جاتا تھا، اور وہ رقم خیمہ اجتماع کی خدمت کے لئے استعمال کر دی جاتی تھی۔

لاتبدیل عہد (28 آیت)

28 آیت قدرے اُلجھن میں ڈالنے والی ہے۔ یہاں پر لکھا ہے کہ کوئی بھی چیز جو خداوند کے لئے مخصوص کر دی جائے، نہ تو بیچی جائے اور نہ ہی چھڑائی جائے۔ باب کے بقیہ حصہ میں لوگوں،

جانوروں اور زمین کو خریدنے اور چھڑانے کے تعلق سے جو کچھ بیان کیا گیا ہے، یہ آیت اس سے متضاد معلوم ہوتی ہے۔ اس مسئلہ کا حل لفظ " وقف " میں موجود ہے۔ عبرانی زبان میں یہ لفظ کسی چیز یا شخص کی مکمل مخصوصیت کا مفہوم دیتا ہے۔ اس سے ظاہر ہوتا ہے کہ کچھ ایسے عہد تھے جو کسی بھی صورت میں تبدیل ہو سکتے تھے اور نہ ہی اُنہیں توڑا جا سکتا تھا۔ یہاں پر جس عہد کا ہم ذکر کر رہے ہیں، وہ زندگی بھر کے لئے اور مکمل مخصوصیت کا عہد ہے۔ جب کوئی شخص خداوند کے حضور اس طرح کا عہد قائم کر لیتا، تو پھر وہ اُس کی تعمیل اور تکمیل کے لئے خداوند کے حضور جوابدہ بھی ہوتا تھا، اس کے لئے اس عہد سے آزاد ہونے کا کوئی موقع نہیں ہوتا تھا۔

مُجرم (29 آیت)

مُجرموں کے تعلق سے ایک اور قانون تھا جس سے استثنٰی حاصل نہیں ہو سکتا تھا۔ اگر کسی مُجرم نے کوئی ایسا جُرم کیا ہوتا جس کی سزا موت ہوتی تھی، تو ایسی صورت میں کوئی فدیہ قابل قبول نہیں ہوتا تھا، یہ تو قانون کی کھلم کھلا خلاف ورزی ہوتی تھی۔ سزائے موت کے مُجرم کو ہر صورت میں ہی موت کے گھاٹ اُتارا جاتا تھا، اُن کی آزادی اور رہائی کے لئے کوئی رقم درکار تھی اور نہ ہی قابلِ قبول۔

فصلوں اور جانوروں کی دہ یکیاں (30-33 آیات)

خدا کی شریعت میں بیان تھا کہ بنی اسرائیل اپنی ہر ایک چیز کا دسواں حصہ خداوند کو دیا کریں۔ تاہم خداوند کو پیش کیا گیا اناج جو دہ یکی کے طور پر خداوند کو دے جاتا تھا، اُسے واپس خریدا جا سکتا تھا۔ اگر وہ اپنے یا اپنے گھرانے کے لئے اُس اناج کو خریدتا، تو وہ اُس پھل یا اناج کی قیمت کے ساتھ پانچ گنا اور لا کر کاہن کو دیتا تب وہ اناج اور پھل کی وہ یکی اُسے واپس مل سکتی تھی۔ (31 آیت)

گلہ کے جانور کے سلسلہ میں ہر دسواں جانور جو چرواہے کی چھڑی کے نیچے سے گزرتا تھا، خداوند کی ملکیت تھا۔ اس آیت پر تبصرہ کرتے ہوئے جیمی سن، فاسٹ اور براؤن بیان کرتے ہیں۔
اس سے واضح ہوتا ہے کہ کس طرح مال مویشی کی دہ یکی لی جاتی تھی۔ جانوروں کو تنگ راستے سے گزارا جاتا، ایک شخص اپنے ہاتھ میں ایک چھڑی لئے کھڑا ہوتا جسے رنگ میں ڈبویا گیا ہوتا تھا، وہ جانوروں کا شمار کرتا ہر دسویں جانور کی پُشت پر نشان لگاتا، خواہ نر یا مادہ، وہ صحت مند ہوتا یا پھر بیمار۔
کون سا جانور خداوند کی ملکیت ہے، اس طرح سے چناؤ کیا جاتا تھا، تاہم صرف چنیدہ جانور ہی خداوند کے حضور ہدیہ اور قربانی کے طور پر لائے جاتے تھے۔ باقی بھی خداوند ہی کی ملکیت ہوتے تھے۔ اُن کی جگہ کسی اچھے اور اچھے کی جگہ پر کسی غیر صحت مند جانور کو مخصوص نہیں کیا جا سکتا تھا۔ اگر کسی شخص کے لئے انتہائی مجبُوری اور ضرُوری ہوتا کہ وہ کسی جانور کو بدلے، تو پھر دونوں جانور یعنی متبادل بھی خداوند ہی کا ٹھہرتا تھا۔ مثال کے طور پر اگر کسی جانور میں کوئی نقص دریافت ہو جاتا، تو ہو سکتا ہے کہ مالک کوئی اچھا جانور خداوند کو دینے کا چناؤ کرتا، اگر وہ ایسا کرتا تو وہ زخمی یا عیب دار جانور کو اپنے لئے نہیں لے سکتا تھا، وہ بھی خداوند ہی کی ملکیت ٹھہرتا تھا۔
خدا عہد باندھنے یا منت ماننے کی حوصلہ شکنی نہیں کرتا، تاہم وہ چاہتا ہے کہ اُس کے لوگ اُن منتوں اور عہدوں کو اُسی طرح سنجیدگی سے لیں جس طرح وہ اُن منتوں اور عہدوں کو سنجیدگی سے لیتا ہے۔ آئیں سنُیں کہ واعظ خداوند کے لئے منت ماننے کے تعلق سے کیا فرماتا ہے۔
" تیرا منت نہ ماننا اِس سے بہتر ہے کہ تو منت مانے اور ادا نہ کرے۔ تیرا مُنہ تیرے جسم کو گنہگار نہ بنائے اور فرشتہ کے حضور مت کہہ کہ بھُول چُوک تھی۔ خداوند تیری آواز سے کیوں بیزار ہو اور تیرے ہاتھوں کے کام کو برباد کرے۔" (واعظ 5:5-6)
اگرچہ ہمیں عہد باندھنے یا منت ماننے میں جلد بازی سے کام نہیں لینا چاہئے، تاہم جو عہد ہم خدا

احبار کی کتاب (تفسیر)

کے ساتھ کر لیں، اُس پر کار بند رہیں۔ میں ایسی کلیسیاؤں میں گیا ہوں جہاں پر کلیسیائی رکنیت بنا سوچے سمجھے ختم کر دی جاتی ہے۔ میں ایسے ایمانداروں سے بھی ملا ہوں اپنی زندگیاں خداوند کو دیتے ہیں، لیکن بعد میں اپنی من چاہی زندگی بسر کرتے رہتے ہیں۔ اُنہیں اِس بات کا کوئی خیال نہیں ہوتا کہ اُنہوں نے خدا کے ساتھ کیا وعدہ کیا ہوا ہے۔ جو کچھ ہم خدا کے تابع کر دیتے ہیں، وہ ہماری ملکیت نہیں رہتا، اُس چیز پر ہمارا کوئی حق دعویٰ نہیں رہتا۔

احبار کی کتاب کا یہی زبردست اختتام ہے۔ خدا ایسے لوگوں کو بلاتا ہے جو اپنی بات پر پکے اور قائم رہیں، اُس کے ساتھ عہد باندھیں تو اُس کو پورا کریں، اُس کے مقصد اور مرضی کی تکمیل کے لئے اپنی بات سے پیچھے نہ ہٹیں، کیا آپ پھر سے خداوند کے لئے اپنی زندگی کو مخصوص کریں گے؟ کیا آپ اپنے گھرانے، اپنی جائیداد اور اپنی زندگی کو اُس کے نام کر دیں گے؟ کیا آپ اُس عہد پر قائم رہیں گے جو آپ اُس کے ساتھ باندھیں گے؟ جو کچھ خداوند کے لئے مخصوص کر دیا جاتا ہے، اِس کے لئے ہم خدا کے حضور جوابدہ ہوتے ہیں۔

چند غور طلب باتیں

☆۔ کیا آپ نے کبھی خداوند کے ساتھ عہد باندھا ہے؟ یہ عہد یا منت کیا تھی؟ کیا آپ اُسے پورا کرنے میں وفادار رہے؟

☆۔ جو چیزیں ہم خدا کو دے دیتے ہیں، کیا ہمارا اُن پر کوئی حق رہتا ہے؟ خداوند کے سامنے اپنے حقوق رکھ دینے کا کیا مطلب ہوتا ہے؟

☆۔ کیا آپ کی زندگی میں کچھ ایسی چیزیں ہیں جنہیں خدا کو دینے کی بلکہ اُس کے تابع کرنے کی

ضرورت ہے؟ وہ کون سی چیزیں ہیں؟

چند اہم دُعائیہ نکات

☆۔ خداوند سے التماس کریں کہ وہ آپ کو ایسے وقتوں کے لئے معاف کر دے جب آپ اپنی منتیں اور وعدے پورے نہ کر سکے۔

☆۔ خداوند سے فضل چاہیں کہ آپ اپنے حقوق سے دستبردار ہو کر اُن سب چیزوں سے اپنا ہاتھ اُٹھا لیں جو آپ نے اُسے دے دی ہیں۔

☆۔ خداوند سے دُعا کریں کہ آپ پر وہ چیزیں آشکارا کرے جنہیں آپ کو اُس کے لئے مخصوص کرنے کی ضرورت ہے؟

احبار کی کتاب (تفسیر)